优秀传统文化传承与大学生文化自信培育研究

曹玉枝 ◎著

九州出版社
JIUZHOUPRESS

图书在版编目（CIP）数据

优秀传统文化传承与大学生文化自信培育研究 / 曹玉枝著. -- 北京 : 九州出版社, 2023.3
ISBN 978-7-5225-1744-5

Ⅰ. ①优… Ⅱ. ①曹… Ⅲ. ①中华文化－关系－大学生－文化素质教育－研究－中国 Ⅳ. ①K203 ②G645.5

中国版本图书馆 CIP 数据核字（2023）第 056697 号

优秀传统文化传承与大学生文化自信培育研究

作　　者　曹玉枝　著
责任编辑　赵晓彤
出版发行　九州出版社
地　　址　北京市西城区阜外大街甲 35 号（100037）
发行电话　(010)68992190/3/5/6
网　　址　www.jiuzhoupress.com
印　　刷　北京四海锦诚印刷技术有限公司
开　　本　787 毫米 ×1092 毫米　16 开
印　　张　11
字　　数　260 千字
版　　次　2023 年 3 月第 1 版
印　　次　2023 年 3 月第 1 次印刷
书　　号　ISBN 978-7-5225-1744-5
定　　价　58.00 元

前　言

文化是民族的身份标志，是国家发展、民族兴盛的重要动力源泉。优秀传统文化是中华民族在世界百年未有之大变局中站稳脚跟的坚实基础，是建构中华儿女文化自信的“根”和“魂”，也是引领大学生思想航向和促使其形成正确价值取向、增强精神归属感的深厚源泉。大学生群体作为最富有朝气、最大有可为的群体，是弘扬和传承优秀传统文化的重要力量，他们是社会主义建设事业的接班人，承担着实现中华民族伟大复兴的重任。新时代对大学生提出了新的要求，对大学生不仅要传授其知识，更重要的是帮助他们提高文化素养，使他们成为全面发展的新时代青年。大学生只有自身的文化知识不断丰富，文化素养不断提高，才有能力为优秀传统文化注入新鲜灵动的要素，从而增强文化自信。因此，如何运用优秀传统文化来培育大学生们的文化自信、提升家国归属感，是值得思考的课题。

本书通过阐释优秀传统文化的内涵、内容及特征、当代价值以及卓越成就，让读者对优秀传统文化有一个基本认识，进而探讨优秀传统文化的传承与发展、优秀传统文化与大学生文化自信培育，接下来分析大学生文化自信的培育路径，以及优秀传统文化载体融入大学生文化自信培育等相关知识，最后研究经典阅读与大学生文化自信培育。

全书体系完整、层次清晰，而且适用性广，可读性、实用性较强，对优秀传统文化传承与大学生文化自信培育具有重要的意义。

笔者在撰写本书的过程中，得到了许多专家学者的帮助和指导，在此表示诚挚的谢意。由于笔者水平有限，加之时间仓促，书中所涉及的内容难免有疏漏之处，希望各位读者多提宝贵意见，以便笔者进一步修改，使之更加完善。

目 录

第一章　对优秀传统文化的基本认识

第一节　优秀传统文化的内涵阐释

中华优秀传统文化历史悠久、博大精深，一直是中华民族生生不息、发展壮大的丰厚滋养和宝贵财富。研究中华优秀传统文化的当代价值，必须对中华优秀传统文化本身有一个清晰认知。一方面，要揭示中华优秀传统文化“是什么”，明确它的基本内容，清楚该传承什么、弘扬什么；另一方面，要揭示中华优秀传统文化“怎么样”，揭示它的主要特征，清楚其有无价值、有何价值以及如何实现价值。

一、基本概念的界定

在揭示中华优秀传统文化基本内容和主要特征之前，首先对“文化”“传统”“传统文化”“中国传统文化”和“中华优秀传统文化”几个重要概念的内涵、外延和相互关系进行界定和辨析。

（一）文化

“文化”是一个使用极广而又争议极多的概念。据美国学者克鲁伯、克鲁柯亨合著的《文化：关于概念和定义的检讨》一书统计，仅 1871 年至 1951 年 80 年间，学术界关于文化的定义就多达 164 种之多。[①] 近几十年来，学术界关于文化的定义又有很多新提法，文化的定义已经成了一个新说纷呈、见仁见智的学术问题。关于文化，从其界定的外延大小看，可分为广义文化和狭义文化。

1. 广义文化

所谓广义文化，是把文化的外延确定在比较宽泛的范围内，把人类在社会历史实践中创造的精神财富和物质财富都包含在内，因其外延广泛又称为“大文化”。持广义文化论者，

① 邵汉明 . 中国文化研究二十年（修订本）[M]. 北京：人民出版社，2006：413.

有代表性的是英国功能学派创始人马林诺夫斯基和中国国学大师梁启超、钱穆等。马林诺夫斯基认为："文化是指那一群传统的器物、货品、技术、思想、习惯及价值而言的，这概念包容着调节着一切社会科学。"① 他认为文化包括物质设备、精神思想、语言、社会组织等几个方面。梁启超认为："文化者，人类心能所开积出来之有价值的共业也。"②"文化是包含人类物质精神两面的业种业果而言。"③ 他认为文化既包括物质的文化，如衣食住行及其他工具等；也包括精神的文化，如言语、伦理、政治、学术、美感、宗教等。钱穆认为："文化即是人生，文化是我们'大群集体人生'一总合体……如政治、经济、军事，如文学、艺术，如宗教、教育与道德等皆是。"④ 这也是一种广义文化。

2. 狭义文化

所谓狭义文化，是把文化的外延限定在人类创造的精神财富范围内，又称为"小文化"。中国历史上所说的文化就是一种狭义文化。西汉刘向《说苑・指武》上说："凡武之兴，为不服也；文化不改，然后加诛。"晋代典籍《补亡诗・由仪》上说："文化内辑，武功外悠。"南朝齐王融《三月三日曲水诗序》上也说："设神理以景俗，敷文化以柔远。"这几处的"文化"，都是文明教化的含义，所指代的主要是中华文化中的精神文明部分。英国文化学家泰勒在《原始文化》中指出："文化，或文明，就其广泛的民族学意义来说，是包括全部的知识、信仰、艺术、道德、法律、风俗以及作为社会成员的人所掌握和接受的任何其他的才能和习惯的复合体。"⑤ 泰勒所说的这个文化的"复合体"，是不包括物质层面文化的狭义文化。陈先达坚持"小文化观"，他指出："文化，只有作为观念形态的文化，只有作为精神，才能显示文化的重要性，才能显示文化对于经济、政治的渗透性和反作用。我个人一直坚持着小文化观，认为作为观念形态的文化属于精神领域。"⑥ 陈先达虽然坚持"小文化观"，但他同时也承认："大文化观、小文化观从功能来说，各有其用。"⑦

3. 本书采用的文化概念

广义文化与狭义文化的区别，在于其外延涉及范围大小不同。本书采用广义文化的概念，其理由如下：第一，人类物质层面文化的创造与精神层面文化的创造是紧密联系的。人类创造的满足衣食住行等物质需求的财富，必然融入人的智慧、观念、理想、审美等精神层面的内容；人类进行精神层面的创造，形成精神层面的成果，又不能不依赖于物质的

① 马林诺夫斯基 . 文化论 [M]. 北京：中国民间文艺出版社，1987：2.

② 梁启超 . 梁启超论中国文化史 [M]. 北京：商务印书馆，2012：1.

③ 梁启超 . 梁启超论中国文化史 [M]. 北京：商务印书馆，2012：7.

④ 钱穆 . 中华文化十二讲 [M]. 北京：九州出版社，2011：71—72.

⑤ 泰勒 . 原始文化 [M]. 上海：上海文艺出版社，1992：1.

⑥ 陈先达 . 马克思主义和中国传统文化 [M]. 北京：人民出版社，2015：59.

⑦ 陈先达 . 马克思主义和中国传统文化 [M]. 北京：人民出版社，2015：58.

载体，不能不受物质层面文化的制约和影响，两者不可分裂。特别是如绘画、雕刻、音乐、舞蹈、建筑、服饰等文化形式，都是物质与精神统一，难以割裂开来。第二，从研究领域和实践领域来说，采用广义文化概念为宜。研究中华优秀传统文化当代价值，理应采用广义文化概念，用最宽泛的眼光审视和梳理中华优秀传统文化这一我们民族的宝贵资源，以达到资源的充分发掘、充分利用。反之，如果采用狭义文化概念，仅关注精神层面文化，那么许多中华优秀传统文化的内容，如传统饮食、服饰、建筑等文化形式难免将要被排除在外。

（二）传统

1. 传统的界定

所谓传统，是指人类的生存行为经由历史凝聚、积淀传承下来的稳定的社会价值形态和文明形态，如伦理道德、价值观念、风俗习惯、艺术传统、行为规范等。

尽管对传统的解释众说纷纭，但我们认为其关键要素体现在三个方面：历史积淀、稳定性、社会形态。也就是说，传统必须是在历史中形成的具有稳定性特点的社会文明形态，它是一个民族或地区的人们在长期的生存实践中，经过反复选择、认同而形成的具有广泛社会基础的价值立场和行为范式。这也是传统与当代的区别。

2. 传统与现代的关系

传统是人类社会的文化遗传，对社会的和谐与稳定具有强大的整合作用，对人们的价值取向、行为准则以及社会的发展具有引导功能。就一个民族而言，传统形成的社会认同性在民族社会中代代相传、时时相因，是这个民族潜移默化的深层意识形态，是影响其社会发展的巨大源动力。因此，继承弘扬优秀文化传统，是一个民族继往开来的必然选择。

我们也应看到，人类社会及人类自身的发展总是需要吐故纳新、兼收并蓄的。所以，对传统的继承与弘扬也应与时俱进，使其不断更新、完善，在现实社会中更好地发挥其价值。因此，传统与现实的关系并不是二元对立，而应该是二元和谐。也就是说，人类社会应该在发展中有继承、在继承中有发展，形成传统与现实的二元统一，这才是人类理性朝向和社会良性发展的准则。

（三）传统文化

1. 传统文化的界定

传统文化是一个民族在历史中形成、积淀的，带有鲜明个性特征和稳定性特征的精神文明形态、物质文明形态和行为文明形态。

所谓个性特征，是指传统文化的民族性。一个民族总是生活在一个特定的生存环境和实践环境中的，这种在具体环境中形成的具有独特个性的价值立场与行为范式就是传统文化的个性特征。

所谓稳定性特征，是指传统文化的文化立场。传统文化有其形成的条件、基础，也有其固有的价值认同和文化立场，这种凝聚着广大社会成员的情感意志，具有强大社会整合功能和排异功能，代代相传、绵延不已的文化立场就是传统文化的稳定性。

2. 传统文化的本质

第一，传统文化是人类社会发展的遗传基因。社会作为人类文化现象的产物，总是基于某个精神元点与价值逻辑的，其深层结构要素总是与其历史渊源有着传承和因果关系。因此，传统文化是人类社会的遗传基因，没有传统文化，也就没有现实社会。既然现实社会是传统文化的基因延续，传统文化就应该是规范现实社会合理发展的最终准则，否则，社会的畸形发展或崩溃将不可避免。由此可见，继承、发扬优秀传统文化，就是传承人类文明的基因，保证人类社会良性发展。

第二，传统文化是一个民族存在的根基。一个民族的文化品质，是在文化传承中确立的。丧失文化传统，也就意味着一个民族的退场。所以，坚持传统文化，就是坚持民族的独特品格和民族的未来。

第三，传统文化是人的终极身份证。人的社会属性来源于文化属性，文化属性是人的最高属性。因此，传统文化是人这个社会动物的元价值和终极身份证。对传统文化的继承与弘扬，其实是人对自我身份的肯定。

（四）中国传统文化

文化是人类创造物质财富和精神财富的静态成果，也是人类不断创造新文化的动态过程。从空间维度看，文化有地域之分；从时间维度看，文化又有新旧之分。对于“中国传统文化”这一概念，“中国”是一种空间的界定，“传统”是一种时间的界定。

1. 空间界定——“中国”

“中国”一词最早出现在西周初年青铜器“何尊”的铭文上：“余其宅兹中国，自之乂民。”西周初年，人们把河南洛阳视为天下之中，称洛阳与周边地区 w 为“中国”。《诗经》上说：“民亦劳止，汔可小康。惠此中国，以绥四方。”（《诗经·大雅·民劳》）这里的“中国”是指周王朝直接统治的“王畿”地区。后人使用“中国”一词主要指代黄河两岸的中原地区。在古人眼里，“中国”的显著特点就是文化先进，故称为“中华”。元代王元亮指出：“中华者，中国也。亲被王教，自属中国，衣冠威仪，习俗孝悌，居身礼仪，故谓之中华。”（《唐律名例疏议释义》）古人认为“中国”是有文化的，“四方”是没有文化的。实际上，据考古学发现，中华文化是多元发生的，在中国黄河、长江、珠江等流域都发现了早期文化遗址。在中国漫长的发展过程中，随着生产的不断发展、疆域的不断扩大，各区域文化不断交融，各民族文化不断融合，最终形成了博大精深的中华文化。因此，从空间上说，中国传统文化是中华民族在中国广大区域内所创造的传统文化，并非单指“中原文化”或“汉文化”。

2. 时间界定——“传统”

传统文化虽然指人类在过往历史中创造的文化，但中国传统文化的“传统”又有特定的时间限定。从历史上看，中国传统文化产生之后，经历了先秦诸子争鸣、两汉经学、魏晋玄学、隋唐佛学、宋明理学和清代朴学等比较繁荣的历史阶段。鸦片战争后，西方工业文化作为一种强势文化汹涌而来，中国传统文化遇到了前所未有的生存危机。从此以后，中国传统文化逐渐被一些人质疑、批判，甚至遭到了某些人的抛弃、破坏。西方文化的一些先进思想理念，如民主、科学、马克思主义进入中国，并产生巨大影响，中国文化进入新的发展阶段。因此，以鸦片战争为界，中国文化前后的发展产生了根本的阶段性不同，这之前的中国文化称为“中国传统文化”，之后一直到中华人民共和国成立的中国文化称为“中国近代文化”，中华人民共和国成立以来的文化是“中国当代文化”。这种文化阶段的划分，是与中国历史阶段的划分一致的。我们常说的“中华文化”，是包括“中国传统文化”“中国近代文化”和“中国当代文化”在内的中国文化。

（五）中华优秀传统文化

上文从空间和时间角度对“中国传统文化”进行了界定，可知“中国传统文化”是中华民族在漫长历史过程中创造的文化。从内容上看，“中国传统文化”极为博大，既有精华，也有糟粕。我们把精华部分称为“中华优秀传统文化”，这是本书研究的主要对象，也是我们今天主张传承和弘扬的那部分传统文化。

在内容博大的中国传统文化中，何为“优秀传统文化”？笔者以为必须符合以下三个标准：

第一，达到一定高度，这是文化标准。“优秀”代表一定高度，“优秀”文化不是“一般”文化，它表明这种文化达到了一定高度。原始人制造的简陋工具、绘制的简单图形、表演的简单舞蹈，由于水平很低，所以很难称它们为“优秀”文化。相反，随着生产力发展，人类制造的金属工具、创制的语言文字、创作的音乐诗歌已经达到了较高程度，就可以被称为“优秀”文化。

第二，产生进步作用，这是历史标准。“优秀”代表一定价值，“优秀”文化在历史上必然产生进步作用。文化创造是为了服务人类生产生活，但并非所有的文化都能促进人类社会进步。科举制度有利于国家更公平、更科学地选拔人才，但八股文却束缚人的思想，耗费人的精力，前者产生了历史进步作用，后者则相反。因此，科举制度在一定历史时期可以说是一种“优秀”文化，八股文则不能算“优秀”文化。

第三，于今仍有价值，这是时代标准。“优秀”代表一定品质，因具有这种品质，“优秀”文化不仅在古代产生过进步作用，而且对于今天仍有一定价值。例如，科举制度虽然在一百多年前就已被废除，但它体现的选人用人智慧和公平公正精神，对于今天依然具有很大的借鉴价值。

二、优秀传统文化的地位

“优秀传统文化”是传统文化中的“优秀”部分，这个部分在中国传统文化中占据什么地位，在中国近代文化中占据什么地位，在中国当代文化中占据什么地位，是值得探讨的问题。笔者认为表现在以下方面：

第一，中华优秀传统文化在中国传统文化中占据主体地位。虽然中国传统文化中也有许多糟粕，但如果进行权衡比较，精华部分远大于糟粕部分，“优秀传统文化”在整个传统文化中占据主体。以争议较多的传统道德为例，其中固然有“三纲”（君为臣纲、父为子纲、夫为妻纲）、“三从”（幼从父、嫁从夫、夫死从子）、“四德”（妇德、妇言、妇容、妇工）等“吃人”的道德，但更多的是仁爱、正义、公正、诚信、孝顺、和善等劝人向善的传统美德，而这方面的美德要求占据主体。评价传统文化不能“以成败论英雄”，特别不能因为中国传统文化在近代受到西方工业文化冲击，就否定中华优秀传统文化的主体地位。

第二，中华优秀传统文化在中国近代文化中占据支柱地位。鸦片战争后，中国传统文化逐渐受到一些人的质疑和批判，但中华优秀传统文化在中国近代文化中仍占据支柱地位。首先，中华优秀传统文化是中华民族救亡图存的精神支柱。近代以来，在中华民族救亡图存过程中，“天行健，君子以自强不息”的自强精神，“周虽旧邦，其命维新”的求新精神，“天下兴亡，匹夫有责”的爱国精神等优秀民族精神，起到了坚强的精神支柱作用。其次，中华优秀传统文化是中华民族救亡图存的智慧源泉。中国近代文化是在不断吸收西方先进文化的基础上产生的，也是在不断发扬中华优秀传统文化的基础上升华的。

第三，中华优秀传统文化在中国当代文化中占据源泉地位。中华人民共和国成立后，中国文化进入当代文化阶段。中国当代文化并没有，也无法割断与中华优秀传统文化的联系。它是以其他国家优秀文化为借鉴，以中华优秀传统文化为源泉的新文化。以社会主义核心价值观为例，其十二个价值范畴，既体现了社会主义的价值原则，又借鉴了人类社会的文明成果，同时也是中国传统文化价值在当代的升华。中华优秀传统文化是培育和弘扬社会主义核心价值观的源头活水。中国当代文化是根植于中华优秀传统文化沃土中的，离开了这片沃土，当代文化就成了无源之水、无本之木，就失去了生命力和创新力。

第二节 优秀传统文化的内容及特征

一、优秀传统文化的基本内容

从系统角度看，一种文化是由若干文化要素组成的具有一定结构和功能的文化系统。组成文化系统的文化要素复杂多样，在系统中具有不同特征和功能。如果以特征和功能的相似性为标准，可以对复杂多样的文化要素进行分类，区分出精神、制度和物质三个层面的文化要素。精神层面文化是以精神形式而存在的文化，代表着人类认识世界的精神成果，如世界观、价值观。物质层面文化是以物质形式而存在的文化，代表着人类改造世界的物质成果，如生产工具、生活器具等。制度层面文化介于前两者之间，代表着人类营造社会关系、规范社会行为的制度成果，如政治制度、社会礼仪等。这三个层面的文化要素相互影响、有机结合，共同构成整个文化系统。中华优秀传统文化也是由精神、制度和物质三个层面文化要素构成的文化系统。为了深入研究中华优秀传统文化的当代价值，下面分别对这三个层面的文化要素进行简要梳理和阐释。

（一）精神层面文化

精神层面文化代表着人类认识世界的精神成果。中华民族在漫长的社会历史实践中，经过不懈的探索和长期的积累，产生了博大精深的精神成果，为中华民族的发展壮大提供了丰厚的精神滋养。下面择要列举六个方面的精神层面文化成果。

1. 民族精神

民族精神是一个民族在长期生存发展过程中积淀形成的精神品质，是一个民族维护团结统一、应对风险挑战的精神支柱。在五千多年的发展中，中华民族形成了以爱国主义为核心的团结统一、爱好和平、勤劳勇敢、自强不息的伟大民族精神。爱国主义是中华民族精神的核心，深深植根于民族心理之中，成为中华优秀传统文化的精神基因，至今强烈感染和影响着中华儿女。团结统一精神是中华民族始终能够保持完整统一、不断发展壮大的坚强精神纽带，中国历史上虽时有分裂，但民族团结和国家统一始终是中华民族历史的主流，反对分裂、维护统一的意识根深蒂固。爱好和平是中华民族在处理国与国、民族与民族关系时所表现出的一种高贵精神追求。勤劳勇敢是中华民族的重要精神品质，“业精于勤”“天道酬勤”表现了中华民族勤劳的一面，“见义勇为”“英勇不屈”则表现了中华民族勇敢的一面。自强不息是中华民族不断发展壮大的精神动力。中华民族生生不息、发展壮大的历史，就是一部自强不息、开拓创新的辉煌史。伟大的中华民族精神，是中华优秀传统文化的重要组成部分。

2. 治国理念

中国古代治国理政思想可谓博大精深，特别是在先秦诸子百家的作品中，“治国之道”成为最鲜明的主题。儒家提倡“仁”“义”“礼”，提出“民为贵，社稷次之，君为轻”（《孟子·尽心下》）的民本思想，主张统治者实行“仁政”“王道”，建立“选贤与能，讲信修睦”“谋闭而不兴，盗窃乱贼而不作”（《礼记·礼运》）的大同社会。墨家提出“兴天下之利，除天下之害”（《墨子·兼爱中》），提倡“尚同”“尚贤”“兼爱”“非攻”“节用”“非乐”的治国理念。道家提出“治大国如烹小鲜”（《道德经》第六十章），倡导“无为而治”“小国寡民”的治国理念。法家强调“奉法者强，则国强；奉法者弱，则国弱”（《韩非子·有度》），提出“法”“术”“势”的治国理念。

另外，农家、纵横家、阴阳家、名家等流派的思想家都有着独特深刻的“治国之道”。以“德”治国还是以“法”治国，“无为”而治还是“有为”而治，以“民”为本还是以“君”为本，“变法”求强还是“守法”求强，以“农”立国还是以“商”立国，等等，中国古人都有过系统深入的思考，进行了广泛持久的争鸣，留下了丰厚宝贵的思想财富。诸子百家的治国理政思想，以及后人在此基础上的反思和发展，是中华民族的思想智慧宝库。

3. 传统美德

中华民族是一个非常崇尚道德的民族，中国古人很早就提出和形成了内容丰富、体系完备的道德规范。以儒家为例，《论语》就提出了仁、礼、孝、悌、忠、恕、恭、宽、信、敏、惠、温、良、俭、让、诚、敬、慈、刚、毅、直、克己、中庸等一系列德目。汉代以后又形成了影响深远的“三纲”（君为臣纲、父为子纲、夫为妻纲）和“五常”（仁、义、礼、智、信）。客观地说，在这些道德规范中，不乏封建毒素和糟粕，但主流是中华民族的传统美德。中华传统美德内涵丰富，“亲亲而仁民，仁民而爱物”的仁爱精神，“富贵不能淫，贫贱不能移，威武不能屈”的高贵人格，“天下兴亡，匹夫有责”的爱国情怀，“君子坦荡荡”的个人修养，“己所不欲，勿施于人”的处事原则，都是中华传统美德的生动写照。有学者将中华传统美德概括为十项：仁爱孝悌、谦和好礼、诚信知报、精忠爱国、克己奉公、修己慎独、见利思义、勤俭廉正、笃实宽厚、勇毅力行。中华传统美德涵盖了个人在家庭、社会和国家为人处世、安身立业的道德准则，是中华民族赖以生存和发展的重要道德保障。

4. 文学艺术

在中华优秀传统文化中，文学艺术作品数量大、水平高，是中华民族足以为傲的民族宝藏。在文学方面，中国古代文学取得了巨大成就。至今流传下来的诗经、楚辞、汉赋、唐诗、宋词、元曲、明清小说等众多文学精品，在思想性和艺术性上都达到了世界顶级水平。屈原、陶渊明、李白、杜甫、白居易、苏轼等人的古典诗词，《红楼梦》《三国演义》《水浒传》《西游记》《儒林外史》《聊斋志异》等古典小说，不仅影响了中国，而且影响了世界。另外，《孟子》《庄子》《韩非子》《吕氏春秋》等先秦诸子作品，《左传》《史记》《汉书》《资治通鉴》等历史作品，也都具有很高的文学价值。在艺术方面，从原始彩陶、青铜纹饰到明清时期的书法绘画，中国在建筑、雕刻、书法、绘画、音乐、戏剧等方面都取得了辉煌的艺术成就。如王羲之、颜真卿、柳公权、张旭、苏轼、黄庭坚、董其昌等的书法，阎立本、王维、黄公望、倪瓒、文征明、唐寅等的画作，关汉卿、王实甫、马致远、白朴、汤显祖等的戏剧，代表了中国古代艺术达到的高超境界。

5. 历史经验

中国自古以来注重历史记载。国学大师钱穆指出，中国历史有三个特点：一是“悠久”，从黄帝传说到今天有近 5000 年的历史；二是“无间断”，特别是有文字记载以来中间没有历史记载的空白；三是“详密”，史书题材非常多。比如，纪传体正史有二十五种，称为“二十五史”；编年史有《春秋》《左传》《资治通鉴》等；纪事本末体史书有《通鉴纪事本末》《圣武记》等；别史有《通志》《续通志》等；政书有《通典》《文献通考》等；学术史有《明儒学案》《清代学术概论》等；杂史有《国语》《战国策》等；史评有《史通》《文史通义》等。[①]这些历史典籍详细记录了中华民族自强不息、发展壮大的历史进程，既包括升平之世社会发展进步的成功经验，也包括衰乱之世社会动荡的深刻教训。中国历史上，“文景之治”“贞观之治”“开元盛世”“康乾盛世”等时代社会稳定、经济发展、文化繁荣的成功经验，秦隋二世而亡、汉唐盛极而衰、魏晋南北朝分裂动荡、两宋文武失衡、明清闭关锁国的深刻教训，都详细记录在各种史书中。另外，中国古代在制度建设、经济发展、变法改革、反腐倡廉、选人用人、修身立德、民族融合、对外交往、国防建设、军事斗争等方面，都积累了极为丰富的历史经验教训。

6. 思维方式

思维方式是人们观察世界、认识世界的角度、方式和方法，思维方式的差异是造成文化差异的重要原因。与其他民族相比，中华民族有着独特的思维方式。中国传统的思维方式，一是重整体。庄子说：“泛爱万物，天地一体也。”（《庄子・天下》）明代王守仁说：“天地万物为一体。”清代陈澹然也说：“不谋万世者，不足谋一时；不谋全局者，不足谋一域。”（《寤言二・迁都建藩议》）中国古人注重从整体上观察事物，认为小到个人、大到天地万物都是有机联系的整体。二是讲辩证。中国古人认为万事万物都体现着对立统一，只有辩证把握这些对立统一，不走极端，才能保持平衡，达到和谐。老子主张：“有无相生，难易相成，长短相形，高下相倾，音声相和，前后相随。”（《道德经》第

① 钱穆. 国史大纲 [M]. 北京：商务印书馆，1996：1.

二章）孔子主张“欲速则不达”“过犹不及”。《左传》也提出：“宽以济猛，猛以济宽，政是以和。”（《左传·昭公二十年》）这些都体现了辩证的思维方式。三是尚体悟。孔子说：“不愤不启，不悱不发，举一隅不以三隅反，则不复也。”（《论语·述而》）庄子说：“蹄者所以在兔，得兔而忘蹄。言者所以在意，得意而忘言。”（《庄子·外物》）禅宗也强调“悟”，六祖慧能就认为：“若识自性，一悟即至佛地。”（《坛经》）理学大师朱熹说：“至于用力之久，而一旦豁然贯通焉，则众物之表里精粗无不到，而吾心之全体大用无不明矣。此谓物格，此谓知之至也。”（朱熹《大学章句》）这些论述都可看出中国古人对体悟的崇尚。

（二）制度层面文化

制度层面文化代表着人类营造社会关系、规范社会行为的制度成果。中华文明历史悠久，传统文化经历了原始社会、奴隶社会和封建社会三种社会形态，在不同的历史时期产生了不同的制度文化，为形成有序的社会关系、良好的社会风尚提供了制度保障。下面择要列举三个方面的制度层面文化成果。

1. 政治制度

政治制度是特定社会统治阶级通过组织政权以实现其政治统治的原则和方式。中国古代在国家管理体制、政府机构设置、政策实行措施等方面都探索形成了一些具有民族特色的政治制度，涉及行政、司法、监察、选官、教育、财政等国家治理的各个方面。

比如中国古代的选官制度，秦朝以前主要采用“世卿世禄”制度，后来逐步引入军功爵制。汉代采用察举制与征辟制，在选拔官吏的科学性、合理性上有所进步。魏晋南北朝实行九品中正制，一度造成“上品无寒门，下品无势族”（《晋书·刘毅传》）的现象，严重阻碍了人才的科学选拔。隋唐开始实行科举制度，通过考试选拔官吏。科举制度在明清时期走入歧途，产生很多弊端而备受诟病，但它相较以前的选官制度更加公平公正，打破了阶级壁垒，为国家选拔了大量品学兼优的人才，促进了社会进步。再比如监察制度，据《周礼》记载，中国早在周代便设有治贪促廉的监察官，秦汉以来历朝历代都设有相应的监察机构，形成了较为完备的监察制度，一定程度上减少了贪腐行为，促进了政治清明。科举制度和监察制度等传统政治制度，虽然是阶级社会实行政治统治的工具，但它们的产生和实行一定程度上促进了社会发展，即使对于今天的制度建设依然具有积极的借鉴意义。

2. 社会礼仪

中国素有“文明古国”“礼仪之邦”的美誉。孔子说：“不学礼，无以立。”（《论语·尧曰》）《左传》记载：“夫礼，天之经也，地之义也，民之行也。”（《左传·昭公二十五年》）《资治通鉴》记载：“夫礼，辨贵贱，序亲疏，裁群物，制庶事。非名不著，非器不形。名以命之，器以别之，然后上下粲然有伦，此礼之大经也。”（《资治通鉴·周纪一》)可见中国古人对“礼仪”的重视程度。中国上古时期有“礼仪三百，威仪三千”(《礼记·中庸》)，周代“礼仪”更加受到重视，形成了内容丰富的礼仪文化，成为人们家庭生活、社会交往乃至政治活动中言行举止的准则规范，发挥着极为重要的作用。

儒家经典《仪礼》《礼记》《周礼》，称为“三礼”，三者记录保存了许多周代的礼仪，是中国古代礼仪制度的蓝本和百科全书，对后世影响极大。在具体礼仪方面，中国古代有“五礼”之说，以祭祀之事为吉礼、丧葬之事为凶礼、军旅之事为军礼、宾客之事为宾礼、冠婚之事为嘉礼，基本规范了社会活动的方方面面，成为中国古代礼仪的基本架构。在中国古代，礼仪是从西周封建宗法制度中演化出来的，是维护尊卑等级制度的一种工具。到了近代，它的社会危害性日益明显，成为新文化运动猛烈批判的对象，传统礼仪也逐渐被现代礼仪所取代。但传统礼仪表现了中国古代社会礼贤下士、尊老爱幼、谦逊文雅的社会风尚，体现出的人际和睦、社会和谐的价值追求，依然具有当代价值。

3. 民俗节日

民俗节日是民族文化的重要组成部分，是民族的一种生存生活方式，也是一个民族的重要文化标识。中国历史悠久、民族众多、疆域辽阔，既形成了中华民族共有的民俗节日，也形成了具有少数民族特色的民俗节日；既形成了全国性的民俗节日，也形成地方性的民俗节日。它们共同构成了我国千姿百态、丰富多彩的民俗节日文化。

我国在长期的历史发展中，形成了以春节、元宵、清明、端午、七夕、中秋、重阳等为代表的传统节日，每个节日都代表了各具特色的传统风俗。描写春节的诗歌《元日》写道：“爆竹声中一岁除，春风送暖入屠苏。千门万户曈曈日，总把新桃换旧符。”描写重阳节的诗歌《九月九日忆山东兄弟》写道：“独在异乡为异客，每逢佳节倍思亲。遥知兄弟登高处，遍插茱萸少一人。”这些著名诗歌生动形象地反映了中国传统节日的独特风俗和独特魅力。

除了上述影响范围较大的民俗节日外，我国一些少数民族也有着自己民族独特的节日，如藏族的火把节和燃灯节、高山族的丰收节、苗族的开秧节、壮族的牛魂节、傣族的泼水节、蒙古族的白节，等等。随着全球化的推进和各国文化交流的深入，传统民俗节日文化受到一定冲击，但其依然有着顽强的生命力和强大的影响力。

（三）物质层面文化

物质层面文化代表着人类改造世界的物质成果。这方面的文化带有较强的生活目的性，主要是为满足人的生产生活需要而创造的物质文化。中国古代物质层面的文化内容十分丰富，有学者将其分为十一类：农业与膳食，酒、茶、糖、烟，纺织与服装，建筑与家具，交通工具，冶金，玉器、漆器、瓷器，文具、印刷，乐器，武备，科学技术。下面择要列举三个方面的物质层面文化成果。

1. 历史文物

中华民族历史悠久，遗留下来的历史文物众多，它们是我们祖先辛勤劳动和聪明才智的结晶，是历史的见证、文化的范本，具有重要的历史、艺术和科学价值。我国古代流传下来文物数量巨大、种类繁多，通常被分为两类：一类是不可移动文物，如古遗址、古建筑、古墓葬、石窟寺等，这其中的一些重要古迹，已经被联合国教科文组织确定为世界文化遗产。另一类是可移动文物，如历代的石器、玉器、陶器、瓷器、金属器、石刻、玺印、书画、文献、拓片、笔墨纸砚等，这一类文物的数量更为巨大，诸如商后母戊鼎、曾侯乙编钟、四羊方尊、铜奔马、越王勾践剑、富春山居图、清明上河图等，堪称“国宝”。近代以来，中国历史文物多灾多难，被掠夺、毁坏乃至遗失的不可胜数，造成我们民族文化的巨大损失。

2. 传统饮食

民以食为天，中华民族从用火烹制食物开始，就逐渐形成了丰富多彩的饮食文化。据学术界研究，中国古代的饮食文化产生于夏商，形成于周代。《礼记・内则》就记载了周代食物制作的多种方法，包括煎、熬、炸、炖、炙、熏烤等多种形式，显示了当时的饮食文化已经达到了较高水平。随着生产力发展和民族的融合，秦汉、魏晋南北朝、唐、宋等时代饮食文化逐渐发展繁荣，到了明清达到鼎盛。据明清时期《宋氏养生部》《易牙遗意》《饮食辨录》《调鼎集》《随园食单》等饮食文化专著记载，明清时期的饮食种类繁多、做法精致、技术高超，达到了令人叹为观止的地步。明清以来，传统饮食有八大菜系之说，其色、香、味、型各有特色，是中华传统饮食文化的优秀代表。在传统饮食文化中，茶文化和酒文化历史悠久、地位独特。茶和酒既是饮品，同时又远远超出了饮品的范畴，与人的精神生活、社会生活和政治生活发生重要联系。特别是经文人雅士吟咏歌颂、提炼升华，茶和酒与传统文学艺术一样，具有了艺术的气质，成为中华优秀传统文化中别具特色的文化种类。近年来，《舌尖上的中国》系列纪录片产生巨大反响，使人们充分认识到了传统饮食的博大精深和巨大魅力。

3. 传统服饰

服饰是最直观地反映民族特征的文化形式。中国古代服饰文化有两大特点：一是历史悠久，变动不居。中国早在旧石器时代就产生了服饰文化，随着社会的进步而不断发展。在二十五史中，有十部正史编有《舆服志》一章，详细记载了历代车旗服饰制度，充分呈现了古代服饰的多姿多彩，是研究中国古代服饰的重要资料。另外在《西京杂记》《拾遗记》《酉阳杂俎》《炙毂子》《事物纪原》《清异录》等书中，也有许多关于中国古代服饰的记录。20 世纪，著名作家沈从文著有《中国古代服饰研究》一书，研究了从旧石器时代到清末的古代服饰，并配有图像700幅，从中可以看到中国古代服饰的总体风貌。二是多姿多彩，富有特色。中国是一个统一多民族大国，因地域、气候和习俗的不同，服饰文化多姿多彩。但与世界其他民族的服饰相比，中华民族的服饰总体风格与民族气质、审美品格一致，表现出含蓄雅致、美观大方、内涵丰富的特点。虽然今天中国人的服饰文化已经发生了翻天覆地的变化，但以汉服、唐装、旗袍等代表的传统服饰文化是一个巨大的文化宝藏，仍有着永恒的魅力。

中华优秀传统文化的内容是极为丰富的，上面仅列举一些主要方面。除此之外，中国古代在语言文字、科学技术、中医中药、教育教学等方面都取得了巨大成就，都是中华优秀传统文化的重要组成部分。由于篇幅所限，不能一一列举。

二、优秀传统文化的特征表现

由于所处地理条件、经济土壤和政治环境等历史条件不同，不同民族创造出了不同文化。考察中华优秀传统文化的发展历程，透视中华优秀传统文化的内部构成，进行文化上的古今对比和中外对比，我们会发现中华优秀传统文化具有与其他文化不同的一些特征。这些特征既决定了它历史上的形态和命运，也关系着它在当代能否实现价值、实现什么价值以及怎样实现价值的重要问题。

（一）优秀传统文化的系统性

系统是由若干要素组成的具有一定结构和功能的有机整体。从系统的观点看，世界万物无不是由若干要素组成的一个系统，无不是组成其他系统的一个要素。不同种类的文化都是一个独特的文化系统，表现出独特的系统性。中华优秀传统文化作为一个文化系统，也表现出自己的系统性特点。

第一，文化要素完备。国学大师钱穆认为，一种文化必定由七个要素构成，称为“文化七要素”，并指出“古今中外各地区、各民族一切文化内容，将逃不出这七个要素之配合”。[①]这七个要素是：“一、经济。二、政治。三、科学。四、宗教。五、道德。六、文学。七、艺术。”[②]正是这七个文化要素有机组合构成了一个完整的文化系统。以这个标准评价，中国自从有文字记载以来，中华优秀传统文化的这七个要素都已具备。在这七个要素中，中国古代尤其在政治、道德、文学、艺术等方面水平极高、成就极大，从而大幅提升了整个文化系统的品质。

第二，文化结构稳定。中华优秀传统文化这一文化系统，由比较完备而优良的文化要素有机构成，其系统结构从一开始就表现出较强的稳定性。首先，系统中起决定作用的经

① 钱穆．文化学大义[M]．北京：九州出版社，2012：33.

② 钱穆．文化学大义[M]．北京：九州出版社，2012：34.

济土壤比较稳定。从新石器时期开始，中国就进入了农耕时代，虽经以后各代生产力不断发展，但这种以农耕经济为主的生产方式直到近代才开始逐步瓦解。其次，系统中起主导作用的思想比较稳定。先秦时期，儒家是周代封建宗法制度、礼乐文化的提倡者和支持者，成为首屈一指的思想流派。汉朝武帝年间实行“罢黜百家，独尊儒术”政策，儒家思想开始成为中国的主导思想，这一地位直到近代才受到较大冲击。最后，系统中起关键作用的政治制度比较稳定。封建帝制从秦代开始到废除实行了两千多年，而宗法制度从西周开始一直影响到近代。

第三，文化功能强大。中华优秀传统文化作为一个文化系统，其整体功能不是各种文化要素功能的简单相加，而是产生了巨大的“整体效应”。在中华民族的发展壮大过程中，中华优秀传统文化是增强中华儿女民族身份认同的文化标识，是抵抗外敌入侵的精神支柱，是维护民族团结统一的坚强纽带，是推进国家治理的思想源泉，是促进社会稳定有序的道德基础，是滋润人民心灵世界的精神食粮。这种强大的文化功能，直到今天还在发挥着不可替代的作用。

（二）优秀传统文化的连续性

中华优秀传统文化作为一个文化系统，呈现出连续性的特征。实际上，人类历史上曾出现的古老优秀文明最终整体中断的，除了古巴比伦文明、古埃及文明、古印度文明外，还有玛雅文明、提奥提华坎文明、印加文明、阿兹特克文明等，古希腊罗马文明在欧洲中世纪曾一度湮灭无闻，直到文艺复兴才又重现辉煌。与这些中断的古文明比起来，中华文明表现出来的连续性确乎非常独特。

第一，源远流长，记录详细。考古学发现表明，中华文化早在距今数万年前的旧石器时代就出现了萌芽，到距今五六千年的新石器时代就已先后出现了仰韶文化、大汶口文化、红山文化、良渚文化等文化类型，可以说是世界上产生最早的文化之一。文字的发明是文化史的标志性事件。在我国，很早就有“仓颉造字”的传说，而中国已知最早的成熟文字是甲骨文。自从中国文字产生之后，我们民族的历史就有了文献记载，民族的文化就被生动详细地记录在各种文献之中，它们与流传下来的各种文物共同见证了中华文化源远流长、绵延不绝的历史。

第二，历经曲折，坚韧顽强。中华文化源远流长、绵延不绝的历史并非总是高歌猛进、一帆风顺的，而是经历过许多曲折，甚至一度有中断的危险。一种危险是来自内部的文化劫难。秦汉之际，中华文化经历了一场大的劫难。先是秦朝政府“焚书坑儒”，“及至秦之季世，焚诗书，坑术士，六艺从此缺焉”（《史记·儒林列传》）；其后秦末汉初连年战争，造成了大量文献资料、建筑、器物等的毁灭。秦汉之后的历次国内战争，无不造成文化上的劫难。还有一种危险是，近代以来，西方先进的工业文化侵入中国，对中国自身落后的农耕文化产生巨大冲击，使中华文化再一次遭到了中断的危险。虽然经历了很多曲折，但由于中华儿女的坚强守护和中华文化的坚韧品质，中华文化最终总能化险为夷、渡过难关。

第三，不断发展，高峰迭出。中华文化的连续不是僵化平庸的连续，而是在漫长的历史中不断发展，高峰迭出。以儒学为例，中国古代儒学由先秦孔子、孟子创立之后，虽遭秦朝的打击和汉初的冷落，其后就进入了不断发展、高峰迭出的历程，先后出现了两汉经学、宋明理学、清代朴学等发展高峰。再以文学为例，从《诗经》《楚辞》开始，中国古代文学不断发展进步、开拓创新，创造出了汉赋、六朝骈文、唐诗、宋词、元曲、明清小说等一系列文学高峰，出现了屈原、司马迁、李白、杜甫、韩愈、苏轼、曹雪芹等一批又一批伟大文学家。这种不断发展、高峰迭出的连续性，表现出中华文化巨大的生命活力。

（三）优秀传统文化的包容性

中华优秀传统文化能够发展不断、连绵不绝，表现出巨大生命力和创造力，与其内在的包容性密不可分。文化上的包容性，催生文化的生命力和创新力。中华文化的包容性，使中华文化能够在很长时间内不断发展而又高峰迭出，在世界文明体系中处于领先地位。

1. 对内的包容性

考古学发现，中国境内很多地方都有早期文化遗迹，这说明中华文化是多元发生的，是在融合多种不同文化的基础上形成的，中华文化从一开始就具有很强的包容性。先秦时期，中国出现了诸子百家争鸣的生动局面，儒、墨、道、法、名、阴阳、杂、农、兵等思想流派竞相争鸣，产生了如孔子、孟子、老子、庄子、韩非子、荀子等一批思想文化巨人。先秦诸子百家的思想争鸣，为中华文化的包容发展打下了坚实基础。汉代以来，虽然推行“罢黜百家、独尊儒术”政策，但道家、法家、阴阳家，乃至佛学思想并未受到绝对“罢黜”，而是继续产生深远影响，甚至产生了儒、释、道深度融合的情况。与思想上的包容性一样，中华文化在艺术上也表现出极大包容性。以文学为例，《诗经》开启了文学的现实主义，《楚辞》开启了文学的浪漫主义，这两种风格在文学史上相互激荡，碰撞出无数耀眼的火花。没有这种艺术风格的包容性，就难以出现如李白、杜甫、白居易、苏轼、曹雪芹等风格各异的文学巨匠。

2. 对外的包容性

自古以来，中华文化对外来文化都有一种兼容并蓄的包容精神。对外的包容性首先表现在对周边少数民族文化的吸纳融合上。中华民族的疆域由小而大、人数由少而多，这个过程就是中原“诸夏”在文化上不断融合吸纳周边文化，化“外”为“内”的过程。这种情况最典型的是东晋和南北朝时期的文化融合。西晋末年，北方少数民族大举入主中原，胡汉文化激荡融合，中原汉文化包容吸纳了来自北方草原的胡文化。充满生气的北族精神，给高雅温文却因束缚于严格传统而冷淡僵化的中原文化带来了新鲜的空气。魏晋南北朝时期对外来文化的吸纳融合，为璀璨繁荣的盛唐文化打下基础。对外的包容性还表现在中华文化对佛学的吸纳创新上。中华文化历史上吸纳过许多外来宗教，而对佛学的吸纳创新最为成功。东汉明帝时期佛学开始传入中国，其后在中华大地上开花结果，甚至出现“南朝四百八十寺，多少楼台烟雨中”（杜牧《江南春》）的盛况。佛学的融入，对中国的语言、哲学、文学、建筑、艺术等文化样式产生了深刻影响。

（四）优秀传统文化的民族性

文化是民族的主要标识，不同民族拥有不同文化。笔者认为，中华优秀传统文化在处理人与神的关系、人与自然的关系、人与人的关系、民族与民族的关系等方面，表现出下面几个显著特点：

1. 崇尚自然

在处理人与自然的关系问题上，中国文化比较重视人与自然的和谐，而西方文化则强调征服自然、战胜自然。这种崇尚自然，首先表现为热爱自然。孔子说：“知者乐水，仁者乐山。”（《论语·雍也》）陶渊明说：“少无适俗韵，性本爱丘山。”（《归园田居》）李白说：“五岳寻仙不辞远，一生好入名山游。”（《庐山谣寄卢侍御虚舟》）都表现出对自然的热爱。崇尚自然，还表现为保护自然。孟子说：“不违农时，谷不可胜食也；数罟不入洿池，鱼鳖不可胜食也；斧斤以时入山林，材木不可胜用也。”（《孟子·梁惠王上》）荀子也说：“草木荣华滋硕之时，则斧斤不入山林，不夭其生，不绝其长也。”（《荀子·王制》）为了保护自然，中国古代甚至还设立了专门保护自然的官员，即所谓“薮之薪蒸，虞候守之”（《左传·昭公二十年》）。

2. 注重道义

在处理人与人的关系上，中华优秀传统文化表现出注重道义的特点。中国人常说“见义勇为”“仗义执言”“义不容辞”“舍生取义”等，都表现出对道义的重视。注重道义，首先是在与“利”的对比中做出的选择。“天下熙熙，皆为利来；天下攘攘，皆为利往。”（《史记·货殖列传》）但取利要有道，所以孔子说：“不义而富且贵，于我如浮云。”（《论语·述而》）清代颜元批评“义”与“利”的分裂，主张“正其谊以谋其利，明其道而计其功”（《四书正误》卷一），但也是把道义放在很重要的位置。注重道义，还是在与“力”的对比中做出的选择。孟子说：“以力服人者，非心服也，力不赡也；以德服人者，中心悦而诚服也。”（《孟子·公孙丑上》）所以他赞赏“居仁由义”而“威武不能屈”的大丈夫。当然，中华优秀传统文化不反对使用“力”，但也要师出有名、道义为先。

3. 追求和谐

“礼之用，和为贵。”（《论语·学而》）中华民族自古以来是一个爱好和平的民族，追求“百姓昭明，协和万邦”（《尚书·尧典》）的理想。“和”可以说是中华民族在处理民族与民族、国与国关系时的一种高尚的追求。春秋战国时期，各诸侯国“争地以战，杀人盈野；争城以战，杀人盈城”（《孟子·离娄上》），给国家和百姓造成深重灾难，因此许多思想家极力反对战争、呼吁和平。儒家提倡“远人不服，则修文德以来之”（《论语·季氏》）。墨家主张“非攻”，反对一切侵略战争。道家不崇尚武力，老子说：“夫兵者，不祥之器，物或恶之，故有道者不处。”（《道德经》第三十一章）这种追求民族间、国家间和谐的思想，也充分体现在了实际中。汉唐通过“和亲”加强与邻邦的友好关系，明代郑和七下西洋对沿途国家秋毫无犯，就是这种思想的生动反映。

（五）优秀传统文化的时代性

文化不仅有中外之别，而且有古今之别。不同的文化产生于不同的时代，因而表现出不同的时代性。中华优秀传统文化产生、形成、繁荣、发展于中国古代，从经济土壤上说，主要是一种农耕文化；从政治环境上说，主要是一种封建文化。

第一，农耕文化。黄河、长江流域优越的自然地理条件，孕育了中华民族以农耕经济为主、游牧经济为辅的经济形态，中华文化可以说是一种典型的农耕文化。相比而言，西方文化主要是一种海洋商业文化。长期的农业生产，使中华文化具备一些有别于海洋商业文明的特征。一是重农轻商。先秦诸子乃至后来的诸多思想家，包括孟子、韩非子、贾谊、晁错、范仲淹等在内，都有重农轻商的治国理念。士、农、工、商四个阶层，“农”在“商”之前，更受人们尊重。秦汉以来，历朝历代几乎都出台了重农轻商的国家政策。二是勤俭务实。农业生产只有勤劳才能收获，因为艰辛所以节俭。“锄禾日当午，汗滴禾下土。谁知盘中餐，粒粒皆辛苦。”（李绅《悯农》）这一千古传诵的诗篇，生动而深刻地反映了农业生产中的艰辛不易，以及对勤劳节俭的赞扬。三是安土重迁。人们的衣食住行都寄托在土地上，自然而然地产生安土重迁的倾向。《汉书》上说：“安土重迁，黎民之性。”（《汉书·元帝纪》）实际上，只有农耕文化下的民族才安土重迁，海洋商业文化下的民族则易于、乐于迁徙。上述农耕文化的几个特征，既是一种优点，同时也带来一些弊端。重农轻商，造成中国经济长期局限于农业经济，阻碍了工商业的发展；勤俭务实，造成中国古代对科学研究的轻视，习惯把一切不助于农业生产的科学技术视为“奇技淫巧”；安土重迁，不利于人口流动，造成了一定程度上的经济封闭和思想僵化。

第二，封建文化。历史学家翦伯赞认为，从西周开始，中国的历史就进入了封建社会的初级阶段，出现了封建领主制的国家。从时间上看，中华文化虽发源很早，但其发展和繁荣期无疑处于西周之后的封建社会，属于封建社会的意识形态，并服务于封建领主或地主阶级的统治。中国古代封建政治有两大特征，一是宗法主义，二是专制主义。西周初年，统治者建立了以血亲关系为基础的宗法治度，成为之后几千年中国政治、社会伦理的基础。中国古代“君为臣纲、父为子纲、夫为妻纲”的“三纲”思想，“饿死事小，失节事大”的“节烈”思想，无不是宗法主义的体现。从秦始皇建立封建帝制到清朝政权覆亡，封建君主专制政体在中国实行了两千多年。作为国家治理思想的法家思想和儒家思想，都是为君主专制服务的意识形态。大多数读书人的最高理想是“学成文武艺，货与帝王家”，“朝为田舍郎，暮登天子堂”。与封建专制政治配合，封建统治者还实行文化专制，甚至大兴“文字狱”。中华优秀传统文化所处的独特政治环境，决定其无可避免地带有浓郁的宗法主义和专制主义特征。

农业文明时代的大刀长矛抵挡不了工业文明时代的坚船利炮，封建主义时代的“宗法”和“专制”也比不上资本主义时代的“民主”和“科学”。因此，中华优秀传统文化由于时代性局限，受到了近代西方文化的猛烈冲击，也受到了近代一些知识分子的强烈质疑和批判。但是，中华优秀传统文化的这种时代性的局限，掩盖不了其系统性、连续性、包容性、民族性等优秀品质，因此不能否认它的重要历史作用，更不能否认它的巨大当代价值。恰恰相反，中华优秀传统文化所包含的精神、制度、物质三个层面的基本内容，所具有的系统性、连续性、包容性、民族性、时代性的主要特征，使它具有巨大的当代价值，对于当代中国乃至世界都有重要意义。

第三节　优秀传统文化的卓越成就

一、思想成就

中华优秀传统文化是中华文明成果根本的创造力，是中华民族历史上道德传承、各种文化思想、精神观念形态的总体。

（一）儒家思想

儒家思想是中华传统文化的主体，对中华民族乃至世界的发展产生过深远的影响。但儒家思想的主体地位并不是一开始就有的，它的形成、发展、兴盛和衰落反映着历史发展的规律，与中国封建社会的兴亡息息相关。

1. 儒家的产生

探讨儒学的产生和发展，首先要讨论儒的问题。究竟什么是儒？对此我们可以大体进行一下考证。

东汉许慎云："儒，柔也，术士之称。从人需声。"①

东汉郑玄注曰："《儒行》者，以其记有道德者所行也。儒之言优也，柔也。能安人，能服人。又儒者，濡也，以先王之道能濡其身。"②

西汉杨雄云："通天地人曰儒。通天地而不通人曰伎。"③

西汉韩婴云："儒者，儒也。儒之为言无也。不易之术也。"④

我们由以上关于"儒"的记载和训诂可以看出，无论解释为柔、优还是儒，儒都是一种具有特殊行为方式或品格倾向的人。这种人最初是与"方士""伎"联系在一起的。儒的产生是早于儒家学派的，而且儒家学派建立之后，也有些方士是儒者却照样称儒。那么，儒作为一类人，究竟是怎样出现的？不同学者有不同看法。胡适认为，儒最初是殷民族的教士；冯友兰认为儒不与殷民族有关；郭沫若则说，儒本来是邹鲁之士、缙绅先生们的专号。总之，最初的儒是一些有知识、懂礼仪、具有独立人格的知识分子，他们在春秋战国奴隶制度土崩瓦解的过程中发展成为一个特殊群体，凭借自身的知识，依托于各诸侯、大夫为生计。

现代意义上的儒是孔子建立儒家学派以后产生的。儒家作为一个独立的学派，在《史记》中始有评论。《史记·太史公自序》载："儒者博而寡要，劳而少功，是以其事难尽从；然其序君臣、父子之礼，列夫妇、长幼之别，不可易也。"⑤夫儒者以六艺为法，六艺经传以千万数，累世不能通其学，当年不能究其礼，故曰："博而寡要，劳而少功；若夫列君臣、父子之礼，序夫妇、长幼之别，虽百家弗能易也。"后来班固在《汉书》中又把儒家列为诸子之首，言曰："儒家者流，盖出于司徒之官，助人君顺阴阳明教化者也。游文于六经之中，留意于仁义之际，祖述尧舜，宪章文武，宗师仲尼，以重其言，于道最为高。"⑥这段话全面说明了儒家学派的来历、宗旨、始祖、宗师、经典以及影响。

2. 孔子思想——"仁"

孔子，名丘，字仲尼，春秋鲁昌平乡陬邑（今山东曲阜东南）人。生于鲁襄公二十二年（公元前 551 年，周灵王二十一年），卒于鲁哀公十六年（公元前 479 年，周敬王四十一年），享年 73 岁。

孔子之所以成为中国儒家学派的奠基人，是因为儒家学派以其思想体系为奠基。也就是说，儒家学派的一系列思想学说均以孔子的思想学说为根基和源头。孔子既开创了儒家学派，又是儒学的第一位大师，是"儒之所至"或"至圣"；而后世儒者，多数不能直接

① 许慎．说文解字（第 1 册）[M]. 马松源主编．北京：线装书局，2016：152.

② 姚电，康丽云，胡毓智．中华文化原典选读 [M]. 北京：北京理工大学出版社，2007：65.

③ 王书良等．中国文化精华全集：哲学卷 [M]. 北京：中国国际广播出版社，1992：69.

④ 潘万木．简明中国传统文化 [M]. 武汉：华中科技大学出版社，2014：117.

⑤ 胡怀琛，庄适，叶绍钧选注；马乾，周艳红校订．史记 [M]. 北京：商务印书馆，2018：285.

⑥ 胡怀琛，庄适，叶绍钧选注；马乾，周艳红校订．史记 [M]. 北京：商务印书馆，2018：386.

受教于孔子，其间私淑传承的纽带就是思想学说的联系。

仁，是孔子思想学说最基本的范畴之一。近代多数学者认为，孔子思想体系的核心就是仁，这是符合实际的。《吕氏春秋·不二》篇曾以一字列举春秋战国时期十家之所贵，其中孔子即为“贵仁”。《庄子·天道》载老聃问孔子学说之“要”，孔子答曰：“要在仁义。”《尸子·广泽》言“孔子贵公”，“公”字所指，亦为人际关系的平等，无偏无私，实亦“仁”也。说孔子思想体系的核心是仁，表明孔子思想的各个组成部分正是环绕“仁”而形成一个整体。

“仁”字在《论语》中出现百次以上，其含义宽泛而多变。每一次仁的用法和用意都各有不同，但从整体上来看，孔子的仁学思想是一个由近及远的四重结构，而这四重结构又互有交叉渗透。孔子的仁学思想在中华传统文化中处于极其重要的地位。孔子仁学的核心，即其第一重结构是以血缘亲情为基础、以等级为特征的。孔子仁学的第二重结构是由血缘亲情推广开来的广泛的爱。孔子仁学的第三重结构是“仁”，由道德感转化为一种品德或性格。由于时时刻刻受“仁”的思想的影响，人就会形成独特的品德或性格。孔子仁学的第四重结构是一种理想境界。在这种境界里，“仁”与人的生命融为一体。在“仁”的精神的鼓舞下，人可以孜孜不倦地去追求自己的理想，不计得失成败，不计安危荣辱，由仁而圣，达到极高的生命境界。

3. 董仲舒思想——天人感应学说

董仲舒，西汉时期广川（今河北枣强县东北广川镇）人。据清人苏舆推算，董仲舒约生于汉文帝前元年（公元前 179 年），卒于汉武帝太初元年（公元前 104 年）。

天人感应学说是一种以天为主宰的天人合一论。这既是董仲舒思想的核心，也是西汉今文经学的主导观点。概其要，可分为三点：人本于天，天主宰人；天有意志，能以“灾害”“怪异”谴告、警惧人事；君权神授，这一思想并非朝夕之功，这是多朝多代的帝王在政治、人心方面努力的结果。

（二）道家思想

道家思想在中华传统文化中占有重要地位，发挥过重要作用。道家思想包含两个重要部分，其一是以老子、庄子为代表的道家学派及其思想；其二是尊崇老子为尊神的“道教”思想。这两者之间既有联系，又有根本性的差别，共同构成了道家思想。

道家思想源远流长，但道家作为诸子百家之一的学术流派，产生于春秋战国时期。在这一时期，中国社会的生产力发展水平、政治制度以及阶级关系都发生了显著变化。诸侯争霸，群雄并起，阶级矛盾日益尖锐，思想斗争也无比激烈，正是在这种情况下，道家学派应运而生。道家学派的创始人是老子，他也是后世道教尊奉的尊神。

1. 老子思想

在我国古代哲学史上，有关老子哲学思想的经典著作——《道德经》享有重要地位。它的卓越贡献，是把“道”作为哲学的最高范畴。“道”，在我国古代最初用于表示人的路。《说文》云：“道，所行道也。从辵，从首。一达谓之道。”这就是说，“道”的本义是人行走的道路。后来被引申为道理、方法、原则。随着社会的发展，人们又把具有道理、方法、原则等含意的“道”，同天、地、人联系起来，从而产生了天道、地道、人道等概念。在此基础上进一步升华，产生了《道德经》里所说的“道”。这个“道”，既不同于平常说的道理、方法、原则等概念，也不同于天道、地道、人道等范畴，它是老子哲学的最高范畴，天道、地道、人道等，最终都要服从于“道”。老子说：“人法地，地法天，天法道，道法自然。”人、地、天都要效法“道”。“道”，则是自己如此，自然而然。因此，“道”在老子的哲学体系中高于一切、决定一切、推动一切。“道”含有如下两层意思：一是作为生育万物的本体；二是作为事物运动变化的规律。老子的哲学就是围绕这两重属性而展开，并构成自己的完整体系。

2. 庄子思想

庄子名周，蒙（今河南商丘东北）人也，做过蒙地的漆园吏。蒙地在春秋和战国前期属宋，战国后期属梁。

《庄子》一书是研究庄子思想的基本依据。庄子同老子一样，把“道”作为世间万物的本源。庄子说：“夫道有情有信，无为无形，可传而不可受，可得而不可见。自本自根，未有天地，自古以固存；神鬼神帝，生天生地。在太极之先而不为高，在六极之下而不为深，先天地生而不为久，长于上古而不为老。”[①] 这段话明确告诉我们，“道”虽然不能为人的感受所感知，但它确实是一种“自古以固存”的客观实体，它不仅能“神鬼神帝”，而且能“生天生地”。可见，“道”是世间万物的本源。

那么庄子的“道”究竟是物质的还是精神的？对于这个问题，《庄子》中有互相矛盾的两种见解。

《庄子・杂篇・则阳》说：“是故天地者，形之大者也；阴阳者，气之大者也，道者为之公。”[②] 这就是说，所谓道，就是指天地、阴阳的共性，这个共性不是别的东西，而是阴阳之“气”，故曰“通天下一气耳”。在庄子看来，万物之化生，无非是阴阳二气相交的结果。毫无疑义，这个“道”（气）是万物的本源。

但是，这一观点在《庄子》中并没有贯穿到底。它在承认“气”是万物本源同时，又提出了一种“无有”的概念。《庄子・外篇・天地》说：“泰初有无，无有无名；一之所起，有一而未形。物得以生，谓之德；未形者有分，且然无间，谓之命；留动而生物，物

① 庄子・庄子 [M]. 夏华等编译 . 沈阳：万卷出版公司，2016：51.

② 徐寒 . 中华私家藏书精华 [M]. 北京：中国书店，2009：4376.

成生理，谓之形；形体保神，各有仪则，谓之性。”①

《庄子》中的“道”，除了有“本体”的含义之外，还被视为存在于物中的客观法则。这表现在他阐述的道物关系中。

从“道”与“物”的关系来看，《庄子》始终没有把“道”独立于物质世界之外，而是肯定道不离物。《庄子》中的“道”，是同帝王、日月、星辰等社会、自然现象密切联系在一起的，并且是贯穿和渗透于万物流动变化之中的。

总的来说，庄子把“道”看作世界万物的本源或固有规律，这是对老子“知常”思想的继承和发挥。它表明道家已经意识到，客观世界有其固有规律可循，只要我们认真探索，便可以顺应天道，获得改造客观世界的应有成效。这正是道家探索自然的根本目的。

（三）墨家思想

墨子名翟，战国时期的著名思想家、哲学家，墨家学派的创始人。墨子最初学习过儒家思想，但是因为厌恶儒家所讲的“礼”，所以才自立门户创造了墨家学派。墨子是中国先秦时期唯一一个农民出身的哲学家、思想家，自称“鄙人”，被人称为“布衣之士”，其思想理论在当时产生了十分重大的社会效应。墨子不仅是一位出色的哲学家、思想家，而且对自然科学的发展做出了非常大的贡献。墨子对物理学很有研究，《墨子》一书中有很多物理学概念，记义准确、言简意赅，是我国早期物理学研究的典范。另外，墨子还对物理学的分支有一定的研究，如力学、声学、光学等。

墨子有兼爱、非攻、尚贤、尚同、节葬、节用、天志、明鬼、非乐、非命十大主张，墨家在先秦时期与儒家并称“显学”。墨子高扬“兼相爱、交相利”的宗旨，推行贤良主政，匡止礼制时弊；广收手工门徒，传道授业；积极造福乡里，惠及列国，以“摩顶放踵利天下，为之”的精神，游说诸王公大人实行义政，放弃攻伐，崇尚节俭，足迹遍及齐、晋、楚、越。

1. 墨子的社会政治观

“兼爱”是墨子整个思想体系的核心，它贯穿于墨子整个理论学说与实践活动的始终。墨子心目中的理想社会便是一个兼爱人人、民主平等的人间天堂。墨子学说的宗旨是为天下兴利除害，因此他提出“兼以易别”，即用“兼”代替“别”；主张用“兼相爱，交相利”取代“别相恶，交相贼”。“兼爱”就是不分血缘关系和等级身份的普遍平等的爱。“互利”则是在相爱中互惠互利，而不是“亏人而自利”，用“交相利”代替“交相贼”和“亏人而自利”，就可以消除天下的一切混乱与灾祸。“交相利”则是体现在“兼相爱”之中的，是“兼相爱”的应有之义。因此，后人在概括墨子的社会政治思想时，经常只用“兼爱”二字。“兼爱”是如何得以实行的呢？墨子主张“视人之国，若视其国；视人之家，若视其家；视人之身，若视其身”，即要求每个人从思想上抹去与他人之间的差别和

① 王光军，刘阳 . 四库全书精华 [M]. 乌鲁木齐：新疆青少年出版社，2002：49.

冲突，把他人的国、家、身当作自己的国、家、身一样去尊重和爱惜；把他人的桃李、狗豕、食粮、衣裘当作自己的桃李、狗豕、食粮、衣裘一样爱护；把他人的父母、兄弟、妻子、儿女等当作自己的父母、兄弟、妻子、儿女等一样去亲爱。如果能够做到这些，那么天下的一切“祸篡怨恨”便会在这“兼相爱，交相利”中烟消云散。

2. 墨子的军事思想

墨家的军事思想以“兼爱”“非攻”为理论基础，其“兼相爱，交相利”的社会政治观与墨家的“贵义”思想相通：人与人之间相爱，国与国之间也相爱；“兼爱”才能“相利”；义者，利也。故《墨子·非攻》篇大讲，攻国是亏人之最大不义。《非攻上》开篇尖锐地指出：“今有一人，入人园圃，窃其桃李，众闻则非之，上为政者得则罚之。此何也？以亏人自利也。至攘人犬豕鸡豚者，其不义，又甚入人园圃窃桃李。是何故也？以亏人愈多，其不仁兹甚，罪益厚。……当此天下之君子皆知而非之，谓之不义。今至人为攻国，则弗知非，从而誉之，谓之义。此可谓知义与不义之别乎？……杀百人，百重不义，必有百死罪矣。当此天下之君子皆知而非之，谓之不义。今至大为不义攻国，则弗知非，从而誉之，谓之义。”① 在这里，墨子不仅认为盗窃是不义，而且明确地指出“攻国”是为大不义。

相对于当时其他学派的战争理论，墨家的“兼爱”“非攻”是一种比较全面系统的战争论，在实践上具有进步意义。

首先，墨家的“非攻”理论是为了维护人民的利益，而针对“好攻之君”的国家提出来的。特别是齐、晋、楚、越诸国之君，为了扩张领土、兼并小国，造成劳动人民生活悲惨穷困，故墨子曰：“我非以金玉、子女、壤地为不足也，我欲以义名立于天下，以德求诸侯也。”② 这里充分表明，墨家主张“兼爱”“非攻”战争观的根本目的，就是维护人民的利益。

其次，墨家的“兼爱”“非攻”与儒家的“慎战”有所不同。儒家对战争性质的区分，以是否“犯上”为标准，如属“犯上”行为，就予以“征伐”；墨家对战争性质的区分，以是否正义为标准，即以劳动人民的利益是否受损害为标准。与老子“不争”的战争观相比，墨家的战争观高于老子的战争观，属于全面性战争观。法家对战争的主张，虽然强调按照社会经济的“势”与“数”的变化，研究其对应政策，但把战争看作推动社会历史变化的源泉，故主张“以战去战，虽战可也”，具有一定的片面性。孙武的战争论虽为古今中外兵家所奉仰，其哲学层面也丰富深刻，但从战争论之政治层面的具体性、针对性来看，并不如墨家鲜明。因此，我们认为，墨家“兼爱”“非攻”的战争论是比较全面系统的战争观。特别是在实践性方面，对维护劳动人民的根本利益，促进当时社会经济的发展、政治制度的改善，具有积极的历史意义。

① 齐豫生，夏于全．中国古典文学宝库 [M]. 延吉：延边人民出版社，1999：274.

② 齐豫生，夏于全．中国古典文学宝库 [M]. 延吉：延边人民出版社，1999：276.

二、科学技术成就

中华传统文化在几千年的历史上烛照寰宇，灿烂辉煌，推动了人类文明的进步。中华传统文化除了思想上的非凡成就外，其他方面的伟大成就也是数不胜数。

中国是四大文明古国之一，很早就已经进入文明社会，并且在很长一段时间里，科学技术处于世界领先地位，许多发明创造对世界文明的进步起到了重要的推动作用。

（一）农业

我国很早就已进入农业社会，因此古代农业科学非常发达。我国历史上的古农书多达三四百种。我国现存最早的农书《齐民要术》，为北魏贾思勰所著，距今已有1400余年。我国商周时期就已出现青铜农具，春秋战国时铁制农具已经被使用。汉代已有全部铁制的犁铧，而且装置了犁镜，增强了犁的破土能力。这种装置，欧洲直到1000多年后才出现。东汉时，毕岚发明了翻车，三国时的马钧加以完善，使之成为高效的戽水机械。隋唐时期我国劳动人民又发明了水转筒车，这是一种靠水力发动的大型灌溉工具，在当时是了不起的发明创造。

我国很早就能培育品种丰富的农作物。《诗经》中提到了132种植物，其中仅蔬菜就有20余种。我国考古工作者在距今七八千年的浙江余姚河姆渡遗址中就发现了大量的稻谷、稻壳、稻秆和其他禾本科作物。经鉴定，这种水稻属于栽培稻中的晚籼稻。这是目前世界上已知年代最早的栽培稻。

对种子进行药物处理以抑制病虫害的发生是农业科学的重要内容。我国汉代就有了使用药剂浸种的记载，这也是世界上采用此法的最早的记载。我国元代王祯的《农书》中，已有使用硫黄防治植物病虫害的记录，而美国直到1908年才有人采用同样的方法防治果树病虫害。我国在晋代就有利用天敌防治虫害的农业方法，而美国到1850年才有同类记录，比我国晚1500多年。

（二）冶铸业

我国古代在冶铸业上也取得了突出的成就。我国在夏代就已进入青铜时代，铜的冶炼和铜器的制造技术十分发达，而且用铁矿石冶炼铁器的时间晚于春秋时期。湖南长沙一座春秋墓中出土的碳钢宝剑证明，当时的炼铁水平已经很高，这是世界冶金史上的奇迹。

（三）酿酒业

我国古代的酿酒业也十分发达，考古学家在新石器时代仰韶文化遗址中就发现了盛酒的容器。新石器时代晚期的龙山文化遗址中，已经有品种丰富的酒器，说明在5000多年前，我们的祖先就熟练掌握了酿酒技术。远在春秋战国以前，我们的先人已发明了“酒曲”酿酒法。利用曲来造酒，是酿酒技术上的一项重大发明。直至两三千年后的19世纪中叶，欧洲人才从我国酒曲中提炼出一种毛霉，使淀粉发酵法得以应用于工业。《礼记·月令》中记录了酿酒的注意事项：“秫稻必齐，曲糵必时，湛炽必洁，水泉必香，陶器必良，火齐必得。”[①] 即要求酿酒用的谷物要成熟，酒曲投放时间要恰到好处，浸煮过程中要保持清洁，酿酒用的水质要优良，盛酒用的陶器要讲究，酿酒的火候要适宜。这是对酿酒技术的高度概括，也是我国酿酒技术高度发达的标志。

（四）天文学

我国在天文学上也取得了巨大成就。我国很早就有了比较精确的历法：殷商时期就已经有了阴历加闰月的历法，春秋时期正式确定了19个阴历年加7个闰月的方法。古希腊科学家梅冬发明此法要比我国晚100多年。我国在战国时期，历法测定已相当精确，而西方直到罗马儒略·恺撒颁布《儒略历》，才结束历法混乱的局面。《儒略历》以365.25日为一年，这与我国秦朝的颛顼历相近，但时间上却晚了约200年。1281年，我国元代天文学家郭守敬又创造了授时历，确定一年为365.2425天，与地球绕日一周的精确时间仅差26秒，与现在通行的格里历相同，但要比格里历早约300年。

我国古代对天体的观测已达到相当高的水平。《汉书·张衡传》记载，张衡制造的“浑天仪”，模拟日月星辰运行，十分精确。他还制作了历史上第一份星图，相当精确地标出了2500多颗恒星的位置。另外，我国很早就能精确推断日食、月食的时间，如《太平广记》记载：“唐太史李淳风校新历，太阳合朔，当蚀既，于占不吉。太宗不悦，曰：‘日或不食，卿将何以自处？’曰：‘如有不蚀，臣请死之。’及期，帝候于庭，谓淳风曰：‘吾放汝与妻子别。’对曰：‘尚早。’刻日指影于壁，至此则蚀。如言而蚀，不差毫发。”[②]

（五）纺织业

江苏吴县（2000年改设为苏州市吴中区和相城区）的新石器时代遗址中出土的葛布残片、浙江吴兴出土的商代苎麻布残片、河北藁城出土的商代大麻布残片，以及殷商甲骨文中关于丝、帛、桑的记载，说明中国的纺织技术至少已有四五千年的历史。春秋战国时期，葛麻纺织已经普及到我国各地，先秦典籍中已提到名目繁多的纺织物品。到秦汉之际又出现了棉织品，特别是丝织技术，包括绸、纱、绫、罗、绢、帛等的制造技术，已经发展到很高的水平。湖南长沙马王堆汉墓出土的大批精巧织物充分显示，我国当时的纺织技术已达到举世无双的程度。后来，由于中外交流频繁，欧亚大陆上形成了著名的“丝绸之路”，我国的纺织品传入西方，对世界产生了深远影响。

---

① 陈戍国．礼记校注[M].长沙：岳麓书社，2004：118.

② 冯梦龙评纂，孙大鹏点校．太平广记钞（第2册）[M].武汉：崇文书局，2019：601.

（六）陶瓷制造业

早在6000多年前的新石器时代，我国就发明了制陶技术，商周时期已出现了釉陶和青釉器皿。河南出土的公元99年的青瓷表明，我国东汉时期已发明了比较成熟的制瓷技术。隋唐以后，我国瓷器制造技术不断发展。宋代瓷器在配料、制胎、釉料、施釉和焙烧工艺上都达到了十分精湛的水平，形成了五大各具特色的名瓷，即定窑、汝窑、官窑、哥窑、钧窑。由于有些技术失传，有的瓷器精品依靠今天的科学技术依然无法仿造。中国的瓷器自唐代起远销国外，风靡世界。西方人对中国的印象与中国瓷器紧密相关，在英文中，“China”就有“瓷器”和“中国”两种含义。

（七）四大发明

1. 火药

火药是中国古代的“四大发明”之一，为人类的现代化做出了不朽的贡献。许多史料表明，中国自春秋战国时期就逐渐了解了硝石、硫黄和木炭的性质及其配制方法，最迟在唐代就发明了以这三种物质为原料的黑色火药。北宋曾公亮所著《武经总要》描述了多种火药武器，还记载了数种火药配方。在宋代，火药已被应用于战争，到元代中国已经出现铜铸筒式火炮。元朝至顺三年（公元1332年）用铜铸造的“铜将军”火炮现存于中国历史博物馆，是世界上已经发现的最早的火炮。

2. 造纸术

纸的发明是人类文化史上的一次伟大革命。纸张易于书写、携带，不像金、石、甲、骨那样笨重，不像竹简、木牍那样庸赘，不像丝帛、皮革那样昂贵，对于人类保存知识、传播知识具有不可估量的重大意义。我国很早就已掌握了造纸技术，1933年在新疆罗布淖尔汉代烽燧遗址，1957年在西安东郊灞桥汉墓，1978年在陕西扶风县中颜村汉代窑藏遗址，都出土了西汉时期的古纸，这是世界上最古老的植物纤维纸。这些发现表明，中国早在公元前2世纪就已发明了造纸术。到汉和帝年间（公元88—105年），蔡伦又改进了造纸技术，制造出原料易得、纸质优良的纸张。

《后汉书》载：“蔡伦字敬仲，桂阳人也。……自古书契多编以竹简，其用缣帛者谓之纸。缣贵而简重，并不便于人。伦乃造意，用树肤、麻头及敝布、鱼网以为纸。元兴元年，奏上之。帝善其能，自是莫不从用焉，故天下咸称‘蔡侯纸’。”[①] 之后，我国造纸技术不断改进，先传入日本和朝鲜，后经阿拉伯传入欧洲。欧洲人在蔡伦之后1000多年才学会造纸技术。纸张的发明大大推动了文化传播和信息交流，使书籍的发行和知识的普及成为可能。似最早的书籍只能由人来抄写，限制了信息传播的效率，为了打破这种局

① 范晔．后汉书精华[M]. 周学兵译注．沈阳：辽宁人民出版社，2018：252.

限，中国古代劳动人民又发明了印刷术。

3. 印刷术

我国晋代已出现了墨拓，隋代已出现了雕版印刷技术，即把要印的字写在薄纸上，反贴在木板上，再根据每个字的笔画，用刀一笔一笔雕刻成阳文，使每个字的笔画突出在板上，之后就可以印书了。这样就极大地提高了文化传播的效率。现存雕版印刷品《金刚经》的最早版本印制于唐懿宗咸通九年（公元868年），是世界上最早的记有印刷日期的印刷物。至宋代，印刷业已十分发达。宋太祖开宝四年（公元971年），张徒信在成都雕印全部的《大藏经》，费工12年，计1046部，5048卷，雕版达13万多块，规模宏伟壮观。为了改进雕版印刷需反复雕版、印刷周期长、工作效率低的弊端，南宋人毕昇在1041至1048年发明了活字印刷术：用胶泥刻成单字烧硬成活字，再用活字拼版印刷。这一发明大大节省了雕版人力，提高了劳动生产率，是印刷史上一次重要的革命，对人类文化的传播与发展具有深远的影响。

4. 指南针

指南针也是中国古代的重要发明。虽有典籍记载黄帝、蚩尤之战中黄帝已使用了指南车，但有人认为尚难确信。不过，东汉王充的《论衡·是应篇》中关于“司南”的记载是不可否认的，说明中国在最迟3世纪以前已经掌握了根据地球磁场辨别方向的技术。此后，人们又进一步改进指南针的制作方法，使其更加精确易用。北宋曾公亮的《武经总要》和沈括的《梦溪笔谈》都有详细记载。到元代，人们已经习惯于使用指南针指引航海方向。

三、文化艺术成就

中华民族在不断前进的历史长河中创造了辉煌的文化艺术，其种类之多、水平之高，为丰富全人类的文化艺术宝库做出了不朽的贡献。

（一）文学艺术成就

中华民族的祖先在很早就已经发明和使用了象形文字。殷墟出土的甲骨文说明当时文字使用已经达到很发达的水平，文学艺术自然也随之分化产生。现存最早的诗歌总集《诗经》、历史文献汇编《尚书》，都以优美的文笔记述了当时的历史文化、生活习俗、礼仪制度等，抒发了当时人们的思想、情感，为我们留下了宝贵的文学遗产。春秋战国时期，诸子兴起，百家争鸣，我国的文学艺术迈向了一个新的高度。《道德经》文笔简洁，志趣高远，声韵流畅，意蕴深邃；《庄子》行文恣肆，汪洋捭阖，思接千古，仪态万方：《孟子》气势盎然，质高德远，跌宕起伏，生动感人；《荀子》气魄恢宏，为文雄浑，包容百家，渊博精深；《墨子》质朴无华，行文流畅，逻辑严谨，简练精要；《战国策》叙事严密，描述生动，明畅通达，语言圆熟；《韩非子》文性俊俏，精辟入里，语锋犀利。总之，中国文学风采各异，古朴雄浑，具有撼人心魄的艺术魅力。

（二）书法艺术成就

中国的书法艺术源于古代劳动人民的生产劳动实践，在漫长的发展过程中不断锤炼，成为我国独具风格的、宝贵的民族文化遗产。

被誉为“纸上的音乐与舞蹈”的书法艺术，以纯净的线条为载体，通过汉字独特的笔画运动和结构布局，穷尽线条千变万化之神韵，创造出意境，创造出风格，创造出美的艺术。

中国书法上承殷商甲骨文、周朝金文之遗绪，几经变化发展，神态端庄，整齐雄伟，线条流畅，婉转圆通。由于书写使用的工具不同，产生的效果也就变化万千，意味无穷。中国书法艺术不仅把“字”当作一种符号来处理，实现达意的目的，而且把书者的“情”“气”贯入其中，如元代书法家陈绎曾所说：“情之喜怒哀乐，各有分数；喜则气和而字舒，怒则气粗而字险，哀则气郁而字敛，乐则气平而字丽。”①

（三）绘画艺术成就

中国绘画艺术风格独特，历史悠久。在距今六七千年前的陶器上，已有反映当时人类生产活动的绘画。

以线条为主要造型手段的绘画艺术形成于战国时期，至汉代已达到极高水平。长沙战国楚墓出土的《人物龙凤帛画》和《人物驭龙图》已显示出当时绘画艺术简括生动、婉转流畅的特征。内蒙古汉墓壁画《车马出行图》《乐舞百戏图》等皆造型生动、色彩鲜明，说明当时的绘画艺术已成熟。魏晋南北朝时期的绘画，如顾恺之的《女史箴图卷》《洛神赋图卷》等，色调明丽，笔法细腻，生动传神，说明当时的绘画艺术得到了发展。唐朝吴道子被誉为“画圣”，其人物壁画栩栩如生。此外，阎立本的人物，展子虔的山水，刁光胤的花鸟，曹霸、韩干的马，戴嵩、韩混的牛等，都表现出极其精湛的艺术水平。宋代绘画艺术以张择端的《清明上河图》最为著名。这是一幅横长 529 厘米、纵长 25 厘米的长卷，描绘了当时东京汴梁物阜民丰、繁荣昌盛的景象，笔法细腻精工，布局错落有致，人物神态逼真，场面宏伟寥廓，艺术水平极高。宋代花鸟画也极为兴盛，黄筌、赵昌、崔白、赵佶等均负盛名；山水画名家则有李成、范宽、郭忠恕、许道宁、王诜等；苏轼、米芾等书画皆精，其以水墨为主的写意山水花鸟，俱为佳作。入元以后，许多汉族士大夫为寄托亡国忧思，同时远身避祸，以绘画遣兴寄情。郑思肖、赵孟頫、黄公望、王冕、柯九思等人就是其中的代表。元灭明兴，绘画艺术更加成熟。边文进的《双鹤图》《春禽花木图》等双勾重彩，笔法细腻，一时无两。戴进等人的山水花鸟则飘逸自然，不拘一格，亦称佳作。此后沈周、文徵明、唐寅、仇英并称江南四大家，又有以徐渭、陈复道为代表的“水墨写意派”，以周之晃为代表的“花鸟画派”等，各领风骚。清初名家亦众，既有摹古的王时

① 俞建良．昆山书法论文集 [M]. 北京：荣宝斋出版社，2011：36.

敏、王鉴、王原祁、王翚（号称“四王”），又有力主鼎新、借古开今、推陈出新的朱耷、石涛、髡残、弘仁（号称“四僧”）。清中期以后有王昱、王愫、王玖、王宸（号称“小四王”）。与“四王”相近，同时期的“扬州八怪”也颇负盛名。晚清名家有吴昌硕、虚谷、赵之谦等。

总之，中国绘画艺术是中华优秀传统文化的重要组成部分，是中华民族文化的重要象征之一。

（四）建筑、雕塑艺术成就

远古时代，人们构木为巢或穴居以存，房屋建筑的发明无疑是人类文明的重大进步。从我国考古发掘来看，商代已经出现了大型土木建筑。春秋战国时期，由于铁制工具的普遍使用，对木、石等材料的加工更为细致，我国开始出现豪华的宫殿建筑，秦始皇的阿房宫无疑是这种建筑的杰出代表。杜牧《阿房宫赋》描述说：“覆压三百余里，隔离天日……五步一楼，十步一阁；廊腰缦回，檐牙高啄，各抱地势，钩心斗角。盘盘焉，囷囷焉，蜂房水涡，矗不知其几千万落。长桥卧波，未云何龙？复道行空，不霁何虹？高低冥迷，不知西东。歌台暖响，春光融融；舞殿冷袖，风雨凄凄。一日之内，一宫之间，而气候不齐。……负栋之柱，多于南亩之农夫；架梁之椽，多于机上之工女；钉头磷磷，多于在庾之粟粒；瓦缝参差，多于周身之帛缕；直栏横槛，多于九土之城郭；管弦呕哑，多于市人之言语。”① 虽然这种描述在某种程度上有些夸张，但也足见当时建筑之宏伟壮观、无与伦比，说明我国当时建筑水平之高。

第四节　优秀传统文化的当代价值

一、凝聚整合价值

文化凝聚力量，文化整合思想。中华优秀传统文化是中华民族共同的精神家园和文化标识，在民族精神凝聚整合方面始终发挥着重要作用。特别是随着世界多极化、经济全球化深入发展，文化多样化、社会信息化持续推进，各种思想思潮激烈碰撞，各种利益矛盾交织出现，各种危险考验长期存在，尤其需要中华优秀传统文化发挥凝聚整合作用。

（一）强化民族认同

民族认同感，是民族成员对自己民族产生的认可和赞同的情感。这一情感既包括对自己民族身份的认可，即对“我属于这个民族”的认可；也包括对自己民族身份的赞同，即

① 吴楚材，吴调侯．古文观止 [M]. 孙建军主编．长春：吉林文史出版社，2017：270.

对“这个民族很伟大”的赞同。“认可”与“赞同”的情感相互强化，共同组成民族认同感，成为民族产生凝聚力的情感基础。这个基础牢固，民族凝聚力就强大；反之，民族凝聚力就弱小。能够强化民族认同的因素很多，民族的传统文化无疑是最重要的因素之一。

历史上，中华优秀传统文化是强化中华民族身份认同的最重要因素。冯友兰认为：“在传统上，中国人与外人即‘夷狄’的区别，其意义着重在文化上，不在种族上。”[①]“中华”有居天下之中、集天下之美的意思，“中华”和“夷狄”的区别在于文化，“中华民族”内在地含有文化繁荣、文明昌盛之意。《史记》上说：“中国者，盖聪明徇智之所居也，万物财用之所聚也，贤圣之所教也，仁义之所施也，诗书礼乐之所用也，异敏技能之所试也，远方之所观赴也，蛮夷之所义行也。”（《史记·赵世家》）这段话很好地说明了，中华民族把优秀文化视为民族身份的标志，视为民族自豪的依据。在漫长历史中，中华优秀传统文化成为中华儿女不断增强身份认同、增强理想信念的精神因素。近代以来，面对西方列强的侵略和欺凌，在中华优秀传统文化的滋养和激励下，中国大地各民族凝聚成强大的中华民族，最终实现了民族的独立和振兴。

当今中国，在世界文化西强东弱的总体形势下，在经济全球化的浪潮中，着眼实现中华民族伟大复兴的宏伟目标，更应该强化全体中华儿女的民族身份认同，从而夯实民族凝聚力的情感基础。中华优秀传统文化是包括56个民族在内的中华民族共同创造的文化成果，是中华民族共同的文化标识，是包括海外华人华侨在内的所有中华儿女的共同精神家园。中国孔子、孟子、老子、庄子等的哲学思想，春节、清明、端午、中秋等传统节日，汉服、唐装、旗袍等传统服饰，长城、故宫、兵马俑等历史古迹，屈原、岳飞、文天祥等忠臣良将，李白、杜甫、苏轼等古代诗人，《红楼梦》《三国演义》《水浒传》《西游记》等古典小说，这些都是中华民族的文化标识，都是产生和强化共同身份认同的文化符号。传承和弘扬中华优秀传统文化，就是对我们民族文化标识的反复强调和不断确认，就是对中华儿女民族身份的反复强调和不断确认，可以极大增强中华儿女的民族认同感。

（二）整合思想认识

改革开放以来，在解放思想的大背景下，中国社会思想活跃、思潮涌动，出现了思想思潮多元化的趋势。学者马立诚认为，最近40多年来中国产生了许多社会思潮，其中有八种社会思潮影响巨大，它们是“中国特色社会主义思想、老左派思潮、新左派思潮、民主社会主义思潮、自由主义思潮、民族主义思潮、民粹主义思潮、新儒家思潮”[②]。这八

① 冯友兰．中国哲学简史 [M]. 北京：北京大学出版社，2013：305.

② 马立诚．最近四十年中国社会思潮 [M]. 北京：东方出版社，2015：243.

种社会思潮，针对中国社会转型过程中产生的各种问题、矛盾和冲突，分别提出了解决思路和方案。存在这些大的社会思潮的同时，社会各个阶层，甚至每个人由于利益诉求的不同，在国家治理、社会建设、利益分配等诸多方面存在着思想认识上的分歧。学术上的“百家争鸣”和社会思想的生动活跃是好的现象，但社会思想认识过于分裂，反而成为社会进步的思想障碍。特别是有些思潮和思想，严重背离中国特色社会主义道路和现代文明，其危害性不容小觑。

中华优秀传统文化是中华民族共有的精神家园，在这个精神家园里，我们的社会理想、发展理念、价值观念、思维方式、审美品位、心理习惯等有着很大的相似性和一致性，这恰恰可以成为我们整合思想认识的重要基础。例如，在社会理想方面，世界上很多民族都提出过自己的“理想国”，社会上每个人也都有自己的理想社会。为了提出一个科学而美好的社会理想，凝聚最广大人民的思想共识，改革开放之初，邓小平从中华优秀传统文化中提炼出“小康”这一概念，把“小康社会”作为全党全国各族人民共同奋斗的目标。“小康”是中华民族古已有之、中华儿女非常熟悉的概念，《诗经》上说：“民亦劳止，汔可小康”。（《诗·大雅·民劳》）《礼记》上也提出了“小康”的概念，与“大同”相对应。作为中国特色社会主义理论内的“小康”自然与中国历史上的“小康”含义不同，但事实证明，这一富有传统色彩的概念，有效地整合了人们在社会理想上的不同认识，引起了人民群众强烈的思想共鸣。

党的十八大之后，我们又提出了“中华民族伟大复兴的中国梦”概念。“中国梦”这一概念让人很容易联想到“文景之治”“贞观之治”“开元盛世”和“康乾盛世”等历史上的繁荣时期，因此一经提出就引起广泛共鸣，起到了整合思想认识、凝聚思想共识的巨大作用。目前，“中华民族伟大复兴的中国梦”的概念已经深入人心，成为中华儿女广泛认同的奋斗目标。

中华优秀传统文化具有整合思想认识的价值，但不是说要用它取消或取代其他思想认识。而是它博大精深的思想内容，包容创新的优秀品质，能够引起广泛的思想共鸣，整合思想共识，汇聚智慧力量，从而减少发展的思想阻力，增强发展的精神动力。

（三）维护团结统一

维护民族团结统一，既是实现中华民族伟大复兴的应有之义，也是实现这一伟大梦想的必要条件。实现中华民族伟大复兴必须凝聚中国力量，这个力量就是全国各族人民大团结的力量。我国是一个有着14亿多人口、56个民族的大国，只要保持团结统一、万众一心，再强的敌人也能战胜，再大的困难也能克服，再伟大的梦想也能实现。维护中华民族的团结统一，可以充分发挥中华优秀传统文化这个天然的坚强的文化纽带作用。

史学名著《全球通史》曾提出一个值得深思的问题：“中国为什么会拥有世界上最古老、

连续不断的文明？”[①] 究其原因，中华优秀传统文化是维“合”促“合”的强大精神力量，是维护团结统一的坚强精神纽带。

一方面，中华优秀传统文化中有着根深蒂固的“大一统”思想。从《诗经》“溥天之下，莫非王土”（《诗经·小雅·北山》），到《公羊传》“何言乎王正月？大一统也”（《公羊传·隐公元年》），再到《中庸》“天下车同轨，书同文，行同伦”（《礼记·中庸》），“大一统”的思想在中华民族历史上确立早、扎根深、影响远，反对分裂、维护统一的意识深深积淀在中华民族的文化心理之中。在中国人内心深处，认为国家统一是正常的，而认为国家分裂是不正常的，团结统一的思想是根深蒂固的，这就从思想深处维护和促进了民族的团结统一。

另一方面，中华优秀传统文化是促进各民族、各区域融为一体的文化熔炉。考古学发现表明，中华大地上最早散布着满天星斗般的文化区域和原始部族。在不断冲突和融合中，华夏文化逐渐成为主体，并显示出强大的包容性和先进性。随着其文化影响力的增强和辐射范围的扩大，各区域文化逐渐融合成中华文化，各少数民族逐渐融合成中华民族。中华优秀传统文化，特别是其中优秀的语言文字、文学艺术、思想理念、伦理道德、节日风俗、饮食服饰等，如同一个巨大的文化熔炉，各民族、各区域在其中交流融合，形成了民族多元一体、文化多样和谐的统一整体。

（四）激发精神力量

实现中华民族伟大复兴的中国梦，推动经济社会持续发展，克服各种困难，战胜各种挑战，需要我们不断激发强大的精神力量。从盘古开天地的远古传说，到抵御西方列强的近代壮举，中华优秀传统文化积累了十分丰富的精神宝藏。传承和弘扬中华优秀传统文化，能够不断激励中华儿女继续前进，凝聚起同心共筑中国梦的磅礴力量。

一是自强不息精神。“自强不息”出于《易经》：“天行健，君子以自强不息。”古人认为，天上的星辰日夜运行不息，君子效法上天，也应自强不止。从历史上看，中华民族曾长期屹立世界民族之林的前列，中华文明曾长期占据人类文明的高峰，这与中华优秀传统文化中的自强不息精神是紧密相关的。

二是居安思危精神。中华民族自古以来就对国家的兴衰安危有着清醒的忧患意识。孔子说：“人无远虑，必有近忧。”（《论语·卫灵公》）孟子说：“生于忧患，死于安乐。”（《孟子·告子下》）《司马法》说：“国虽大，好战必亡；天下虽安，忘战必危。”（《司马法·仁本》）欧阳修说：“忧劳可以兴国，逸豫可以亡身。”（《新五代史·伶官传序》）这些都表现了中华儿女对国家的强烈忧患意识。正因为中华民族有忧患意识，才能够经常保持清醒，才能保持自强不息的精神状态，才能长盛不衰。

① （美）斯塔夫里阿诺斯．全球通史——1500 年以后的世界 [M]. 吴象婴，梁赤民译．上海：上海社会科学出版社，1999：67.

三是勇于担当精神。在中国古代，“修身”“齐家”“治国”“平天下”是读书人的人生追求和最高理想。在中国历史上，出现了很多具有担当精神的英雄，他们勇于担当起人民、民族和国家的责任。从大禹治水“八年于外，三过其门而不入”（《孟子·滕文公上》），到孟子“如欲平治天下，当今之世，舍我其谁也”（《孟子·公孙丑下》），再到林则徐虎门销烟的壮举，勇于担当的精神始终是中华民族的重要精神品质。正是有了这种担当精神，中华儿女才会在国家太平时居安思危，在国家危难时挺身而出，在危险面前毫不退缩，在艰难前面敢于向前，前赴后继，勇敢担起国家和民族的重担。

四是开拓创新精神。“苟日新，日日新，又日新。”（《礼记·大学》）几千年来，中华民族生生不息、发展壮大的历史，就是一部不断开拓创新的辉煌史。思想上诸子百家竞相争鸣，文学上唐诗、宋词、元曲、明清小说接续发展，科技上四大发明相继出现，外交上张骞出使西域、郑和七下西洋，等等，都表现了中华民族的开拓创新精神。中国历史上，先后出现了商鞅变法、胡服骑射、北魏孝文帝汉化改革、王安石变法、张居正改革等变法维新，表现出中华民族强烈的开拓创新精神。近代以来，面对西方强势文明，中华民族发扬开拓创新精神，喊出了“穷则变，变则通，通则久”的口号，敢于变革陈旧落后的思想，敢于抛弃不合时宜的观念，以“天命不足畏，天道不足惧，祖宗不足法”的变革求新精神，从器物、制度、文化等方面进行了全方位的变革，终于再一次使中华民族凤凰涅槃般地屹立于世界民族之林。

上述这些中华优秀传统文化中的优秀精神，是中华民族几千年来始终能保持旺盛活力的精神之源。当前，实现中华民族伟大复兴的中国梦，全面建成社会主义现代化强国，仍需用中华优秀传统文化中的这些精神宝藏激发中华儿女自强不息、居安思危、勇于担当和开拓创新的精神。

二、借鉴启发价值

中国历史悠久，积累了丰富的历史经验，形成了鲜明的发展理念，产生了深刻的治国理政智慧，其中的优秀部分至今仍具有巨大价值，能够为今天中国的发展提供有益的借鉴启发。

（一）提供历史经验借鉴

中华民族历史悠久，在漫长的历史进程中，积累了丰富的历史经验教训，可资当代借鉴。

1. 借鉴成功经验

中国历史上创造过很多值得称道的盛世，如汉朝的“文景之治”“汉武盛世”，唐朝的“贞观之治”“开元盛世”，明朝的“永乐盛世”“仁宣之治”，清朝的“康乾盛世”等。这些时代，国家能够保持长期的社会稳定、政治清明、经济发展、百姓安居、民族和谐、文化繁荣，因此成为后世借鉴成功经验的典范。以“贞观之治”为例，《贞观政要》记载，当时社会“商旅野次，无复盗贼，囹圄常空。马牛布野，外户不闭。又频致丰稔，米斗三四钱”（《贞观政要·政体》）。“贞观之治”的成功经验主要有以下几点：一是以民为本，致力治国安邦。民安则国安，民富则国富，民强则国强，以民为本就抓住了治国安邦的关键，找到了富国强军的捷径。二是任贤纳谏，共图天下大治。三是修德遵法，促成安定和谐。修德和遵法是贞观年间社会治理层面的两种重要理念，如车之两轮、鸟之双翼，相互配合，相得益彰，共同促成了贞观年间社会安定和谐的局面。四是崇文尚学，推动持续发展。唐初摒弃了魏晋南北朝只重门第的选官制度，把学业优劣作为选人用人的主要标准，建立优待学子和重视学习的国家制度，还组织编写国家标准教材，从而为国家长治久安奠定了文化基础。实际上，历史上的这些盛世，其成功经验是类似的，这些成功经验对于今天的治国理政依然有着重要的借鉴价值。

2. 汲取失败教训

成功经验固然值得借鉴，失败教训更是值得汲取。纵观中国历史，有些朝代“其兴也勃焉，其亡也忽焉”，比如秦、隋；有些朝代盛世之后逐渐衰弱，比如汉唐；有些朝代文武失衡，比如宋代；有些朝代闭关自守，比如明清。总的来说，他们的失败有某些共性的教训，尤其值得后世引以为戒。

其一，国家繁重的赋税徭役导致民不聊生。秦朝建立后修筑长城、阿房宫、骊山陵寝，大量征调戍卒守边，结果导致陈胜吴广揭竿而起，百姓应者云集。隋炀帝营建东都洛阳，开发大运河，在各地大修宫殿苑囿，三次征伐高丽，造成“天下死于役”的惨象，终于造成民变蜂起。

其二，统治阶层的腐化导致执政能力下降。一个王朝建立之初，其统治阶层往往能够励精图治。而承平已久，统治阶层就逐渐变得腐化堕落，执政能力严重下降，导致国家政治腐败，社会矛盾激化。唐玄宗晚年怠慢朝政、宠信奸臣，统治阶层也腐化堕落，终于导致“安史之乱”。明末万历皇帝、天启皇帝贪图享乐，甚至长期不理朝政，致使明朝民生凋敝、日薄西山。

其三，武备废弛严重而无法抵御外部入侵。清代初期八旗铁骑所向披靡，但长期安逸“忘战”，武备废弛，到了晚清不仅法纪不严、作风不良，而且兵制僵化、武器落后，战斗力很弱，在与西方列强的抗衡中屡战屡败。以上的这些深刻的历史教训依然值得今天借鉴。

（二）提供发展理念启发

中华民族在长期的发展过程中，形成了极具民族特色、极为深刻博大的发展理念，对中华民族的发展壮大产生过极其重要的影响和作用，对于今天的治国理政仍具有重要启发意义。以下几个发展理念，尤其具有启发意义：

1. “民惟邦本”的理念

“重民本”是中国古代治国理政思想的精华。早在《尚书·五子之歌》中，古人就记载了夏禹“民惟邦本，本固邦宁”的民本思想。总的来看，中国古代民本思想有以下几个层面内容：其一，把民心向背视为国家兴亡的关键。《左传》上说：“国将兴，听于民；将亡，听于神。”（《左传·庄公三十二年》）《管子》也认为：“政之所兴在顺民心，政之所废在逆民心。”（《管子·牧民》）其二，把造福民众作为国家施政的重点。孔子主张：“节用而爱人，使民以时。”（《论语·学而》）孟子主张实行“仁政”，要“省刑罚，薄税敛”，以达到“老者衣帛食肉，黎民不饥不寒”（《孟子·梁惠王上》）的目标。其三，把弱势群体作为国家关照的对象。从《礼记》“鳏寡孤独废疾者皆有所养”（《礼记·礼运》）的社会理想，到孟子对“天下之穷民而无告者”（《孟子·梁惠王下》）的特别关注，再到杜甫“安得广厦千万间，大庇天下寒士俱欢颜”（《茅屋为秋风所破歌》）的人文情怀，无不表现出对社会弱势群体的重点关照。虽然，历史上“重民本”的思想并不总能得到执行和贯彻，“民为贵，社稷次之，君为轻”（《孟子·尽心下》）的主张也往往流于口号，但这一思想毕竟得到了广泛认同，产生了积极影响。今天，我们既要从“民惟邦本”的理念中汲取思想精华，又要有所创新发展，在治国理政实践中坚持以人民为中心的发展思想，多谋民生之利，多解民生之忧，消除贫困现象，实现共同富裕。

2. “德法合治”的理念

在如何治理国家的问题上，中国古代长期存在“德治”与“法治”之争，这尤其是先秦儒家和法家思想争论的焦点。儒家主张以“德”治国。孔子说：“为政以德，譬如北辰，居其所而众星共之。”（《论语·为政》）他还说道：“道之以政，齐之以刑，民免而无耻；道之以德，齐之以礼，有耻且格。”（《论语·为政》）孔子认为，在治国问题上，“法”仅能治标，而“德”才能治本，应该把“德”作为治国理政的核心理念。对此，法家持反对态度，主张以“法”治国。韩非子说：“国无常强，无常弱。奉法者强则国强，奉法者弱则国弱。”（《韩非子·有度》）他认为国家只有依“法”而治，才能变得强盛，因此主张“明王峭其法而严其刑”“不务德而务法”（《韩非子·显学》）。以“德”治国还是以“法”治国的争论在历史上深入而持久，但在历史实践中，“德法合治”实际上成为许多升平之世的治国原则。文景之治、贞观之治都是“霸王道杂之”（《汉书·元帝纪》），既注重“德”治，又注重“法”治，“德”与“法”有效结合。实际上，“德”治和“法”治是辩证统一关系。“夫礼禁未然之前，法施已然之后；法之所为用者易见，而礼之所为禁者难知。”（《史记·太史公自序》）“法”是硬性规定，督促人“不敢做”坏事；“德”是柔性倡导，教化人“不愿做”坏事。没有“德”治，“法”治将难堪重负；没有“法”治，“德”治将失去保障。“德法合治”的理念启示我们，在治国理政中要处理好“法”治与

"德"治的关系，既要推进全面依法治国，也应注重道德建设，打牢依法治国的道德基础。

3."法古革新"的理念

中国古代，在"德"与"法"之争的同时，也伴随着"古"与"新"之争。所谓"古"与"新"之争，就是在治国理政上的"法古"与"革新"之争。"法古"者认为："遵先王之法而过者，未之有也。"（《孟子·离娄上》）主张："利不百，不变法；功不十，不易器。法古无过，循礼无邪。"（《史记·商君列传》）与此相反，"革新"者则认为："圣人不期修古，不法常可，论世之事，因为之备。"（《韩非子·五蠹》）主张："苟日新，日日新，又日新。"（《礼记·大学》）在历史上，"古"与"新"之争不断发生，商鞅变法、胡服骑射、王安石变法、戊戌变法等历次变法都交织着这两种思想的斗争，深刻影响着历史的走向。商鞅变法、胡服骑射中"革新"理念占了上风，结果使秦国、赵国迅速变成军事强国。王安石变法、戊戌变法中"法古"思想占了上风，结果两次改革都最终失败，北宋王朝和清王朝也积弊难除、积重难返，最终走上王朝覆灭之路。总的来说，在中国历史上"法古"理念总是强于"革新"理念，这一情况一直持续到晚清。实际上，"法古"和"革新"与"古"和"新"一样，也是辩证统一关系。"法古"和"革新"不可偏废，好的传统要继承，坏的传统要革新。近代以来，"法古"派抱残守缺，阻碍了历史发展。而一些激进的"革新"派主张革除一切传统，"全盘西化"，甚至要抛弃汉字，这也不利于历史发展。"法古革新"的理念启示我们，在治国理政中要处理好"法古"和"革新"的关系，既要勇于改革创新，又要坚守优良传统，善于从优良传统中汲取改革创新的智慧和营养。

（三）提供治国理政智慧

中国古代积累了很多治国理政智慧，虽然这些智慧主要是在封建专制制度下形成的，其中一些封建糟粕已经被历史证明具有巨大的危害性，但其中也有很多优秀内容对今天的治国理政具有很大的借鉴启发意义。下面列举三点加以分析。

1.选人用人智慧

中国古代在选人用人方面积累了很多智慧，主要有以下几点。一是把人才视为国家强弱的关键。东汉王充在《论衡》中评论战国人才时说："六国之时，贤才之臣，入楚楚重，出齐齐轻，为赵赵完，叛魏魏丧。"（《论衡·效力》）战国时期，商鞅、苏秦、张仪、范雎、乐毅、李斯等人才的去留，确实在很大程度上影响了一国的兴衰。所以，后世历代统治者都非常重视人才的选用。二是把"德"和"才"作为选人用人的标准。古代在选人用人时，把"德"和"才"作为重要的选择标准。在乱世，"才"往往是第一标准，比如春秋战国时期的吴起、苏秦、张仪等，品德一般而才华出众。在治世，"德"比"才"更受重视，如汉武帝"举贤良方正直言极谏者"，"贤良""方正""孝廉"等品德成为选拔的首要标准。北宋司马光主张："取士之道，当以德行为先。"（《续资治通鉴·宋纪七十九》）当然，选人用人的最高标准是"德才兼备"，唐代魏徵就主张："才行俱兼，始可任用。"（《贞观政要·论择官》）三是把制度作为选人用人的方式。在选拔人才的制度上，先秦主要采用"世卿世禄"制度，汉代以后逐渐采用"察举"制，魏晋南北朝采用"九品中正制"，这些制度都有一定局限性。到了隋唐，开始实行科举制度，唐太宗认为这种制度使"天下英雄人吾彀中矣"（《唐樜言·述进士》），可见它所具有的优势。对于今天，选人用人依然是治国理政的重要内容，上述这些选人用人智慧依然具有借鉴意义。

2. 反腐倡廉智慧

我国古代积累了优秀的廉政文化，既有提倡廉洁的优秀思想，也有惩治贪腐的实践经验，是我们今天推进反腐倡廉建设的宝贵资源。一方面，注重廉政理念灌输。中国古代廉政理念内容丰富，主要有以下几点。一是"公而不私"。《礼记》上说："大道之行也，天下为公，选贤与能，讲信修睦。故人不独亲其亲，不独子其子。"（《礼记·礼运》）强调为官从政要有公心，要爱民惠民。二是"正而不偏"。孔子说："其身正，不令而行；其身不正，虽令不从。"（《论语·子路》）为官者只有从自身做起，才能以上率下、政令畅通。三是"清而不浊"。《广雅》上说："廉，清也。"清清白白做官，是廉政的题中应有之义。四是"俭而不奢"。《左传》上说："俭，德之共也；侈，恶之大也。"（《左传·庄公二十四年》）生活奢侈的官员，很难做到廉洁从政。通过上述廉政理念的灌输，能够在一定程度上防止腐败。另一方面，建立反腐促廉机制。为了实现廉政，中国古人还设计了一套行之有效的制度。据《周礼》记载，中国早在周代便设有治贪促廉的监察官，秦汉以来历朝历代都设有相应的监察机构，形成了较为完备的监察制度。这些监察机构独立性强、地位崇高、权力巨大，虽有很大局限，但在一定程度上对各级官员形成震慑，减少了贪腐行为，促进了政治清明。当前，我国反腐倡廉取得很大成就，但反腐形势依然严峻。借鉴古代反腐倡廉智慧，有利于筑牢拒腐防变的思想道德防线，加强反腐倡廉制度建设，提高拒腐防变能力。

3. 为官从政智慧

中国历史上积累了很多为官从政的智慧，其中也不乏对今天有启发意义的智慧。

一是修身为本。儒家经典《大学》强调："物格而后知至，知至而后意诚，意诚而后心正，心正而后身修，身修而后家齐，家齐而后国治，国治而后天下平。"（《礼记·大学》）"格物""致知""诚意""正心"这些都属于"修身"范畴，它们是"齐家""治国""平天下"的基础。"自天子以至于庶人，壹是皆以修身为本。"（《礼记·大学》）"修身"包括知识的学习，才能的修炼，更重要的是道德的修炼。

二是忠于职守。孔子说："陈力就列，不能者止。"（《论语·季氏》）又说："不在其位，不谋其政。"（《论语·泰伯》）这就是强调为官从政要忠于职守，既不能"缺位"，也不能"越位"。汉文帝时期丞相陈平"不知钱谷之数"，受到后世赞赏；蜀汉丞相诸葛亮事无巨细、亲力亲为，受到后世訾议。原因就是陈平能够忠于职守不"越位"，而诸葛亮则"越位"太多。

三是谦虚谨慎。《左传》记载了有名的"正考父鼎铭"，上面说："一命而偻，再命而伛，三命而俯，循墙而走，亦莫余敢侮。"（《左传·昭公七年》）这段话赞赏正考父官职虽然步步上升，但态度却愈加谦虚谨慎。老子说："知足不辱，知止不殆，可以长久。"（《道德经》第四十四章）历史上很多为官从政者因谦虚谨慎而善始善终，因骄奢淫逸而身败名裂。中国古代为官从政智慧内容非常丰富，上面仅列举了几个要点。这些智慧所体现出的正能量，与现代政治文明的要求并不违背，具有永恒的借鉴价值。

三、德育教化价值

加强精神文明建设，提高全民族道德素质，在全社会培育和践行社会主义核心价值观，是一项重要而紧迫的任务。中华民族历史上形成了许多宝贵的德育教化资源，积累了丰富的道德教化经验，在今天依然能够发挥巨大价值。

（一）提供德育教化资源

中国传统德育教化资源是中华优秀传统文化的重要组成部分，它既包括中华传统美德提倡的道德规范，也包括践行这些道德规范的道德典范。

1. 中华传统美德

中华民族是一个崇尚道德的民族，伦理道德在传统文化中占据至高无上地位。《左传》提出了"三不朽"说，即"太上有立德，其次有立功，其次有立言，虽久不废，此谓三不朽"（《左传·襄公二十四年》），把"立德"放在"三不朽"的首位。孔子说："为政以德，譬如北辰，居其所而众星共之。"（《论语·为政》）把"德"放在"为政"的中心位置。孟子认为"人之有道也，饱食、暖衣、逸居而无教，则近于禽兽"（《孟子·滕文公上》），把道德教化视为人与动物的根本区别。正因为如此重视道德，所以中国古人提出和形成了内容丰富、体系完备的道德规范。如儒家提出的仁、义、忠、诚、孝、悌、慈、敬等，以及后来形成的"三纲""五常""三从""四德"等。这些传统道德规范中虽然有很多糟粕，但主流是中华民族的传统美德。这些传统美德是中华优秀传统文化的精髓，有着深远的历史积淀和深厚的民意基础，是中国老百姓几千年来认可、赞同、习惯了的道德规范，因此它们在古代曾发挥过重要作用。当前，我们倡导社会主义核心价值观，从某种程度上说它是对中华传统美德的当代升华，是传统美德与时代精神的有机结合。因此，我们在培育和践行社会主义核心价值观的过程中，要注重用中华传统美德滋润心灵、教化大众。

2. 传统道德典范

榜样的力量是无穷的。我国历来重视榜样教育，把一些道德典范作为“见贤思齐”的榜样，培养人的品格，引导人的行为。中国古代经典《三字经》善于用道德典范进行道德教育，把“香九龄，能温席”，“融四岁，能让梨”，“如囊萤，如映雪”等优秀榜样或优秀事迹作为儿童效仿学习的对象。《二十四孝》用二十四个孝子的孝亲故事，培育孩子的孝心孝行，这些孝子也成为古代人民群众耳熟能详、赞扬学习的道德模范。用今天的道德标准来衡量，中国古代树立的许多“忠臣”“孝子”“烈女”已经失去了作为榜样的价值。但在中国历史上，许多践行中华传统美德的典范人物，他们的高尚品格和崇高行为具有永不褪色的价值。以“爱国”为例，屈原、霍去病、苏武、花木兰、范仲淹、岳飞、文天祥、于谦、袁崇焕、林则徐、邓世昌等，他们的爱国精神和爱国事迹依然可以成为今天爱国主义教育的优秀榜样。在道德榜样的高尚人格和事迹中，什么是真善美，什么是假恶丑；什么值得肯定赞扬，什么需要反对否定；什么应该做，应该怎样做，什么不该做，都生动具体地显现出来。

（二）提供德育教化经验

中华民族自古以来就非常重视道德教育。早在夏商周三代，政府就开设了“校”“序”“庠”等官方教育机构，进行知识教育和道德教育。春秋战国时期，孔子主张“有教无类”（《论语·卫灵公》），对人民既要“富之”，更要“教之”。孟子也主张统治者在解决了人民温饱之后，进行道德教育，“谨庠序之教，申之以孝悌之义”（《孟子·梁惠王上》）。秦汉以来，历朝历代虽然主张的道德内容不同，但都重视道德教育，视德教为立国之本。几千年来，中华民族积累了非常丰富的德教理论和实践经验，探索了许多行之有效的德教方法，对于今天的道德建设具有很好的启发意义。

中国传统德教具有鲜明特色，以下几种德教方法值得今天借鉴：

1. 循序渐进的方法

中国古人已经认识到，人的道德教育是一个循序渐进的过程，不能一蹴而就。古人注重道德教育的阶段性和连续性，儿童道德教育从简单的《三字经》《弟子规》开始，随着年龄的成长逐渐转入“四书五经”的道德教育，有一个循序渐进、逐渐深入的过程。鲁迅在《从百草园到三味书屋》一文中回忆童年教育时说：“我就只读书，正午习字，晚上对课。先生最初这几天对我很严厉，后来却好起来了，不过给我读的书渐渐加多，对课也渐渐地加上字去，从三言到五言，终于到七言。”这段回忆，生动形象地描述了中国古代循序渐进的教育方法。

2. 循循善诱的方法

《论语》上说："夫子循循然善诱人，博我以文，约我以礼。"（《论语·子罕》）循循善诱的教育方法不仅注重教育的次序，更注重教育的效果。"善诱"强调教育的启发性和趣味性，用深入浅出、寓教于乐的教育方法，把枯燥深奥的道德规范变成受教育者爱学乐学的生动内容。

3. 家庭教育的方法

中国古人非常重视家庭教育，把家教作为道德教育的重要手段。中国古代留下了许多家训，著名的有诸葛亮的《诫子书》、颜之推的《颜氏家训》、司马光的《温公家范》、朱柏庐的《朱子家训》、曾国藩的《家书》等，对中国古代的家庭教育影响很大。在家庭教育下，形成良好家风，这既是家庭教育的结果，也是家庭教育的环境。

今天的教育出现了一些不好的倾向，如注重知识教育而轻视道德教育，注重道德灌输而轻视柔性教化，注重学校教育而轻视家庭社会教育，等等。这些偏差造成了部分人存在学历高而道德低、能力强而道德弱的扭曲现象。中国传统道德教育中形成的注重循序渐进、循循善诱、家训家风的教育方法，是古人在长期教育实践中探索出来的行之有效的方法，能给我们今天的道德教育以有益启发。

四、审美娱乐价值

在中华优秀传统文化中，传统文学艺术作品不仅数量大，而且质量高，是中华民族的文艺瑰宝。从内容上说，传统文艺不仅包括古代诗歌、散文、小说、戏剧等文学作品和绘画、书法、建筑、雕刻、音乐等艺术作品，还包括历史、哲学等方面的作品。文学艺术具有认识功能、教育功能、补偿功能、交际功能等多重功能，但最根本、最主要的还是审美娱乐功能。文艺作品的审美娱乐价值，既包括直接的丰富精神生活的价值，也包括间接的提升精神品格的价值。中国传统文学艺术，对于今天依然具有这两个方面的巨大价值。

（一）丰富精神生活

人类的生活包括物质生活和精神生活，人类的需要也包括物质需要和精神需要。人要满足衣食住行等生理需要，必须创造和消费物质财富。同样，人要满足精神需要，也必须创造和消费精神财富。文学艺术可能是人类最早产生、最为重要的精神财富种类之一，它通过特有的美感满足人类的精神需要，丰富人类的精神生活。鲁迅认为："由纯文学上言之，则以一切美术之本质，皆在使观听之人，为之兴感怡悦。"中国传统文学艺术，因其独特的艺术魅力，能够使人"兴感怡悦"，能够丰富人们的精神生活。今天，它依然可以通过娱乐、补偿、纾解等审美方式，缓解人们精神上的空虚、缺憾、郁闷等负面情绪，从而丰富我们的精神生活。

1. 愉悦

艺术最直接的功能就是娱乐功能，任何艺术（包括严肃的艺术）都可以愉悦人的精神世界。艺术之所以具有娱乐功能，是因为艺术的产生与游戏有着密切关系。艺术发源于游戏，人们创造艺术的最初目的就是愉悦精神。中国传统的文学、音乐、舞蹈等作品，具有很强的娱乐成分。《论语》记载："子在齐闻《韶》，三月不知肉味，曰：'不图为乐之至于斯也。'"（《论语·述而》）音乐给孔子带来了极大的精神愉悦。据记载，宋代文人苏舜钦每次阅读《汉书》就非常愉悦，留下了"《汉书》下酒"的美谈，这里也可以看出中国历史著作中蕴藏了无穷趣味。中国传统的文艺作品，如唐诗宋词元曲等诗歌作品、四大名著等小说作品、《史记》《汉书》等历史著作、《庄子》《孟子》等哲学著作，对于今天依然具有很强的娱乐价值。

2. 补偿

人类的生活经常受到各种局限，如时间局限、空间局限、情感局限、地位局限等。因为这些局限，人的生活是不完美、有缺憾的。这种缺憾可以通过文艺得到一定程度的补偿。中国传统文学艺术能够丰富人的精神生活，其中一个重要表现就是它可以在一定程度上补偿人的这些缺憾。例如，针对人的时间局限，传统文艺中有大量表现历史事件、历史人物和历史生活的作品，它们"通古今之变"，人们可以从中找到回归历史的感觉。针对人的空间局限，传统文艺中有大量描绘中国名山大川的作品，它们纵横万里，使人有身临其境之感；针对人的情感局限，传统文艺中有大量表现人喜怒哀乐、爱恨情仇的作品，人们可以在这些作品中体会到各种情感，从而得到精神的慰藉；针对人的地位局限，传统文艺中描写了各种人的人生，人们可以从中体会各种人的生活苦乐。所以，中国传统文艺在今天依然具有很强的补偿价值。

3. 纾解

文艺除了愉悦人的精神、补偿人的缺憾之外，还可以纾解人的郁闷。人类生活中会遇到各种各样的曲折坎坷，会积累诸如阴郁、苦闷、焦虑等情绪，这些情绪可以在欣赏文艺作品过程中得到纾解。唐代诗人白居易在《琵琶行》中记载，他谪居期间欣赏了一首琵琶曲，从而得到了精神上的纾解。他在诗中写道："凄凄不似向前声，满座重闻皆掩泣。座中泣下谁最多？江州司马青衫湿。"诗人的郁闷情绪，在欣赏琵琶曲的过程中，乃至泪湿青衫之后，得到了一定程度的纾解。宋代欧阳修在《送杨寘序》中记载："予尝有幽忧之疾，退而闲居，不能治也。既而学琴于友人孙道滋，受宫声数引，久而乐之，不知其疾之在体也。"这也是通过欣赏文艺作品而纾解"幽忧之疾"的例证。中国传统文艺作品内容丰富、情感充沛，很多都可以作为纾解郁闷情绪的精神良药。

（二）提升精神品格

艺术的审美价值，除直接丰富人的精神生活外，还可以提升人的精神品格。

1. 净化心灵

人的心灵里不仅有真善美，也有假恶丑，艺术具有净化心灵的功能。艺术的作用犹如以水洗物，可以通过审美活动洗涤心灵上的狭隘、自私、虚荣、骄傲、仇恨、怯懦、贪婪、暴戾、嫉妒等肮脏的东西。中国传统文艺自然也具有这种功能，可以净化人的心灵。比如，我们可以从孟子“富贵不能淫，贫贱不能移，威武不能屈”的高洁中，净化心灵中的贪婪；从杜甫“安得广厦千万间，大庇天下寒士俱欢颜”的博爱中，净化心灵中的自私；从文天祥“人生自古谁无死，留取丹心照汗青”的义勇中，净化心灵中的怯懦。中国传统文艺蕴含着高洁、仁爱、义勇、忠诚、执着等正能量，可以发挥净化心灵的价值。

2. 陶冶情操

艺术在净化心灵的基础上，又具有陶冶情操的功能。它通过艺术美对人的刺激，如烧制陶器、冶炼金属一般，激发人的某种情感，使人具有相应的操守。中国传统文艺强调“文以载道”，主张用艺术承载道义，达到思想性与艺术性的有机结合。这样的文艺作品，自然具有陶冶情操的功能。人们欣赏传统文艺的过程，也是陶冶情操的过程。以阅读传统文学作品为例，阅读苏轼的诗词文赋，我们会被他乐观豁达的性格打动，从而追求旷达的情操；阅读《红楼梦》，我们会被林黛玉、贾宝玉之间的纯美爱情感染，从而追求真爱的情操；阅读《水浒传》，我们会被鲁达、武松等好汉的侠义之举打动，从而追求正义的情操。这就是传统文艺陶冶情操的价值。

3. 提高品位

艺术的审美功能，还体现在提高人的品位上。中国传统文艺具有这样的功能。首先，欣赏传统文艺可以提高人的审美品位。中国传统文艺作品数量多、质量高，我们欣赏这些作品，可以提高审美品位，提升审美素养。欣赏传统文艺作品，对于文艺创造者，可以提高创造美的能力，从而创造出更好的作品；对于文艺欣赏者，可以提高欣赏美的能力，从而获得更多的审美体验。其次，欣赏传统文艺可以提高人的精神品位。在欣赏传统文艺作品的过程中，人们欣赏美辨别美的能力提高的同时，会带来人精神品位的提高。例如，阅读《红楼梦》，一个人的审美品位会得到提升，同时其性情也可能会受到感染，从粗俗而变得雅致，从野蛮而变得文明，从卑鄙而变得高尚，从而精神品位得到提高。

五、文化产业价值

随着知识和科技对经济社会发展的影响日益深入，文化与经济出现加快融合的趋势，文化产业作为一个向阳产业蓬勃发展。21 世纪以来，世界上主要大国都非常重视文化产业的发展，已成为国家间竞争的新领域。中华优秀传统文化博大精深，与文化产业相辅相成、相得益彰，一方面文化产业的发展有利于中华优秀传统文化的传承和弘扬，另一方面中华优秀传统文化的优秀资源对于文化产业的发展也具有重要价值。

（一）为文化生产提供丰富的文化资源

文化产业的发展，离不开优秀的文化资源。在文化资源中，历史文化资源是极为重要的资源。一些历史悠久的欧洲国家，如英国、法国、意大利等，其历史文化资源在其文化产业中都占有十分重要的地位。中国作为历史文化悠久的大国，历史文化资源非常丰富，这是我国文化产业发展所具有的得天独厚的优越条件。我国有丰富的历史文化资源，以下文化产业能够提供优秀的文化资源。

第一，影视业。在热播的电影和电视剧中，历史文化题材的作品占据很大比重。事实上，中华优秀传统文化中的丰富内容，如著名历史事件和历史人物、元杂剧、明清小说和戏剧、民间故事传说等，都可以成为影视业的优秀素材。近年来，历史题材的电视剧《大秦帝国》《汉武大帝》《大明王朝》《雍正王朝》等，改编自小说名著的《红楼梦》《三国演义》《水浒传》《西游记》等，以传统文化为素材的纪录片《舌尖上的中国》《故宫》等，都取得了很好的经济效益和社会效益。

第二，文化旅游业。随着人们生活水平的提高和文化层次的提升，文化旅游在旅游业中的地位越来越重要。中国丰富的历史文化资源，可以给文化旅游产业提供重要支撑。中国世界遗产数量位居世界前列，这其中包括长城、故宫、颐和园、敦煌莫高窟、秦始皇陵及兵马俑、布达拉宫、龙门石窟、云冈石窟、丽江古城、丝绸之路、中国大运河等世界知名文化遗产。除了这些世界级的文化遗产，中国各地历史遗迹、历史古迹更是数不胜数。这些文化遗产如果得到充分发掘利用，必将大大促进文化旅游业的发展。

第三，新闻出版业。中华优秀传统文化的丰富资源，可以为新闻出版产业提供源源不断的优秀素材。另外，对于动画、游戏、教育培训等文化产业，中华优秀传统文化都可以提供大量文化资源。

中国虽然是历史文化资源大国，但开发和利用还非常不足。更有中国传统历史文化资源被其他国家利用的情况，如电影《花木兰》《功夫熊猫》充满了“花木兰”“功夫”等中国传统文化元素。《西游记》《水浒传》《三国志》等中国古典名著被日本游戏公司抢注为游戏商标，源于中国的端午节被韩国以“江陵端午祭”申遗成功，等等。这些现象充分说明中华优秀传统文化完全可以成为文化产业的优秀资源，同时也提醒我们要重视中华优秀传统文化在文化产业发展中的重要地位。

（二）为文化消费拓展强大的市场需求

文化产业的发展与消费者的文化需求数量和需求层次密切相关。一般来说，影响文化需求的因素包括消费者收入、消费者喜好、文化产品质量等几个方面。随着人们收入水平的提高，文化产品的消费占比将逐渐加大，文化消费总量也将大幅提升。与此同时，我国消费者受教育程度越来越高，这也将提升文化消费的层次。中华优秀传统文化不仅能够为文化产品的生产提供丰富的文化资源，而且可以为文化产品的消费拓展出强大的市场需求。

20 世纪 80 年代以来，“传统文化热”“国学热”持续升温，中华优秀传统文化与文化产业交融日益紧密，这极大提升了消费者对文化产品的需求。一是提升文化产品的质量。“问渠那得清如许，为有源头活水来。”中华优秀传统文化为文化产业提供了大量优质资源，直接提升了文化产品的质量，提升了文化产品在消费者心中的形象。比如古典小说改编成的影视作品，成为文化产业中的精品，大大提升了文化产品的形象。二是刺激消费者的文化需求。改革开放以来，我国民众受教育程度逐渐提升，特别是中华优秀传统文化教育持续加强，激起了民众对文化产品的兴趣，这就大大刺激了消费者对文化产品的需求。三是提高消费者的文化品位。中华优秀传统文化数量大、质量高，人们在传承和弘扬中华优秀传统文化过程中提升了文化素养，提高了欣赏文化产品的能力，从而提高了对文化产品的需求。事实表明，中华优秀传统文化作为文化产品的重要元素，促进了文化市场的繁荣。

六、世界和平发展价值

中华优秀传统文化既属于中国，也属于世界；既具有中国价值，也具有世界价值。一方面，当今世界人类面临许多突出难题，经济增长乏力、地区发展不均、局部战争不断、恐怖主义肆虐、生态环境恶化等问题严重威胁着世界的和平与发展，中华优秀传统文化有助于这些问题的解决。另一方面，中华优秀传统文化富有民族特色，具有无穷魅力，是人类文化的优秀部分，能给世界其他国家的人民带来精神的享受。

（一）以和为贵的发展理念

在如何实现发展的问题上，世界历史上曾产生过两种相反的发展理念：“争”的发展理念与“和”的发展理念。历史上，许多国家和民族通过“争”的方式实现富强，特别是 15 世纪以来，一些西方国家通过掠夺、战争的方式谋求国家发展，给人类带来了深重灾难，中国也曾深受其害。当今世界，局部战争不断，地区冲突频发，世界大战的危险仍在，其根源是一些国家和民族根深蒂固的“争”的发展理念。同时，人与人之“争”，人与自然之“争”，造成了个人主义恶性膨胀、生态环境严重破坏等人类难题。

与“争”的发展理念相反，中国古人主要选择了以和为贵的发展理念。《论语》上说：“礼之用，和为贵。先王之道，斯为美，小大由之。”（《论语·学而》）《周礼》上也说：“以和邦国，以统百官，以谐万民。”（《周礼·天官·大宰》）“和”在中华优秀传统文化中占有重要地位。以和为贵的发展理念包括两个方面：一是对内追求和谐发展，包括追求人与自身和谐、人与人和谐、人与社会和谐及人与自然和谐。中国古人强调“和也者，天下之达道也。”“致中和，天地位焉，万物育焉。”（《礼记·中庸》）“不违农时，谷不可胜食也；数罟不入洿池，鱼鳖不可胜食也；斧斤以时入山林，材木不可胜用也。”（《孟子·梁惠王上》）这些都可以反映出中国古代追求和谐的思想。二是对外追求和平发展。中国古代在谋求国家发展、处理国际关系时主张采取和平方式。中国古人认为“以力服人者，非心服也，力不赡也；以德服人者，中心悦而诚服也。”（《孟子·公孙丑上》），提倡“远人不服，则修文德以来之”（《论语·季氏》）。汉唐通过“和亲”加强与邻邦的友好关系，明代郑和七下西洋对沿途国家秋毫无犯，都充分说明了中华民族以和为贵的发展理念。

（二）公平正义的价值追求

中华优秀传统文化中公平正义的价值追求，正确处理了“利益”与“公平”“正义”的关系，能给解决当前许多人类难题以重要启发。

在追求正义方面，中华民族表现出先义后利、义利兼顾的价值取向。一是反对见利忘义。孔子说：“不义而富且贵，于我如浮云。”（《论语·述而》）荀子说：“先义而后利者荣，先利而后义者辱。”（《荀子·荣辱》）都是反对见利忘义，主张见利思义。二是主张以义为利。《左传》上说：“义，利之本也。”（《左传·昭公十年》）《大学》也指出：“国不以利为利，以义为利也。”（《礼记·大学》）把“义”看作最大的“利”，最根本的“利”。三是提倡义利兼顾。清代颜元批评“义”与“利”分裂对立的偏见，提出了“正其谊以谋其利，明其道而计其功”（《四书正误》卷一）命题，将“义”与“利”有机统一起来。

在追求公平方面，中华民族主张公而不私、正而不偏。中国古代对“公”和“正”非常重视，甚至把它们上升到关系国家兴亡的高度。关于“公”，荀子说：“公生明，偏生暗。”（《荀子·不苟》）苏轼说：“治国莫先于公。”（《司马温公行状》）程颢、程颐也强调：“一心可以丧邦，一心可以兴邦，只在公私之间尔。”（《二程集河南程氏遗书·卷第十一》）关于“正”，孔子说：“政者，正也。”（《论语·颜渊》）“其身正，不令而行；其身不正，虽令不从。”（《论语·子路》）孟子也说：“行有不得者，皆反求诸已，其身正而天下归之。”（《孟子·离娄上》）中国古代对“公正”的追求，鲜明体现在“大同”的社会理想中。《礼记·礼运》记载：“大道之行也，天下为公。选贤与能，讲信修睦，故人不独亲其亲，不独子其子，使老有所终，壮有所用，幼有所长，鳏寡孤独废疾者，皆有所养。”“大同”社会是一个百姓丰衣足食、安居乐业的社会，更是一个人人平等、公平正义的社会。

追求公平正义并不否定利益，而是正当处理“公平”与“利益”、“正义”与“利益”的关系，从而“兴天下之利，除天下之害”（《墨子·非攻下》）。近年来，在处理国际关系问题上，习近平同志多次强调要践行“正确义利观”，指出：“要找到利益的共同点和交汇点，坚持正确义利观，有原则、讲情谊、讲道义，多向发展中国家提供力所能及的帮助。”中国坚持国家不分大小、强弱、贫富一律平等，秉持公道、伸张正义，反对以大欺小、以强凌弱、以富压贫。“正确义利观”正是中华优秀传统文化中的重要内容，对当代人类正确处理“义”与“利”的关系，解决人类难题都具有重要的启示意义。

（三）辩证综合的思维方式

中西思维方式各有特点。一般认为，西方注重逻辑分析，中国更注重辩证综合，表现为重整体、讲辩证、尚体悟的思维特点。逻辑分析的方法对人类文明，特别是科技文明做出了巨大贡献，并仍是当代最重要的思维方式之一。中国辩证综合的思维方式虽然被认为是中国明清以来科技落后的重要原因，但在解决当代人类难题方面也有一定优势。一是注重从整体看局部，把万事万物看成紧密联系的整体，从而主张从局部现象观察整体问题，从整体角度解决局部问题。二是注重以辩证促平衡，认为万事万物都体现着对立统一，只有辩证把握这些对立统一，不走极端，才能保持平衡，达到和谐。比如针对生态环境问题，《吕氏春秋·义赏》上说：“竭泽而渔，岂不获得？而明年无鱼。焚薮而田，岂不获得？而明年无兽。”这就是把眼前利益和长远利益辩证统一起来，以辩证的方式促进平衡。现代人类还有以“竭泽而渔”“焚薮而田”的方式消耗地球资源，这种情形必然造成生态环境的破坏。

（四）高超独特的中国艺术

中国传统文学艺术，因其具有高超的艺术水准和独特的艺术魅力，在世界文艺史上别具一格，占据重要地位，对人类具有巨大的艺术价值。

第一，高超的艺术水准。中国古人对文学艺术极其重视，甚至将其作为“经国之大业，不朽之盛事”（《典论·论文》）。因为重视，所以在创作态度上精益求精。唐代诗人贾岛作诗反复“推敲”，称自己作诗“二句三年得，一吟双泪流”（贾岛《题诗后》）。清代小说家曹雪芹“披阅十载，增删五次”，创作出“字字看来皆是血”的旷世杰作《红楼梦》。正是由于这种对文艺创作的极端重视和精益求精的态度，中国古代在文艺创作上取得了巨大成就，达到了高超的艺术水准。以李白、杜甫、苏轼等人的诗作为代表的诗歌，以四大名著为代表的小说，以《西厢记》《牡丹亭》为代表的戏剧，等等，都达到了世界一流艺术水准。高超的艺术水准，是中国传统文艺能够走向世界的基础。

第二，独特的艺术魅力。与世界其他民族文学艺术相比，中国传统文学艺术有自己的特色。例如，同样描写爱情悲剧，曹雪芹的《红楼梦》与莎士比亚的《罗密欧与朱丽叶》比起来，其艺术特色大相径庭，前者含蓄蕴藉，后者直白热烈；前者多用间接烘托，后者多用直接呈现。这种艺术特色的不同，给人的审美体验也极为不同。中国传统文艺独特的艺术魅力，是其具有世界价值的关键。

长期以来，由于中西文艺交流的不畅，以及近代以来中西文化上西强东弱的总体态势，中国传统文艺在世界上的影响力还不够强。但是，中国传统文艺本身所取得的巨大艺术成就、所达到的高超艺术水准、所具有的独特艺术魅力，使它具有不可被否定的世界价值。随着中国在世界上影响力的提升，中国传统文艺也会逐渐走向世界，以其无限的艺术魅力影响世界、服务人类。

第二章　优秀传统文化传承与发展

第一节　优秀传统文化传承的意义

一、优秀传统文化传承的历史意义

众所周知，我国优秀传统文化是中华民族生生不息的命脉，是中华民族凝聚在一起的强大精神动力，激发着我们的爱国主义精神和民族创造力。中华民族的伟大复兴必然伴随着中华文化的繁荣。在社会主义市场经济不断完善和发展的今天，文化的繁荣昌盛日益重要，文化的发展是社会主义事业的重要组成部分，关系到社会主义现代化能不能实现，而我们传统文化的继承与发展问题，又是社会主义文化发展的重要组成部分。可以说中国社会主义先进文化的建设是在两个基础上创造发展的：一是中国特色社会主义的实践基础；二是我国的优秀传统文化，二者缺一不可。我们建设优秀传统文化传承体系，建设中华民族共有精神家园，既是对中华优秀传统文化的传承与发展，也是推进社会主义先进文化发展的重要标志，意义重大。

二、优秀传统文化传承的现代意义

生存危机、信仰危机以及诚信危机，归根结底就是文化的危机，是传统文化断裂和缺失的表现。我们有必要加强传统文化的学习和继承，优秀的传统文化是中国特色社会主义不断发展的内在动力和精神推力，在一定的社会和经济条件的推动下，我国优秀的传统文化可以与社会实践相结合，从而转化成为符合社会和人民大众需要的社会主义新型文化。同时我国的传统文化还可以借鉴先进的外来文化，吸收其中的精华部分为我所用，为我服务，也就是说使我们的优秀传统文化面向未来、面向世界，走出中国、走向世界，实现现代化，这样才能更好地为大众和社会服务，尤其是对我国实现现代化建设和实现小康社会具有重要的现实意义。

首先，弘扬优秀传统文化，加强我国文化建设符合市场经济的需要和要求，是人们在生活不断进步的必然要求，尤其是社会主义市场经济突飞猛进的今天，市场上义利失衡现象日益严重，一些商人和企业只重眼前利益，见利忘义，诚信缺失，从而抛弃了传统文化中的“义”。

其次，这是社会文化建设的需要。文化是民族的标志，文化是民族的灵魂，文化创造了希望，文化创造了发展，文化使人民团结一致。我们五千年的文化可谓无与伦比，且在五千年的发展中积厚流光。中华民族曾一次次受到外来武力的侵犯和干扰，但我们民族文化却从未中断。我们应站在文化建设与战略的高度、站在精神文明与物质文明和谐发展的高度来弘扬中华优秀传统文化，给广大青少年以美好的文化滋养，重整中国人内在的理想，创造一个海晏河清、祥和安乐的和谐社会。

最后，这是社会道德建设的需要，“观乎人文，天下化成”。文化是一切道德的基础，中华民族历来就是注重文明教化的民族。因此，我们应将道德资源几乎无处不在的优秀传统文化传承给青少年，给我们这个人心浮躁、诚信缺失、急功近利、道德滑坡的时代以补救和滋养，让全社会沐浴在优秀传统文化的阳光之中。

中国传统文化所蕴含的内容是很丰富的，是全世界文化宝库中最为璀璨的一颗明珠，必须要加大力度进行继承与弘扬。第一，要学习我国传统文化，理解传统文化，并做到正确地对待中国传统文化。在学习的基础上，结合马克思主义观点和理论，取其精华，弃其糟粕。第二，要把学习优秀传统文化与马克思列宁主义结合起来，以新时代中国特色社会主义等党的重要理论成果为指导，实现马克思主义同优秀传统文化的和谐共存，并不断创新，创造出新的中国文化盛宴。第三，继承和弘扬中华民族优秀的思想文化，为社会主义精神文明建设，为中国特色社会主义建设作贡献。

第二节　优秀传统文化传承的依据

一、理论依据：文化是继承性与创新性的统一

文化的生命力在于延续更新，延续是基础，更新是目的，二者如文化前行的两个轮子，缺一不可。文化传承是后人对于前人传统文化成果的认同，要想拓展新的道路、获得新的生命，我们后辈就必须善于创新，能够在延续的基础上让我们祖先的文化成果结出新的果实。因此，文化创新提供了社会前进的动力，只有革除旧的、更换新的，才能让传统文化在新时代焕然一新。

（一）文化的继承性

文化虽然是由生产力和生产关系决定，但彼此间并不是完全复制重合的。这表现为，文化与经济前进的步伐有时不太一致。这是因为，文化具有强大的继承性，从而是可以单独存在的，不一定必须紧紧跟随经济发展。一定的文化观念一旦形成，就会或多或少内化在人的心里，外化为民族文化的传统，成为一种不可低估的文化历史惯性。

无论是什么年代的思想文化，都离不开过去的人所创造的观念。人们总是在直接碰到的、既定的、从过去承继下来的条件下创造。这是因为我们的生活，会受到整个文化环境的影响，总是通过口口相传、书籍文字等形式，从我们祖先那里学习哲学、艺术、技艺，在学习的基础上融入自身的思考，从而让传统的东西有新的展现形式。如今的文化环境，是未来探究追寻新文化的基础。没有文化的延续，就没有更高层次的飞跃。

（二）文化的创新性

文化不仅包括既定的文化成果，也包括创造文化的动态活动过程，它不是僵死的、凝固的，而是具有活的灵魂的生命体。文化虽然具有一定的稳定性和继承性，但也会根据人们在不同时代实践活动的改变而不断进行补充和创新。这种创新从内部来看，是生产力进步和社会发展的结果。当经济发展方式在一个社会发生改变，社会历史向前发展时，社会的个体成员会以新的方式面对自己所生活的环境，认为传统很少是完美的。那些继承并依赖传统的人就会结合自身时代发展的特征以及群众的精神文化需要对传统文化进行补充和完善，文化传统就会发生转化和创新。但这种转化创新通常以渐进的方式发生在文化传统各个组成部分的内部。

从文化创新的外部条件来看，一是文化的沟通交往；二是文化的冲突、对撞。文化的沟通交往，一方面指一种文化之中不一样的文化之间的来往，即使在同一文化传统中，也会因地域的不同出现区别。通过不同地域、民族文化的比较交流会影响这种文化的形成发展。如中华优秀传统文化不仅是汉民族一个民族创造的，而是与蒙古族、满族等其他各民族广泛交流而最终形成的。另一方面指不同文化传统之间的交流与比较，也就是国际上不同文化传统之间的比较与交流。不同文化传统之间的交流引起的文化变迁有增添、融合、涵化、综合这几种结果。但对其他文化的吸收借鉴是有选择的，只有适应本地自然与人文环境、与本民族文化相契合的文化要素，才有可能被选择吸收。

文化的摩擦、矛盾既发生在一种民族文化中，也有可能发生在两种文化之间。而这种矛盾冲突会打破旧的文化结构，使文化在吐故纳新的基础上进行新的整合，甚至会在外来冲击下发生文化的突变。一般来说，能够有力打破原有文化结构的是代表着先进生产力、符合时代特征的先进文化。但是，面对外来的先进文化，不能照搬照抄，必须保持本民族文化的主体性，否则就会丧失民族生存的根基。

综上所述，文化具有一定的稳定性和继承性。稳定是其重要特征，但稳定不意味着静止、停滞，否则一种文化对现在和未来的影响便无从产生。文化的稳定性是与可塑性、流动性、创新性的辩证统一。一种文化或在内部动力推动下发生缓慢变化、或在与外部环境的交流冲击下发生突变，但无论是渐变还是突变，文化总是在创造中不断前进，是一个形成传统和不断向新的传统转化的过程。而我国古代思想本身就是一种文化，具有文化动态存在、不断创新的特点。因而，其弘扬不仅要继承，还要在实践活动中创新、发展，才能不断使其更新，从而永远朝气蓬勃。

二、历史依据：优秀传统文化历史上的创新发展

中华优秀传统文化不是一潭死水、一成不变的，而是在基本不变中也有变动，是变与不变的统一。其变化的一面体现在中华传统文化总能以开放包容、兼收并蓄的特质因时而变、开拓创新。这种创新的特质不仅发生在中国古代，同时也延续至中国近现代乃至中国当代。

（一）优秀传统文化的古代发展

我们的祖先十分擅长以史为镜、以古开新。用新的时代内涵重新阐释传统，从而使其高出原本的水平，这是我们祖先向来坚持的。从中国文化发展的历程来看，在中国古代，中华传统文化经历了两次发展的高潮阶段，分别是西周—春秋战国—两汉阶段、隋唐—两宋阶段。文化高潮往往是由文化创新推动形成的，这两个阶段的文化发展是中华传统文化创新的范例。

在西周—春秋战国—两汉这一阶段中，西周在总结殷商灭亡经验的基础上，提出了新的天命观。另外在礼乐制度上，周公完成了礼乐制度建设，规范了社会行为，建立起来了道德文化体系，使“德”“孝”等重要道德观念出现。春秋战国时期，诸子百家面对严重的社会危机先后提出自己的政治主张。中国历史上文化繁荣的景象甚多，最早就出现在这一时期。这一时期是中华文明的思想摇篮，同时也是人类文明轴心期的杰出代表。两汉时期，两汉政府极力改造先秦儒学，使之成为国家的意识形态。最具代表性的是董仲舒融合了阴阳五行家的思想，对于以往的学说进行了变革和发展。在天人观上，董仲舒以阴阳五行为纽带，认为天与人均有阴阳。在道德伦理方面，董仲舒全面、系统提出“三纲五常”。另外，董仲舒也在人性论上分别对荀子和孟子的思想进行扬弃，认为人有善有恶，要通过德刑兼备的方式来维护大一统的局面。虽然董仲舒的理论体系仍存在局限性，但总的来说，他对先秦儒学的改造是成功的，将先秦儒学提高到新的理论层次。

在隋唐—两宋阶段，隋唐文化开放包容，繁荣壮美。在对待佛教文化上，国人运用“格义”的办法使其与中国社会相适应，实现了佛教的本土化转化。在文学艺术上，隋唐文化

也高度繁荣，如诗歌、绘画、音乐、舞蹈、雕塑等都得到丰富的发展，产生了大量的诗人和其他艺术家。两宋时期的文化发展代表着中国传统文化达到了成熟。其中，宋明理学扬弃了先秦儒学，在中国哲学史上具有高屋建瓴的作用。之所以这样说，是因为宋明理学相对于先秦汉唐儒学，更加注重从形而上、本体论的角度去讨论，创造性地超越了原始儒学。从天道观上看，宋明理学形成了系统的宇宙本体论，继而又在此基础上将其理论引入人类社会。这一方面将伦理纲常进行了本体论的升华，成为人们遵循的理论依据，同时也弘扬了主体的能动性，以此增强了士人对儒学的认同，对于缺少心性讨论的原始儒学是一大补充和发展。除此之外，两宋时期的文学艺术、科学技术也得到了极大的发展。

（二）优秀传统文化的近现代转型

鸦片战争之后，中华优秀传统文化在面对西方文化冲击以及中国内部矛盾激化的背景下逐渐解体。而解体并不是意味着中华优秀传统文化就此中断，而是走上了现代转型的艰难道路。针对如何进行现代转型的问题，张岱年先生列出了四种类型。其中第四种类型，即“主张发扬民族的主体精神，综合中西文化之长，创造新的中国文化”[①]，这一观点被历史证明是正确的，也只有这一方向能够唤醒古代思想文化的生命力。中国共产党人就是这第四种观点的提出和发展者，他们的努力为复兴我国古代文化指出了明确的道路。

（三）优秀传统文化的当代创新

十八大以来，党中央高度重视发掘古代思想遗产的价值，提出了一系列关于文化的政策方针，为其在新时代的永续发展指明了方向。

在价值观上，社会主义核心价值观就是创新转化的范例。其中，国家层面的价值目标与传统文化中“家国一统”“民为邦本”“人文化成”的思想有着契合的地方；社会层面的理想追求就是对中国传统“天人合一”的自然观、“贵和尚中”的思维方式的吸收和发展；个人层面的行为准则在一定程度上借鉴于中国传统观念中“精忠报国”“敬业乐群”“言而有信”以及“仁者爱人”的道德思想。

在国际交往方面，构建人类命运共同体的重要战略思想，就是基于传统文化中“贵和尚中”思想，提出的适合新型国际关系交往的中国理念。

综上所述，无论是在古代、近现代还是在当代，中华优秀传统文化始终是“活”的文化。面对时代的变迁，它能够因时而变，适应时代要求；面对民族文化差异，尤其是在印度佛教、西方文化以及马克思主义思想传入之时，它能够以其强大的包容性学习先进之处、完善自身。虽然中间历经论争，也走了许多弯路，但总趋势是始终向前的。

历史证明，只有不断接续更新，只有坚持中国共产党人正确科学的传统文化观，才能保持我国古代思想文化蓬勃的生命力。因而，传承发展我国传统的思想文化是必要的也是

① 张岱年，程宜山．中国文化精神 [M]. 北京：北京大学出版社，2015：241.

符合历史趋势的。在新时代，必须牢牢把握“两创”方针，实现其“内在超越”。

三、现实依据：优秀传统文化传承发展的现代价值

我国古代思想文化历史悠久，绚烂辉煌，蕴藏着民族的精神追求，活在每一个炎黄子孙的心中，是中华民族在全球文化中矗立的历史依据。它不仅在中国古代发挥着重要作用，在当代仍然具有强大的生存能力和渗透能力，对我们的思想和行为起着潜移默化的作用。随着中华民族在新世纪的伟大复兴，它还会对世界文明发展产生巨大影响，为解决人类共同难题提供中国智慧。

（一）强化民族认同，构建民族精神家园的思想基础

“文化认同”是“认同”的一个层面，指我们对自己生活的文化环境产生的情感。文化认同的重要作用在于彰显国人气质，培育民族共同体意识，强化精神认同。

中华优秀传统文化的传承发展对于强化民族认同，构筑民族共同体的重要作用主要体现在：一是提供了共同的价值理念。中华优秀传统文化作为在中华大地上生根发芽的民族文化，其优秀的价值理念具有强大的认同力和感召力，深深影响着各民族儿女，维系着全民族共同的血脉，将全民族凝聚在一起，组成民族团结的矩阵。二是为增强民族认同提供了共同的情感支撑。中华优秀传统文化在形成过程中，各民族都有功劳，不仅有总体一致性，还在统一中有着多种多样的色彩，是“你中有我，我中有你”的统一。弘扬中华优秀传统文化有助于唤醒各民族儿女的主体意识，为增强民族认同提供共同的情感支撑。

中华优秀传统文化的传承发展对于构建民族精神家园的重要作用体现在：一是对于民族自信的建立，具有强大的鼓舞作用。中华优秀传统文化其悠久的历史发展、丰富的内涵精神，在世界文明发展史上都是别具一格的，无论从时间上看还是从内容上看都足以让中华儿女产生强烈的民族自豪感和自信心。二是对于民族精神、强大心态的造就，具有正面的引导作用。上文提到，我们的古代文化蕴含着深厚的人文精神，强调发挥人的主观能动性。在这种思想的造就下，中国人民每每遇到艰难险阻，中国人民都会勇往直前，战胜困难，由此形成了自强不息、坚韧不拔的中华民族精神。三是对青年价值观的形成，具有科学导向作用。学习传统文化中“仁义礼智信”的道德原则，有助于帮助青年学生学会如何做人、如何爱人，培养学生勤劳勇敢、诚信守礼的品质，这不仅有利于青年增强对本民族文化的自信与认同，同时也能帮助青年学生在多元思想的冲击下寻找属于自己的心灵归宿。

（二）解决当今世界难题，推动世界文明发展的中国智慧

当下，人类生活的环境危机重重，并不是风平浪静的。人类社会出现了生态破坏、资

源枯竭、道德滑坡等问题。这些难题不仅存在于工业化高度发展的西方发达国家，同时也存在于处于现代化进程中的发展中国家。在两次世界大战，西方资本主义的固有矛盾逐渐暴露出来之后，学者们开始寻求如何解决现代性危机的方法。一些西方学者对西方文明感到悲观失落，有的开始贬低科学、理性，鼓吹直觉，有的鼓吹回到神学，但另有一些学者将目光转向了东方特别是中国文化。

虽然中华优秀传统文化的理念不能彻底化解人类所面临的现代性难题，但可以成为一个重要参照，缓和矛盾的进一步激化。与西方文化所崇尚的“主客对立”的思维模式不相同，中华优秀传统文化中的一个重要特征就是追求“贵和尚中”，进而达到“天人合一”的境界。

首先，自己身心的矛盾可以从传统的“身心合一”思想中找到缓解之法。上文提到，中华优秀传统文化强调通过修身来实现身心的和谐。这种看法考虑的是人的精神的自我满足、自我价值的实现而不是外在的名利和毁誉。面对纷繁复杂的世界，寻找一处属于自己的心灵家园，才能有一个安身立命的根本，以慰藉自己的心灵。

其次，传统文化中“人我合一”的观念可以解决人与人之间的社会矛盾。其关键就是做到孔子所说的“仁”，将爱从个体推广至周围人乃至全社会，那么万物也会实现和谐共处。

再次，传统文化中“天人合一”的观念也为解决生态破坏问题、协调人与自然关系提供思想借鉴。在工业化高度发展的过程中，环境污染、资源浪费问题已十分突出。西方以“天人二分”哲学为基础的征服自然、战胜自然的观念使人与自然的关系越来越紧张，走上了一条人与自然相互抵触的道路。而中国哲学中的“天人协调”说主张“人”是“天”的一部分，二者是相互联系的，认为“人”必须遵循规律，尊重“天”，不然就会引起严重的恶果，遭到环境严酷的责罚。

最后，传统文化中“贵和尚中”的理念也十分重要，可以为协调国与国之间的交往提供新的出路。当今世界，虽然没有发生大规模的战争，但在某些国家间还存在着一些摩擦，霸权主义和强权主义依然存在。与西方征服世界的观念不同，在“贵和尚中”理念的影响下，中国在处理民族关系和国际关系中一直主张“协和万邦”。中国政府积极推动构建人类命运共同体这一理念，对于促进国与国之间友好交往、稳定世界发展有着一定的积极意义。

第三节　优秀传统文化传承机制构建

一、机制与文化传承机制认知

文化的传承是一项系统而又复杂的社会工程，在如今社会主义市场经济面临的激烈竞争和构建社会主义和谐社会的前提下，探寻保护我国优秀传统文化的有效途径，显得十分迫切。理论上讲，每个民族的文化都需要一个文化传承的内在机制来充当其自身的保护伞，所以我们要深入研究，建立和健全传统文化的传承体系。

（一）机制的含义和特征

“机制”一词最早源于希腊文，原指机器的构造和动作原理。后来人们把机制的本义引申到了各种不同的领域，于是就产生了不同的机制。不过现在已广泛应用于自然现象和社会现象，我们现在所说的机制大多指的是经济、社会机制，指其内部组织和运行变化的规律，各构成要素之间相互联系和作用的关系及其功能。机制具有以下两个特征：

第一，相对稳定性。机制一旦形成，便具有一定规律和准则，保持其相对稳定特点，以一定的运作方式把事物的各个部分联系起来，使它们协调运行而发挥作用。

第二，系统性。每个机制都是围绕一个核心而形成，各个要素之间具有内在联系，相互制约和影响的有机体。

（二）文化传承机制的内涵

顾名思义，文化传承就是指如何将我们已有的优秀文化传递给下一代的问题，使我们的文化，无论是个人的还是社会的文化，可以不断地积累并向高层次、高水平发展，一代接一代，延续不断。同时，文化传承也是一个文化不断被继承和超越的过程。

文化传承的机制简单来说可以理解为文化传承的体系。文化传承的机制主要包括以下几方面内容：

第一，利益导向机制。利益导向机制就是指通过某种政策或者措施，影响人们的行为或者决策，把他们引入到既定目标和方向之中。文化的利益导向机制就是政府或者社会通过相关文化政策和规定的激励、引导、束缚，使文化参与主体自觉地按照国家和社会的相关制度参与文化事业和活动。

第二，政策保障机制。文化的政策保障机制就是为了确保文化传承和发展，而制定了相关优惠政策和保障措施，能使其顺利开展的一个体系。

第三，文化产业化的创新机制。文化产业化的创新机制是指文化创新与市场和人们需求之间的矛盾得以不断展开和解决的一系列动力、规则、程序和制度的复杂系统。这个系统为文化产业创新项目进行方案设计、运行，协调多方力量共同开展文化产业形式和内容的不断创新活动。

第四，现代化的传播机制。文化传承离不开现代化的传播机制的支持。现代化的传播机制就是指利用目前各种现代化的传播工具，比如互联网、电视、广播等媒介对传统文化进行广泛而有效的宣传的系统。

二、优秀传统文化传承机制的构建路径

（一）建立政府主导下的利益导向机制

1. 完善传统文化管理制度，加强政府倡导

优秀传统文化的传承，离不开政府部门大力支持和管理。政府要建立权威的传统文化管理制度，就要不断强化管理，进行有效的组织和有力领导，把相关工作落到实处，切实履行职责，突出传统文化建设的重要作用。各级各部门应该把这项工作纳入到日常工作日程，做好协调和统筹工作，加大宣传力度，制定相关有利于传统文化发展的法律和规章制度，完善政策利益导向机制。同时，要做好责任分工，明确责任，一定要确保各项传统文化建设工作落到实处。另外，做好监督、检查和预警机制，强化奖惩措施和力度，要始终明确传统文化建设各项工作的进展情况，层层分解，层层把关，完善具体的奖惩方法业绩考核机制，把传统文化建设和发展纳入到领导班子年终考核体系之中，并作为一项衡量领导班子成员相关业绩的主要内容来抓。使各级各部门的积极性能够最大程度地调动起来，共同投身到传统文化建设的大潮中。努力实现传统文化建设的奋斗目标和具体任务，大力宣传文化战线涌现出的先进典型，形成全党全社会共同推进传统文化大发展大繁荣的浓厚氛围。

同时，要不断强调建立健全党政统一管理、组织协调、分工负责的工作机制的重要性，争取形成全党、全社会齐抓共管、积极参与的良好工作局面，完善传统文化建设的相关目标责任管理制度，出台具体的工作细则和日常考评办法，加大对传统文化建设进程的监督和考核力度，讲究实效，确保完成党的传统文化建设的各项工作目标。把握传统文化发展的新脉搏，研究传统文化宣传工作的新特点和新规律，并制定新的行之有效的工作办法，切实解决传统文化建设和发展过程中所面临的新问题、新困难。把加强传统文化建设、弘扬优秀传统文化与经济、政治、社会各领域工作一同研究部署、一同组织实施、一同督促检查。

2. 健全传统文化建设工作机制，加强部门协作

建立和完善传统文化建设工作机制，是实现文化兴国，推进文化大繁荣、大发展，传承优秀传统文化的重要保障。要从继承和创新相结合的角度，加强党和政府的统一部署和领导，各级各部门齐抓共管，互相协调分工，各尽其职、各负其责，从思想上重视传统文化建设，将全社会、全国的力量拧成一股绳，合成一股劲，形成全民参与的工作局面，激发各阶层参与传统文化建设的热情。要根据传统文化发展的具体内在要求来稳步推进传统文化建设工作机制的发展和完善，同心同德，齐心协力共同把我国的传统文化建设推向新高潮。

第一，要求我们的决策机制要完善。在现阶段，我国的各项事业都处在飞速发展的历

史机遇期，这就必然要求我们党和政府在新的形势下不断加强和改进工作方式、增强领导和工作水平，进一步深化和加大对文化的体制改革工作力度。面对目前我国传统文化事业所遇到的各种困难和新危机，做出关键的、有力的、科学的决策，完善文化改革决策制度和程序，建立“决策风险”评估机制。面对关于传统文化建设的重大历史性决策时，要广泛地听取民意，吸取民间、百姓和专家学者等来自大众的声音，采取各种方式向社会敞开胸怀，比如听证会、专家座谈等，要虚心接受各方面和各阶层的意见和建议，主动了解民间关于传统文化建设的各种有益声音，做出符合广大人民群众的决策和决定，切实保障人民群众对重大传统文化建设决策的参与权和知情权，同时要自觉接受党和人民群众的监督，及时反馈，以保证决策的正确性、科学性，促进文化体制改革的顺利进行。

第二，要严格落实责任制。各级各部门在领导传统文化建设的进程中要做到任务清楚、责任明确，深化认识，积极承担起各自的相关责任和任务；要进一步加强我党建设社会主义先进文化中的组织、领导、协调以及核心的作用，完善沟通协调机制，增强工作的主动性，形成由政府统一指挥，各部门协同分工、互相配合，全党全社会共同参与的传统文化建设的工作局面和良好氛围。落实并完善好传统文化建设工作责任制，并将目标责任落实情况纳入干部政绩考核的内容。落实责任追究制度，对于没有按规定完成相关任务的单位和个人，要追究其相关责任。我们要以党的十八大之后提出的相关任务为中心，积极实践，敢为人先，坚决贯彻落实中央文化建设的各项措施和方案，为我国的传统文化建设多做贡献。

第三，要加强监督机制建设。我国传统文化建设目前存在的问题主要成因之一就是监督管理不够。要加强包括党内互相监督、群众监督和舆论监督在内的监督管理体制建设，为我国传统文化建设提供有力的法律保障和监管措施。人大积极立法，加强法治建设，同时发挥政协以及其他各部门和民主党派、个人、团体的能动性，重视这些个人和团体的批评和意见，鼓励其献言献策，听取他们的建议，尊重他们的监督权并自觉接受监督，确保监督相关部门工作的有效开展，保障各项法律、政策的顺利进行，并得到有效地落实。

第四，要完善社会参与机制。建设中国特色的社会主义文化事业离不开社会各阶层、各方面的参与和支持。充分调动广大人民群众和社会力量参与传统文化建设对我国的传统文化建设有着巨大的促进作用。传统文化建设仅仅靠国家和政府是远远不够的，没有社会因素的支持，这项工作很难进行，甚至寸步难行。因此，我国要鼓励和引导社会资本、社会团体以各种形式参与进来，加强创新和制度化建设，参与文化体制改革，为传统文化大繁荣献计献策，共谋发展大计。

健全传统文化建设工作机制，强化部门间的分工与协调是发展传统文化事业的重要组成部分。必须坚持党的领导，坚持马克思主义基本思想，把持续深化文化体制改革与文化创新紧密结合起来，把传统文化建设与实现中华民族伟大复兴紧密结合起来。以科学的手段、严谨的工作态度推动各项文化事业的顺利进行，不断提高领导传统文化建设的本领和工作能力。始终坚持文化发展的成果由广大人民享受这一中心思想，牢固树立为人民服务的思想，为把我国建设成为人民生活幸福、文化事业高度繁荣的社会主义现代化国家做出积极贡献，从而实现优秀传统文化的复兴与繁荣。

（二）切实完善相关的政策保障机制

建立健全优秀传统文化的传承机制，相关的政策法律保障要先行，我们的传统文化传承不仅需要我们个人的重视，还需要国家配以完善的法律和政策来保障实施，为传统文化的不断传播保驾护航。这就需要我们充分发挥主观能动性，制定文化管理政策，科学地管理和开发文化资源，勇于创新，建设一套完整的、科学的传统文化建设保障体系。

1. 加大投入力度和政策扶持力度

优秀传统文化建设是个系统的工程，需要不断注入相关资金投入来支撑，没有资金投入，传统文化建设将寸步难行。我们应该为长远考虑，为子孙后代和国家、民族的兴衰考虑，加大投入力度，合理规划资金的使用支出，完善相关财政和政策保障机制。引导各项资金向传统文化事业和传统文化领域流动，积极拓宽资金来源渠道，提高文化事业的财政支出比重。加大对传统文化产业在土地、财税、价格和投资等方面的扶持、奖励力度，设立专项资金，合理安排年度预算计划，切实保障好传统文化建设的顺利进行。同时，加大对个体企业和其他社会组织投身传统文化建设的鼓励和支持力度，千方百计地筹措资金用以支持传统文化建设领域，加强传统文化政策的开发与创新建设，积极拓展传承体系建设。充分发挥政府职能，从宏观上引导、微观上调节，利用一切手段和方法为传统文化建设铺路，搭建平台，加强国际合作，主动参与国际竞争，保护好弱势企业，从根本上创造有利于传统文化发展的宽松环境。

加强相关法律法规建设，尤其是配置完善的知识产权法以保障传承体系的建设。没有完善的法律体系和良性的法律秩序作支撑和保障，传统文化事业的发展将会成为无本之木，无源之水。因为强化传统文化领域的法律法规建设，通过强调奖惩可以引导文化市场主体的行为，促进其在进行传统文化生产和相关传统文化活动的过程中的合理性与合法化，形成良好的秩序，减少传统文化领域内部或与外部的纠纷、摩擦甚至是对立冲突，避免不正当竞争，规范市场行为，最终实现传统文化领域的资源合理配置。

坚持改革开放政策，主动引进来一批先进的世界优秀文化产品，积极引导文化企业大胆地“走出去”，面向全球，在世界范围内进行广泛的文化交流与合作，增强不同文化之间的相互信任和理解，深化文化领域的合作。鼓励、支持有实力的文化企业和优秀文化品牌“走出去”，和国外文化品牌进行竞争。在“走出去”过程中增强中国文化企业和中国传统文化产品在国际市场的核心竞争力，增强我国传统文化的国际影响力。

通过立法维护和保障我们国家传统文化免受外部过度冲击，从战略高度切实增强维护国家利益与安全的决心，树立忧患意识，进一步完善法律法规建设，从机制上对我国传统文化进行保护，自觉抵制来自西方资本主义世界不良文化的腐蚀和影响。中华民族在五千年的历史长河中，积累了深厚的文化底蕴，传承了丰富的物质和非物质文化遗产。饱含了中华民族伟大的智慧结晶，是我国古人留给后世子孙的宝贵精神财富，也是世界文化史的一颗璀璨明珠，时刻散发着耀眼的光彩。我们每个中国人都有权利和义务去爱护、保护我们的传统文化，使其免受侵蚀，永远地传承下去，让更多的人沐浴在优秀传统文化的阳光之中。这就需要我们建立完善的法律保障体系，建立该体系不仅是我国法治建设的内在要求，与依法治国一脉相承、息息相关，同时也是促进我国传统文化产业发展，为传统文化的健康发展提供保障的重要举措之一。

历史表明，世界各国的传统文化发展都离不开法律为其保驾护航，传统文化产业的立法既符合我国经济与社会的发展需求，也顺应了改革开放，实现了加入 WTO 时对国际社会的承诺，促进了相关知识产权的保护工作不断前进，必将会提高我国文化在国际社会的竞争力。当然，我国传统文化方面的立法还有很多不足和缺陷，比如说我国传统文化层面的立法不够完善，还具有一定的滞后性，这些都关乎我国传统文化的健康发展和传播，亟待解决。

2. 加强基层文化人才队伍建设

传统文化人才的培养和开发与传统文化产业发展相互影响、相互促进。把加强人才队伍建设作为重中之重，发展、壮大传统文化事业，需要大批的专业人才，紧紧围绕文化体制改革，加大人才培养力度，完善人才培养体系，做好人才后期培训，把文化人才的培养纳入到传统文化建设的体系之中，作为一项经常性工作来抓，牢固树立“人才资源是第一资源”的观念，加快人才引进和保障措施建设，合理规划，科学编制，积极引导具有高水平文化知识的人才走出城市，进入城乡，扎根基层、服务基层，树立服务基层、面向基层的价值观、世界观和人生观。党和政府应该把文化人才的开发作为重点来抓，着力培养一批有实力的文化企业家。完善人才培养的工作、政策机制建设，为文化人才创造良好的培养和工作环境，使人才队伍不断壮大，传统文化创新和创造力得到最大限度的发挥。

加快传统文化产业发展创新，要紧紧依靠专业的文化人才，特别是具有全面的综合素质的高端人才。但是我国这方面的人才还比较匮乏，人才需求与传统文化建设失衡，传统文化人才市场质量普遍不高。国家必须要加强人才队伍建设，完善政策利益导向措施，面向社会、面向市场，树立传统文化创新离不开优秀文化建设人才的理念，狠抓落实，建成科学的选才用才体系。

落实到实际工作中，就是既要坚持依托高等院校、科研院所对人才的培养，积极从高校引进高素质的专业人才，吸收一部分相关高校毕业生参与传统文化建设，汇聚传统文化建设领域，同时积极开展国际交流，引进视野开阔、懂得经营管理的国际型文化人才，开展竞争机制，竞争上岗，优化传统文化建设队伍，提高传统文化建设队伍的综合素质，加强人才储备和管理，激发人才的创造力和积极性。

要充分发挥人才的团队精神和作用，建立科学的机制。传统文化事业的发展、创新，是一个人才队伍与其个人共同努力的结果，相辅相成，缺一不可。在整个团队中，需要充分发挥个人的潜力，最后所有人形成合力，共同起作用。当然要发挥团队的整体作用，还要对关键的部门和个人进行科学的定位，安排合理的职务，人才队伍中管理者要起到引导和监督的作用，核心人员则要起到相互协作和促进的作用。如果无法形成合力，则可能适得其反，人越多反而效果越差。这就需要各方面相互协调，相互帮助。首先需要建立合理的人力资源开发和管理运行机制，拥有良好的组织能力，职责与岗位相匹配的工作体系，这是获得成功的必要条件之一；其次是要制定合理的激励机制，完善制约和约束机制，在科学绩效考评和评估的同时，给予人才相应的奖励，在规章制度的建立上，让不同惩罚措施成为制约机制的核心。总而言之，只有定位科学、激励得当、措施有力，整个团队才能高效的运转。

同时，要加大对传统文化人才的开发、激活，需要从以下五个方面入手：第一是对人才开发的定位要准确、科学、合理；第二是完善人才选拔机制，什么样的人适合什么样的岗位要心中有数，合理安排；第三是要有完善的工作绩效考核办法和评估机制，确保人才各司其职，各尽其职，约束相关人员的行为；第四是合理安排薪酬和劳动报酬管理办法，激发人才的工作积极性和热情；第五是要有科学的人才培养和开发体系，减少岗位与自身能力不相符的矛盾发生。

3. 鼓励各地开展地方特色文化事业

文化是地理环境、社会形态和生产方式等相互作用的产物，它的生成和发展无不带上地方特有的传统引证。文化积累越浓厚，地方特色就越鲜明、越独特。我国优秀的传统文化就是有各个民族、地方各具特色的文化组合而成，鼓励不同地方和民族开展特色文化是传承传统文化的重要内容和方式之一。

充分认识少数民族优秀文化对于整个优秀传统文化的重要作用和意义，是繁荣少数民族文化的思想前提。在建设少数民族传统文化的过程中，要时刻保持头脑清醒，要有强大的历史使命感和责任感，切实增强为少数民族地区服务的本领，贯彻和落实新时代中国特色社会主义，满足少数民族群众基本的文化权益和需要。把繁荣少数民族文化这个任务放到战略性高度，加强对各少数民族传统文化的进一步挖掘和保护，做好文物以及非物质文化遗产保护工作，做好文化典籍的整理和出版工作。同时实事求是，一切从实际出发，根据不同地区的不同情况，包括经济社会发展水平、民族风俗习惯等，因地制宜。完善少数民族地区传统文化保护的各项规章制度，实行特殊的优惠政策对少数民族地区进行照顾。进一步发掘不同地区的特色传统文化深刻内涵和宝贵价值，实现少数民族地区传统文化的不断繁荣和发展。为少数民族地区文化的发展添砖加瓦，最终实现党的民族政策和文化建设目标。

推动和加强农村传统文化建设，是全面贯彻落实新时代中国特色社会主义的重要内容，是保持农村和谐稳定的重要举措，更是弘扬优秀传统文化的重要内容之一。要把农村传统文化建设摆到重要议事日程，加强领导，加大投入，增强活力，健全制度，确保农村传统文化建设各项任务落到实处。要求我们一是要加快农村文化基础设施建设，实现县有两馆（文化馆和图书馆）、乡有一站（文化站）、村有一室（文化活动室）；二是加强农村文化队伍建设，建立健全农村文化管理队伍，建设一支高素质的专业文艺骨干队伍，扶持农村文化经纪人，出精品、出人才；三是大力开展农村各项文化活动，加强广播电视对农宣传，继续做好文化下乡工作，大力扶持农民自办文化活动，加强对传统文化改造提升；四是积极培育农村文化产业，尤其要鼓励和支持民间文化团体，繁荣农村民间文化市场。第五就是要加快城乡一体化发展联动机制建设。以城市带动农村，以工业促进农业，实现城乡优势互补，要进一步健全机制，拓宽渠道，推进各项农村文化活动开展的常态化建设。继续推进广播、电视、电影进农村、到全家，建立健全农村文化信息和网络覆盖，完善农村文化服务体系，提高服务质量，实现资源共享，在广大农村建设一批重点传统文化建设与推广的惠民工程，形成完善的城乡一体的传统文化服务体系。合理配置城乡文化资源，把传统文化发展繁荣的重心放在基层，优先安排基层传统文化建设项目，大力实施“公益文化建设工程”，开展传统文化“三下乡”“进社区”“送书送戏送电影下乡”等形式多样的传统文化活动。实现城市反哺农村，加大城市资金向农村补贴力度，使广大农村的老百姓也能享受到在城市里居住的待遇，享受到传统文化发展的成果。

（三）以产业化之路推进文化传承机制创新建设

文化产业化就是指将文化业进行集约化、规模化和市场化发展，以便创造出符合社会和大众需要的文化产品。

在当今这个社会，科学技术突飞猛进，经济社会不断转型、变革，人民的生活日益丰富多彩，对文化产品的要求也就愈来愈高。要推进传统文化建设不断前进满足人民的文化需求，就要走文化产业化的道路，要推动文化产业跨越式发展，也就必须构建现代文化产业体系，需要我们不断创新传统文化产业的生产方式。传统文化发展的根本动力在于改革创新，改革是促进传统文化建设不断前进的必由之路，创新则是文化发展的制胜之道。我们要抓住机遇，进一步探索文化改革的新思路，以改革盘活存量资源，以创新增强发展活力。要继续深化文化体制改革，推进国有文化单位改革，加快经营性文化单位向企业制的改革，正确引导社会资本、非公有制文化企业以多种方式参与国有经营性文化单位的改制，促进文化生产要素和社会资源、力量向文化产业的聚集，促使传统文化产业不断壮大、做强，形成规模。

1. 构建现代文化产业体系，发掘优秀传统文化

发展传统文化产业，满足人民不断增长的精神文化需求是推进文化改革发展的重要抓手和重要途径之一。加快推进我国传统文化产业不断发展，应进一步结合现代科学技术，积极探索和创新传统文化产业的生产方式。各个地区之间应结合自身优势，从自身实际出发，科学合理地谋划布局传统文化产业的发展空间和发展潜力，寻找符合自身的传统文化发展体系和产业化道路。充分发挥市场的基础性作用，推动文化企业的改制与重组，使文化资源向具有一定优势的企业和领域内集中，集中培育一批新文化企业，加快与科学技术结合的步伐，加快技术创新，掌握核心技术尽快形成创新成果，丰富和发掘一批优秀传统文化产品，注重提高传统文化产品的质量，使文化企业不断增强竞争力，参与国际竞争。

要不断寻找突破口，推动文化产业与其他相关产业的结合、创新，深化文化产业结构调整，推动文化与农业、工业以及服务业的横向发展，不断融合、衍生产业链条，提高文化产业所蕴含的附加值。重视打造高端传统文化品牌，树立品牌形象。充分发挥高校、科研机构的科研优势，健全传统文化技术创新体系，增强文化产业核心竞争力。加强传统文化创意与文化企业的结合。同时，将城市建设和农村建设与传统文化建设相结合，统筹发展，科学规划，提高城市和乡村建设的文化品味，促进资本向文化产业的聚集，促进传统文化事业的壮大、发展。

要把文化体制改革不断深化的梦想、传统文化大发展大繁荣的梦想、文化强国的梦想嵌入中华民族伟大复兴的“中国梦”雄壮豪迈情怀之中。要在新时代中国特色社会主义的引领下全面、深刻把握文化大发展大繁荣对文化制度有效性的强烈要求和迫切愿望。要着力推进传统文化事业发展，切实保障公民基本文化权益，努力加大传统文化投入，逐步缩小城乡之间和地区之间在人才、资金和基础设施等方面的实际差距，扩大公共文化服务体系的规模、功能、运行有效性，尤其要在农村传统文化建设中强化资金、资源、人才配置，因地制宜，分类实施，让亿万人民得到更多参与机遇和实惠，全面提高公民道德素质，形成社会风清气正与个人幸福快乐的日常生活秩序。

要着力推进传统文化产业发展，鼓励不同经营主体和资本形态进入传统文化产业，完善文化企业法人治理结构、现代企业管理方式，强化与科学技术高度融合基础上的创意研发能力，规范国内市场，在“走出去”过程中增强中国文化企业和中国传统文化产品在国际市场的核心竞争力，在满足不同消费人群的多元文化消费诉求中将文化产业打造成国民

经济支柱性产业。要着力研究文化大发展大繁荣的命题内涵和复杂逻辑关系，清醒地意识到文化大发展大繁荣不直接等同于发展传统文化事业或做强传统文化产业，因而也就必须清醒地意识到文化体制改革不是简单地将体制功能限制在对传统文化事业与文化产业的有效匹配这一层面上。在这个问题上，一定要有全局视野、精神高度、终极指向和长远目标，要上升到民族形象塑造、人类心灵净化、精神家园建构、价值尺度刻画和社会风尚培育的高度来审视文化发展的要义，要从文化理性、文化秩序、文化观念、文化心理、文化习俗、文化风尚等方面的现实社会状况来判断传统文化发展的实际水平，要用辩证的观点从形而上和形而下两个层面来评价我们的文化体制改革究竟取得了哪些进展，究竟还存在哪些盲区甚至误区。改革不能满足于细节和表层的机制转换，而要追求制度安排有效性前提下的大胆制度创新，努力使创新形态的文化制度具有全面激活文化创造力的体制能力和体制活性。

2. 树立文化的品牌意识，创建名牌文化工程

文化是国家软实力的重要源泉，而且软实力已经成为衡量一个国家综合国力的重要因素。传统文化发展的根本动力在于改革和创新，传统文化创新就是要不断创立自主知识产权的文化品牌。当今的世界竞争日益激烈，全球化程度不断加深，我国的文化市场也不断地遭受着来自西方的侵蚀和冲击，唯一出路只有发展并创建中国自己的传统文化名牌产品，积极参与国际竞争，同时不断借鉴国外的先进文化内容、文化技术和先进的管理经验，学习西方传承传统文化的先进做法，深度开发我国特有的传统文化资源，利用我国地大物博、文化资源丰富的优势，加大传统文化创新投入力度，形成自己的文化品牌和特色，鼓励、支持有实力的文化企业和优秀文化品牌“走出去”，和国外文化品牌进行竞争，在“走出去”过程中增强中国文化企业和中国传统文化产品在国际市场的核心竞争力。

要适应人民群众传统文化需求的新特点和审美情趣的新变化，不断推进传统文化内容形式的创新，推动不同艺术门类和传统文化活动相互融合，积极运用声、光、电等手段提高传统文化的表现力，实现题材体裁、风格流派和表现手法的多样化。要积极运用现代科技手段开发利用民族文化资源，改造传统文化产业，催生新的传统文化业态，大力发展传统文化创意、文化博览、动漫游戏、数字传输等新兴产业，加快构建传输快捷、覆盖广泛的传统文化传播体系。促进少数民族地区传统文化事业的不断繁荣发展，加大政策保障力度和相关资金投入，切实开展民族特色文化保护工作，同时要加强对少数民族文化经典的宣传。通过举办本地和民族特色的文化艺术节和开展特色旅游、举行传统节日庆典等文化活动和文化形式，例如北京的“京剧”和各式各样的“庙会”，天津的“狗不理”，河南省的“武林风”和“梨园春”，云南省的“云南印象”系列，东北三省的“二人转”系列，陕北的“信天游”以及闽台地区纪念妈祖活动等地方文化活动，都各具特色，形成各自文化品牌，是各自地区名片，也是我们中华优秀传统文化的代表和真实写照。打造文化品牌，

使我国的传统文化事业生生不息，代代相传。

另外，我们还应吸收和借鉴西方文化和其他民族创造的优秀文化成果，加强与国外知名文化机构的合作，取其精华，去其糟粕，为我所用，并结合我国的传统文化创造出可以为世界人民所接受的优秀文化，形成自己具有地方特色的文化品牌，让一批具有中国特色的文化产品走出国门，面向世界，拓展国际市场，丰富对外文化交流的手段和渠道，扩大优秀传统文化的在全球的覆盖范围和世界影响力。

历史表明，只有创立自己的文化品牌，不断创新，才能面向世界提高我国传统文化的知名度和影响力。与此同时，要不断深化文化体制改革提高传统文化产品和文化产业的层次，标新立异，将传统文化建设与科技进步紧密结合起来，优化文化产业的配置，做好产业结构的调整，不断与世界接轨，在传统文化产品的内容、质量和管理上面下功夫，精心打造拥有自主知识产权的文化品牌和文化产品。在传统文化创新的过程中，我们还要反对形式主义、恶意炒作、过度包装等不良行为和习惯，将主要精力放在文化产品的不断发展创新上面，将自己所创造出来的文化产品推向市场，经受文化市场的洗礼和考验。一个民族的文化能否被世人所接受，一个文化品牌能否立于不败之地，都是要经过消费者和市场的千挑万选出来的。在此期间，要不断地吸收现有成果，结合他人和他国的经验和有益成果，进行融合创新。我国的优秀传统文化资源不胜枚举，然而真正被我国文化企业和文化产业所利用、改造、创新的却是凤毛麟角，还有很大的利用和发展空间。一些国外作品利用中国传统文化为背景或内容来创作、创新，取得了不错的成绩，如《功夫之王》《功夫熊猫》等好莱坞大片，华人导演李安也是依据自身的中国文化背景结合西方的生活方式创作了很多电影作品，受到广泛好评，并两次收获奥斯卡大奖。所以说，一旦我们确立了方向，把握住传统文化创新的发展方向，并积极、适时地调整文化产业发展策略，利用民族传统文化发展创新，形成品牌，创建一批具有中国特色的传统文化产品和文化品牌走向世界，将会对我国的传统文化品牌建设起到极大的促进作用。

（四）完善依托现代传媒技术的传播机制

构建和发展现代传媒体系，提高传播能力，是弘扬中华民族优秀传统文化的重要手段和必由之路，关系到优秀传统文化传承的成败。建立健全现代化的传统文化传播体系，形成覆盖范围广、传播技术发达的现代化的传播机制，这是提高我国优秀传统文化在世界影响力重要举措和必然出路，所以就要求我们加强对相关报刊杂志、出版社以及广播电台和电视台的管理，深化传统文化传播媒体的机制改革和创新，加强国际传播能力建设，打造国际一流媒体。

近年来，我国文化宣传部门大力加强了传播能力建设，我国统筹报刊、通讯社、广播电视以及互联网和出版社等多种媒体，统筹有线、无线、卫星等技术手段，加快建设现代化文化传播体系的步伐，积极拓宽文化信息传播渠道，丰富传播手段，成立专业的传播队伍，汇聚专业文化传播人才，凝聚力量为传统文化的传播贡献力量。但是，由于我国目前正处于经济社会飞速发展时期，人民群众的文化、精神需求在不断增长，与此相比我们的传播体系还略显单薄，传播技术和传播能力与世界先进国还有一定差距。在今后的工作中，我们要努力发展具有高科技含量的传播技术，使其与我国经济社会的发展相适应，与人民群众的需要相适应。这项工作任重道远，需要付出智慧和汗水。

1. 拓宽传播手段，发展现代传播体系

第一，加快构建现代传播体系，是适应我国经济社会发展和国际地位变化的迫切需要。随着我国综合国力增强，中国在世界上的地位、中国发展对世界的影响更加凸显，国际社会对中国的关注度不断提升。对于中国的快速发展，国际社会看法复杂、心态各异，有充分肯定中国成绩的，也有对中国抱有疑虑和偏见的。世界上许多国家与我国合作的愿望在不断增强、对中国的信息需求也在迅速倍增。这就必然要求我们要加快传播能力体系的建设，加快形成与我国经济社会发展水平和国际地位相适应的传播能力和传播技术，增强向世界推销中国、客观评价、介绍中国的能力，满足国际社会对来自中国信息的多样化和多层次的需求，引导世界各国客观地、理性地看待中国的发展和中国在国际事务中作用，营造有利的国际环境，向世界展现现代化的中国文明、民主、开放、进步的形象。

第二，加快推进现代化的传播体系建设，是提高中华文化辐射力和影响力的迫切需要。一个民族的文化影响力，取决于其包含的思想内容和其所具备的传播能力。文化传播能力越强大，其文化覆盖的范围就越宽广，其思想文化和价值观念就能在全世界的范围内得到广泛地传播，也就必然更有力地影响这个世界。相比西方国家，我国的传播能力与其他国家还有很大差距，这就限制了我国优秀传统文化在世界上的传播，也就导致我们较难向世界展示出中华优秀传统文化的思想价值和中国先进文化在当代繁荣发展的丰硕成果。同时我们在加深不同国家和文化之间的相互沟通、相互理解方面还有很多工作要做。这就要求我们加强传播能力建设，加快我国的文化传播方式和传播手段向数字化转型，提高文化传播的科技含量，利用现代科学技术和手段提高文化产品生产和传播效率，增强中华传统文化的吸引力和影响力，更好地推动中华传统文化走出国门，走向世界。

第三，建立完善的现代化文化传播体系，是应对全球化挑战的重要举措，是应对国际传播体系处在不断变化、变革之中的重要对策。在当今的世界，科学技术突飞猛进，传播技术不断更新，传播的全球化越来越明显，要想在激烈的国际竞争中立于不败之地、赢得一席之地就必须完善传播体系，加快与科学技术的结合，面向全球，参与国际竞争，拓展自己的传播空间，占据主动地位，实现传播资源最佳配置和传播效益最大化。传播全球化不可阻挡也无法回避，任何媒体如果不能及时融入国际传播体系，将失去在国际传播市场同场竞技的机会，也意味着在国际舆论竞争中自动弃权。这就要求我们积极适应国际传播发展的新形势、新局面、新挑战，坚持全球化理念，积极拓展自己的国际视野，做到国内传播与国际传播的统筹协调发展，做到经济社会与提高文化传播能力和质量的协调发展。要放眼国际，面向全世界，建设有重大国际影响力的国际顶尖媒体行业，提高我们所传播信息的质量，增强其所包含信息的容量，使来自中国的各种文字、声音等信息漂洋过海传播到世界每个角落，进入亿万家庭。

构建现代化的文化传播机制，就必须拓宽传统文化传播的手段和渠道，利用好现代化的科学技术，打造综合性的传播平台。随着时代的发展，科学技术的不断进步和高科技品的持续更新，互联网的发展进入到一个新的阶段，深刻地改变了人们的日常生产和生活方式，丰富和拓展了文化传播的手段和技术，文化传播渠道也不断拓展、延伸，博客、微博、QQ 空间、手机简报等传播载体不断涌现。面对这种局面，我们必须要改变思想观念，主动迎合时代发展的潮流和方向，抓住历史机遇，整合现有的资源，积极响应网络、多媒体以及多渠道、多方式文化传播的新要求，充分发挥网络信息建设在传统文化传播和传统文化建设中的重要作用，实现电视、网络、手机的互相连通，以便传统文化传播的有序进行。

此外，大力发展文化出版业、广播影视和形式多样的文化艺术，加大对大型公共文化工程的投入，着力增加文化项目建设投入在财政投入中所占的比重，构建并完善文化服务体系。党报党刊、通讯社、电台、电视台和重要出版社建设，是党的新闻宣传事业的主阵地、主力军，必须作为构建现代传播体系的重点。利用好高科技载体，科技与传播历来紧密相连，现代高新技术在传播方面有巨大潜能，可能产生不可估量的影响，谁占有先进科学技术，谁就占有传播的制高点。要站在科技发展的最前沿，丰富和拓展文化传播的手段和渠道建设，使我国的传播体系建设不断迈向传输快捷化、覆盖广泛化、影响深远化，使传统文化的传播更加广泛和深入人心，让人们随时随地可以用各种方式受到传统文化的教育和影响。

2. 加大社会舆论宣传力度，营造良好社会氛围

思想空气和舆论环境是第一软环境。面对市场经济日益发展和信息技术广泛应用的新形势，我们必须更加重视正确的舆论导向，切实提高舆论引导能力。面对市场经济日益发展和信息技术广泛应用的新形势，我们应该更加重视正确的舆论导向，切实提高舆论引导能力，加大文化宣传力度，面向社会，面向大众，不断提高正面宣传的能力。坚持团结稳定鼓劲、正面宣传为主，充分发挥主流媒体的引领作用和桥头堡作用。要通过新闻媒体和社会舆论，加强宣传，完善文化建设服务平台，引领健康的文化生活和文化潮流，扩大文化影响力。高度重视互联网等新兴媒体的应用和管理，提高网络文化产品

服务和供给能力。同时，要切实加强网络舆情监测、分析和判断，及时发布权威信息，主动引导网上舆论，在重大问题上有所作为，在关键时刻有话说，牢牢掌握话语权和主动权。

要加大文化的宣传，就必须深入基层，面向大众，加大群众基础。推进文化惠民工程，必须切实保障群众的基本文化需求和权益。同时在此基础上，我们要进一步加大工作力度和资金投入，提高服务质量和标准，改变工作方式和管理模式，鼓励和支持广大群众开展各式各样的文化活动，使广大农村地区和其他基层文化阵地范围不断发展壮大，充满活力与生机。要进一步健全机制，拓宽渠道，推进各项农村文化活动开展得经常化、固定化。大力宣传全国各地优秀的、具有特色的传统民俗文化和传统民族节日，如北京春节期间组织的各种庙会活动、西双版纳的泼水节、闽台地区纪念妈祖的仪式活动、蒙古族的那达慕大会等。各式各样的群众性文化活动和节日，都需要通过电视、广播、电影、报纸、杂志、互联网等媒体，不断深化宣传，增强民族特色文化和传统文化在人民群众中的传播，夯实群众基础。

总之，加快建设我国文化传播机制，建设成完整的文化传播体系已经成为我国传统文化传承面临的一个重要课题和艰巨的任务，今后的工作中我们必须坚持新闻媒体和舆论导向的正面性和科学性，鼓舞、激励和团结全国各族人民；科学管理，合理规划，从制度创新上促进文化传播能力的不断提升，做到统一分配、分工明确、统筹发展的工作机制，形成富有效率的工作局面和态势。加大对主要新闻媒体的建设力度，使其在向科技化、数字化转型的进程中不断发展、壮大、成熟，扩大文化传播体系覆盖面。加大对新兴传播载体的发展的支持，促进主流媒体舆论引导的立体化、科学化，进一步提高我国文化传播的影响力和竞争力；不断提升文化传播内容的品质，把加强社会主义核心价值体系建设，积极培育和践行社会主义核心价值观与弘扬中华优秀传统文化结合起来，这样传播才有穿透力；注重传播人才队伍的建设，构建和发展现代传媒体系、提高传播能力。队伍是基础，人才是关键，促进文化建设人才队伍的规模化、合理化发展，培养一批具有高素质、高品德、懂技术、能创新的顶尖人才，使他们成为掌握现代高新技术和现代化管理理念的综合型、专门型人才，成就一批适应现代文化发展和全球化需要并有国际影响力的文化代表和专家；营造健康的网络环境和氛围，是现代化传播体系的重要内容。我们要切实加大管理力度，对网络给予合理的、正确的引导，加大传统文化新闻性网站的建设，在网络上普及传统文化知识并唱响传统文化的主旋律，提高传统文化产品在网络上的创新能力和持续不断的供给能力。发展网络新技术，占领网络信息传播制高点。规范网上信息传播的秩序，抵制网络谣言和网络“三俗”，自觉培育文明理性的网络环境。

第四节　优秀传统文化传承的体系构建

具体而言，中华优秀传统文化体系的构建需要从以下几个层面来谋篇布局和统筹建设：

一、研究阐发——传统文化传承的理论前提

弘扬优秀传统文化不仅非常必要，而且正当其时。但当前有关中华传统文化传承的理论研发状况尚无法完全令人满意，存在着传统文化良莠不分与重“硬”轻“软”的误区。因之，加大力度对传统文化传承的理论问题进行研究阐发，尤为必要。

首先，要运用马克思主义的立场、观点与方法，细加梳理传统文化的优劣。中国传统文化是在自然经济的社会土壤中形成和流变过来的，浸润着封建主义思想和小农意识的糟粕，杂糅着许多消极、保守的惰性成分，具有不适应时代要求的局限性。这就从根本上要求在传统文化体系构建的进程中，必须站在时代的高度，根据社会主义现代化的要求，精准挖掘阐发传统文化中蕴含的崇礼尚义、忠厚正直、豁达淳朴、勇敢坚韧、勤劳智慧等思想理念；深度剖析解读传统文化在维护民族团结、延续精神血脉、鼓舞民族斗志等方面的思想价值；细致探究分析中华优秀传统文化在与世界文化交流互动中保持个性魅力等问题，引导人们更加全面客观地认识中华优秀传统文化。

其次，要“软”“硬”兼顾，协同推进传统文化的传承、弘扬与创新。按照费孝通教授对文化的理解，文化包含着三个不同的层次，即器物层次、组织层次和精神层次。中华传统文化亦概莫能外，同样也由这三个层次构成。所以在传统文化传承体系构建过程中，要统筹兼顾这三个层面，即不能重“硬”轻“软”，只关注博物馆、文化馆、美术馆等传统文化载体的建设，同样也不能重“软”轻“硬”，脱离器物层面，虚无地就文化谈文化，就“精神”谈“精神”。传统文化的传承是一个总体性的过程，其总体性就在于，传统文化各个层面的传承与发展都是互相牵动、互相制约的，表现出一种立体而非直线式的转型模式。企图单一地搞某一个层面上的局部传承，必然导致社会整体生活和人们精神生活的紊乱，从而在促成文化传承的过程中，在某些文化层面之间、在某些文化领域之间、在某些文化要素之间，形成各种各样的反转型的自生性阻滞，最终使文化传承或转型难以为继。

二、保护整合——传统文化传承的基础工程

文化遗产是传统文化传承的重要载体，对文化遗产保护无疑是弘扬优秀传统文化的必

要前提。但保护文化遗产并不排斥对其合理开发利用，各地须因地制宜，加强对传统文化资源的开发利用，同时亦要积极有效地整合各方资源，让各种文化遗产互借优势、互为补充，如此，才能把文化资源的活力激发出来，才能使优秀传统文化历久弥新、发扬光大。

首先，立足保护。在不少地方，保护口号喊得震天响，但在城市化和城镇化的压力下，一些历史文化资源遭到毁坏的现象依然存在。对此，应提高文化遗产的保护意识，对能够切实保护文化资源的单位和个人给予表彰和奖励，营造保护优秀传统文化的良好社会氛围。更为重要的是，要对文化遗产，特别是文物遗址类遗产实行系统性立法保护。除此之外，加大对“非遗”传承人的补助力度，通过政策扶持为“非遗”创造市场，吸引更多的年轻人自愿学习传承，以确保非遗传承“后继有人”。另外，要发动社会力量和民间资本参与保护，采取“谁开发、谁受益、谁保护”的对位性保护的原则，借助市场之力，鼓励企业和个人踊跃投资，改变过去由政府买单保护的单一模式。

其次，合理利用。保护文化遗产并不排斥对其合理开发利用，实践证明，唯有合理开发利用，文化遗产才能得到更为有效的保护传承。如山东曲阜就是通过旅游这个媒介，让广大游客在逛“三孔”的过程中，触摸和感受到儒家文化的真谛，而广大游客为当地所创造的经济效益又反哺到“三孔”等文化遗产的保护之中，实现了保护与开发两者的协调共进。但优秀传统文化的传承从根本上讲是一项非盈利性的公益性事业，需要因地制宜、科学规划，需要依靠政府的力量，协调社会各方力量参与进来，利用市场但不泛市场化，切实避免只顾经济利益，不顾社会效益，过度开发、过度整修的现象出现。

再次，强化整合。保护和开发文化遗产的重要性自不待言，但当下在保护和开发的进程中，各市、县、乡、村“画地为牢”，各家做的各家的文化，各地做各地的特色。这种各自为政、各行其是的做法，对于传承体系的构建是非常有害的。唯有通过分类梳理和有效整合各种文化资源、集聚各类文化群体才能产生集群效应，零散而不系统的一些地方文化资源才能“活”起来，优秀传统文化才能得以传承。

三、国民教育——传统文化传承的关键所在

文化传承重在“以文化人”。国民教育，是“以文化人”的一个过程，是传统文化传承的关键所在。但如今国民教育在传承传统方面的作用还很有限，主要表现为学校教育中有关传统文化的内容较为缺失，优秀传统文化教材不受重视，各类博物馆、纪念馆、文化馆的传统文化教育功能未能得到充分发挥等。当下，文化、宣传、教育部门应齐抓共管，形成合力，充分发挥国民教育在传统文化方面的作用。

首先，依据《完善中华优秀传统文化教育指导纲要》，在不同层次、不同类型的学校教育中，通过课程教材改革，修订语文、历史等与传统文化密切相关的科目，把更多的优秀传统文化内容融入其中；在各级各类考试中，特别是在中考和高考中，加大优秀传统文

化所占比重，充分发挥考试之于传统文化传承的引导和桥梁作用。

其次，要结合学校特色，让非遗走进校园。非物质文化遗产生成于民间，发展于民间，容易为青少年接受。因此，可以借鉴山东青岛“传承人导师聘任制”的模式，在建立专家库的基础上，将传承人、政府、学校三方联动起来，通过对学校进行“菜单式”服务的方式，让传承人走进校园“活态传承”民俗艺术，这样既培养了非遗传承后备人才，也丰富了学生的校园文化生活。

再次，加强优秀传统文化阵地建设。充分发挥博物馆、图书馆、纪念馆、文化馆四馆在国民教育中的积极作用，将藏于这四馆中的文物古籍资源免费开放，引导社会各界人员来参观学习。在每个馆配备专门的解说员，让广大民众能够近距离地接触、了解中华优秀传统文化，自觉形成践行优秀传统文化的品德风尚。

四、文化传播——传统文化传承的重要手段

中华优秀传统文化博大精深，影响至远，但广大民众对传统文化的核心价值及其基本精神的认知还极为有限。故此，应充分发挥文化传承、弘扬的最重要、最有效的载体——现代媒体的作用，大力宣传优秀传统文化的价值和功用，以期每一个社会成员都能认同并自觉地践行和传承中华优秀传统文化的基本精神。

其一，充分利用户外宣传栏、电子屏等平面宣传形式，提高人们对传统文化的认知度。一方面，可以利用各种媒介，借鉴山东济南的成功经验，参照“公交论语”模式，制作户外宣传栏，以图片或漫画的形式对传统文化的知识进行介绍，激发观众了解传统文化的兴趣；另一方面，可以充分利用电子屏这一资源，在人口流动性大的场所滚动播放优秀传统文化的相关内容，给人们造成视觉上的冲击，让民众在潜移默化中感受传统文化，在无形之中扩大传统文化的社会影响力和认知度。

其二，与文化惠民工程相结合，推进优秀传统文化进基层。一方面，优化提升各种文化惠民工程，如引导文化大院举办与当地群众生活紧密相关的传统文化活动；再如，规范全国文化信息资源共享工程，建成互联网上的中华优秀传统文化信息中心，实行文化的共建共享等，使更多的人感受到传统文化的魅力。另一方面，秉承“政府出钱、农民看戏”的原则，创作编排出弘扬优秀传统文化、反映时代风尚的优秀作品，为农村的“庄户剧团”更新配备演出器材，配置流动舞台车，送戏下乡，将“一年一村一场戏做到位”，让传统文化影响到每家每户，为文化传承创造更好的环境。

五、管理考核——传统文化传承的制度保障

传统文化的传承不是一蹴而就、立竿见影的，而是一个长期的、循序渐进的过程，要把这项工作做出政绩很难。为使优秀传统文化的传承不浮于形式、流于观念，就需要以一

套精准的、完善的、具有可操作性的制度体系来保证。

首先，健全和理顺各级组织机构，明确各部门职责。传承传统文化的重要性不言而喻，但传统文化传承的工作涉及宣传、文化、教育、文物、建设、旅游、公安等多个部门，传统文化资源也往往归属多个部门，而各部门的职责又不十分明确，需要清晰界定、责任明确。至为重要的是，要建立由宣传部门牵头，上述各部门共同参与的弘扬传统文化的协调机制，搭建沟通、学习、交流、互鉴的平台，形成弘扬传统文化的合力。

其次，要规范和引导民间资本在传统文化领域中的运营。目前，国学班、读经班四面开花，表面上来看对传承、弘扬传统文化起了很重要的作用，但各类民间办学资质不全、师资欠缺，容易对传统文化中的糟粕不加分析，误导群众。更有部分国学班或培训班，打着弘扬民族文化的噱头，聚敛钱财，把传统文化庸俗化，严重偏离了注重社会效益的原则和传播优秀传统文化的责任。凡此种种，必须引起有关文化部门的关注，并对其加以规范，以免传统文化的传承走进误区。

再次，完善考核激励机制。各级党委、政府将各职能部门、相关事业单位、各研究机构有关传统文化保护、研究、弘扬、传承的情况，层层分解，层层把关，纳入到该单位年度工作考核体系之中，坚持精神、事业、物质激励三者并举，激发文化工作者和文化经营者传承优秀传统文化的积极性与创新性，以确保优秀传统文化的传承工作落到实处。

第三章 优秀传统文化与大学生文化自信培育

第一节 大学生文化自信的理论综述

研究文化自信问题，讲清楚文化自信的基本含义和历史由来至关重要。从字面上理解，文化自信是以文化之基，筑自信之石；反过来，则是以自信之心，扬文化之力。为了廓清文化自信的含义和由来，笔者先从文化与自信的各自定义来进行逐一探讨，然后在此基础之上研究所提出的文化自信的基本概念以及文化自信的历史由来。

一、文化自信的含义

（一）什么是自信

1. 自信的概念

所谓“自信”，在中国古代文献《旧唐书·卢承庆传》中有“朕今言卿，卿何不自信也”的记载。《墨子·亲士第一》中也有“君子进不败其志，内究其情，虽杂庸民，终无怨心，颇有自信者也”的总结。作为大众性和常识性的传播工具《辞海》的解释通俗易懂，指出自信即是“自己相信自己”。

从学理上而言，学者们对于自信的定义则莫衷一是，仁者见仁，智者见智。如有一些学者认为，“自信就是个人对自身力量的确认，对自己所做各种准备的感性评估，深信自己一定能做成某件事，实现所追求的目标，亦即自己相信自己”；也有学者指出：“从心理学的角度来讲，自信是一种对自己素质、能力做积极评价的稳定的心理状态，即相信自己有能力实现既定目标的心理倾向，它建立在自己对自己正确认知的基础上，是对自身实力正确估计和积极肯定的自我意识的重要成分”；也有学者指出：“自信不是自卑，也不是自负，而是自觉的表现。高度自觉，意味着对必然性的正确把握、对规律的深刻揭示，是对自发性的否定与超越。它应然地包含着的自省和理论的创新”。[①]

关于对“自信”的理解，从马克思主义唯物史观出发，笔者认为，“自信”的生发是主客体之间相互作用的结果。首先，从自信的主体来理解，自信的主体是人，自信是人的充分自觉的自我性意识，自信是人的坚定意志的体现。自信不是骄傲，不是自负。其次，从自信的客体来讲，自信不是盲目的、无条件的，它是对社会实践活动过程及结果的把握，理性认识的基础必须立足于客观实践，且以时间、地点、条件为转移。再次，从自信的主客体关系的统一进行理解，自信使人参与社会实践活动具有高度主动性和积极性。人有了高度的自我意识，就有了高度的信心，在社会实践活动中就更容易激发潜能，不断创新，从而向更高程度的自信迈进。

“自信”的力量是无穷的，我们在从事任何积极的事情、面对任何正能量的事物之时，一定要建立对其强烈的自信，旗帜鲜明的排除干扰，在充分的实践中不断调整，使其达到预期目标，从而更好地促进自身和其他事物的发展。当然，对于自信也存在一些误区，我们在这里也要加以更正。第一，有人认为有了自信就一定能成功，这种想法是完全错误的。马克思主义唯物史观认为，人们要想做好一件事，必须充分发挥个人的主观能动性，即我们通常所说的想、做或干。而自信只是我们主观上的一种认知，它的确能对我们的成功产生极大的促进作用，但却不是唯一因素，成功还需要恒心、毅力、决心，以及存在的和可能存在的各种主观或客观条件所综合作用的结果。因此，有自信不一定能成功。第二，有人认为自信是成功的副产品，要想有自信必须先得成功，这种想法也是荒谬的。自信能够激发人的潜能，对于成功有很好的促进作用，而成功了之后，会使你更加自信，这是一种正能量的循环。如果说自信是成功的副产品，要想有自信必须先得成功，那么有许许多多的人成功前都经历了无数失败，难道说他们就没有自信吗？第三，有人认为越自信越好，这也是一种错误的认知。任何事情都要把握一个度，过犹不及。越自信并非越好，盲目的自信、过度的自信就是自负、自卑，不仅对我们没有一点帮助，而且长此以往，还会产生心理扭曲，对自己及他人将会产生极大的伤害。因此，自信是一种建立在客观事实基础之上的心理自我激励，我们要正确对待自信，正视自信的积极的主观能动作用的发挥，从而更好地促进事物的发展。

“文化自信”概念要说清楚，必须先把“自信”这一基础概念弄明白。

解字说文。我们中国文字是由形、声、义结构而成的汉字，解字说文很有意思。我们就从解字说文开始。“自信”一词，“自”者，自己也。比较简单，容易理解。“信”者，人十言也，多义词。比较复杂，不好理解。“信”字概念的基本含义，据几部字典，其内涵指人对自己和他人的思想言行的诚实、真实、不疑、不欺骗、靠得住的相信、信奉。其

① 春天．重塑自信，找回自我 [M]. 北京：北京工业大学，2016：18—21.

外延至少有三种含义：一是信心，即自己对自己的思想言行有信心，坚信自己思想言行是正确的，能取得行动成功。二是信用，即因自己诚信，从他人那里获得相信、信任、信誉。三是公信，即自己的思想言行令公众信服、忠信，而使自己从公众那里获得信誉、威信。三种含义归根结底是自信心。

“自信”者，自己因对自己思想言行有信心而自立，或因讲信用而使自己有信心能在朋友圈里挺直身，站立起来行走，或因公信力使自己获得信心而成为顶天立地的大丈夫。信用，是市场经济交易的一杆秤；公信，是政府大厦的顶梁柱；自信心，是人的精神支柱。中国有5000多年的文明历史，有讲“自信”的优秀文化传统。儒家文化，就很喜欢讲“欲人勿疑，必先自信”的“自信”学说。

2. 明辨“自信说”

目前，社会上流行四种自信说：自发盲目自信说、弄虚作假自信说、自为自强自信说、自知自强自信说。

自发盲目自信说。自发盲目地随大流，见到成绩沾沾自喜，而不知或无视或不承认有问题存在，自己不动脑子独立思考面前对象存在的是非好坏善恶，即随波逐流，人云亦云，随风倒，盲目自大自信。

弄虚作假自信说。自己外在表现得充满信心很自信，其实内心很空虚，因为明知自己弄虚作假做坏事，却佯装不知掩耳盗铃；或故弄玄虚，哗众取宠；或有意捏造事实，颠倒黑白，混淆是非，强词夺理；或拍着胸口保证货真价廉，亏本甩卖；或冒名顶替，装腔作势，狐假虎威，仗势欺人。其实，就像纸老虎，不堪一击，一戳就破。这在市场交易中表现得特别突出，官场和学界也存在这种情况。笔者认为，前两种自信，皆是虚假的自信说。因为他们不去观察调查事实，懒于学习思考，更怕实干创新。而是盲目自大自信和弄虚作假自信，背离或无知或无视或不承认客观的和主观的真实存在的现实情况。或对客观外界和自己主观真实存在的现状情况，只知其一，不知其二，缺少自觉沉着冷静清醒的价值分析评价。而客观存在的问题，是不依你主观意志为转移的真实存在的现实情况，你又没有真正的能力、实力和底气，一旦真的遇上事，不堪一击，就像纸老虎，一戳就破。

自为自强自信说。具有这类自信的人，善于自觉观察调查事实，勤学爱思自省，在价值理性评价基础上，勇于实干创新，敏于事而讷于言。虽讷于言，但是，一旦说话，敢于担当，说话算数，言必信，行必果。

自知自强自信说，才是在自觉、理性价值评价基础上建立起来的自为自强的真正的自信说。因为这种自信说，不仅对自己、更是对他人的真实能力和真正实力的全面了解。知己知彼，对未来胸有成竹，不仅有勇气创新发展，敢于担当责任，而且有自知之明，勇于自我批评，知过必改，是建立在自觉，对自己的能力、实力、底气真正了解的价值评价理性基础之上的自为自强，故对自己能够代表时代发展大方向充满自信心。在当今现实社会，这类人有决心、耐心、毅力，敢于担当，勇于创新，有所作为，是中华民族的民族魂和脊梁骨，真正代表时代发展的大方向。其思维方式和工作方法可简要概括为：自在者在，自信者立，自勇者为，自发者盲，自觉者醒，自省者得，自悟者通，自知者明，自容者大，自胜者强，自止者安，自由者乐。

（二）什么是文化自信

所谓“文化自信”，就是指一个现实的个人（公民），或一个政党、一个民族、一个国家对本民族自己的传统文化存在价值的充分肯定和积极践行，并对传统文化的生命力和自我发展能力持有坚定的自信心。

为何今天要重视“文化自信”呢？笔者认为，在我们中华民族自己的传统文化里，有今天和明天仍然离不开的大量有价值的好东西。诸如：“天人合一、生生不息”的自然宇宙观念和生态环保思想，“和实生物、同则不继”的生命哲学理念，“推陈出新、除旧布新、吐故纳新、新陈代谢”等生生不息的发展思想，“道法自然、顺从自然”的自然宇宙认知观念，“与时俱进、尚新维新、革故鼎新”的创新意识，“发愤图强、自强不息”的拼搏奋斗精神，“舍己为人、舍生取义”的正义观念和牺牲精神等，一直是中华民族奋发进取的精神动力。再如，“贫贱不移、富贵不淫、威武不屈、宠辱不惊”的人格魅力；“和而不同、求同存异”的思想作风；“中庸为度、过犹不及、物极必反”的辩证思维；“实事求是、求真务实”的科学智慧；“厚德载物、开放包容、海纳百川”的宽大胸怀；“相亲相爱、和和美美、白头偕老、幸福安康”的家庭观念；“以和为贵、与人为善、成人之美、知足常乐”的心态境界，“孝悌忠信、礼义廉耻”的荣辱意识；“开物成务、务实求实、百姓日用”的价值追求；“己所不欲、勿施于人”的处世之道；“物美价廉、诚实守信、童叟无欺、和气生财”的市场交易风尚；“载舟覆舟、居安思危”的忧患意识；“以人为本、民惟邦本”的治国理念；“举贤荐能、选贤任能、禅让共和”的高风亮节；“睦邻友好、和睦友善、和平共处、天下太平”的和平外交观念；“天下为公、大公无私、礼尚往来、大同世界”的社会理想；“持之以恒，万事必成”的信心理念和坚韧不拔精神等，一直是中华民族和中国人民修身齐家治国平天下实践的思想渊源。

甚至，我们已经全面建成小康社会的“小康”这个词语概念，也是出自3000多年前西周时代的《诗经·大雅·民劳》，“民亦劳止，汔可小康。惠此中国，以绥四方”。而作为一种社会模式，“小康”在西汉《礼记·礼运》中得到了系统阐述，成为仅次于“大同”的理想社会形态的结构模式。它相对于“大道行也，天下为公”的大同社会，是“大道既隐，天下为家”的理想社会的初级阶段。

中国优秀传统思想文化体现着中华民族世世代代在生产生活中形成和传承的世界观、人生观、价值观、审美观等，其中，最核心的内容已经成为中华民族最基本的文化基因。我们今天倡导“文化自信”，就是要把千百年来积淀在中华民族内心里，早已成为日常实用而又习惯成自然不觉其存在的沉睡的古老“东方雄狮”的潜意识唤醒，使其成为自觉自醒主动自为的显意识，从根本上振奋当代中国人为实现中华民族伟大复兴而发愤图强拼搏奋斗的精神志气和勇气。中华民族复兴的本质是复兴中华文明的精华。正如3000多年前的《周易·乾卦》讲：“见龙在田，天下文明。”《周易·贲卦》讲得更深刻：“文明以止，人文也。”就是说，只有一个民族的优秀文化在一定历史时期里发展到极致，使本民族摆脱原始野蛮的生存方式，将其优秀的内在民族精神的精髓、精华在实践中外化外现为光明，影响和促进人类生活方式更加美好幸福。这种外现为光明的文化，才可以谓之“文明”。可见，“文明”有文与野之分。① 优秀传统文化是5000多年中华文明活的灵魂，是中华民族的民族魂。如果中国人丢掉了中国优秀传统思想文化这个灵魂，我们这个国家、这个民族是站立不起来的，更不要说，复兴中华文明和实现中华民族伟大复兴了。所以，我们一定要牢固树立起对优秀传统文化的自信心。

不过，当今讲“文化自信”的人很多，但是对“文化”概念的本原和本义知之者却寡。“文化”概念，国内外学界解说很多。笔者认同中国古代《周易·贲卦》的“文化”概念定义：“人文化成”，即“观乎人文，以化成天下”。这里，人，指人类先哲和人类群体、整体；文，指文字（包括符号、图画、语词、概念）和文明；化，指变化、演化、教化、转化、开化、同化、异化、简化、化作、化成；成，指养成、成形、形成、完成、成熟、成为、成功、成效；天下，指世界上存在的人和物。因此，所谓“文化”，就是指人化以文字，以化成世界上的人和物。就是说，文化是人类在不同地区生活的民族先哲创造发明文字，用以教化人类自己脱离原始野蛮式的动物生存状态使自己成为文明人，用人自己的劳动实践开发开化原始自然物，成为人化自然物，包括物质文化、非物质文化、精神观念文化和制度文化，等等。只要是人类创造发明出来的、宇宙自然界没有的新东西，都可以概括入“文化”概念范畴。这应该是本原意义上的广义“文化”概念的含义。

当今，人们对“文化”概念理解，主要是指观念形态的文化或精神观念文化。究其“观念形态文化”的内涵，其实质是指人类各民族自创造文字以来，人们在生活实践中养育成的思想意识、知识理论、情感心理、观念意志、伦理道德、精神魂魄和品质作风，这应是狭义“文化”概念。

“文化”概念不仅有广义与狭义之分，而且有积极进步性文化概念与落后退步性文化概念之别。凡是促进人和物更好生存的文化，都应归入积极进步性文化概念范畴；凡导致人和物更坏生存的文化，都应归入落后退步性文化概念范畴。

① 杨起予.文化自信的历史由来和现实思考[J].上海师范大学学报（哲学社会科学版），2019（6）：15—18.

二、文化自信的历史由来与生成机制

（一）文化自信的历史由来

今天的中国已走出了曾经的历史困苦，但在面对新时代的社会转型问题时，认识和理解当今中国文化的内涵和文化自信的来源同样也成为我们认识和理解中国道路与马克思主义中国化的重要途径之一。文化与历史相连，历史与现实相连，在几千年文明发展中孕育的中华优秀传统文化，在党和人民伟大斗争中孕育的革命文化和社会主义先进文化，积淀着中华民族最深层的精神追求，代表着中华民族独特的精神标识。中国特色社会主义文化，源自中华民族5000多年文明历史所孕育的中华优秀传统文化，熔铸于党领导人民在革命、建设、改革中创造的革命文化和社会主义先进文化，植根于中国特色社会主义伟大实践。从这些联系中我们可以看到，当今中国文化的构成基本出自三个源流，即5000多年延续而来的传统文化，“五四”以来的革命文化和新中国成立之后形成的社会主义先进文化。这三者的共存是在近代以来中国的历史变迁中造就的，并且这三者都各自对今天中国的现实和中国人的精神世界产生了深远而恒久的影响。它们将中国社会的过去和现在、现实和理想、个体和民族联系起来，共同构成了我们所说的中国文化的内涵，并因此而成为文化自信的来源。

1. 文化自信源于中华优秀传统文化所蕴含的强大文化基因

不忘本来，方能赢得未来。中华优秀传统文化就是我们的本来。任何一个国家和民族，都有其固有的根本。这个根本，就是其文化。中华民族拥有5000多年文明史，中华优秀传统文化延续着我们国家和民族的精神血脉，支撑着中华民族生生不息、薪火相传，历经劫难而浴火重生，这一文化血脉是我们建设社会主义文化强国最强大的文化基因，正如习近平同志所指出的：“中华民族有着深厚文化传统，形成了富有特色的思想体系，体现了中国人几千年来积累的知识智慧和理性思辨，这是我国的独特优势。”①

中华优秀传统文化的文化基因博大而精深，“以国为国，以天下为天下”的爱国情操，“天下大同”的人类情怀，“修齐治平”的心性修养，“天人合一”的境界追求，“民惟邦本”的政治理念，“民贵君轻”的民本思想，“和合”的美好理想等中华优秀传统文化蕴含着丰富的哲学思想、人文精神、教化思想和道德理念。这些思想、精神、追求和理念历久而弥新，在不断地创造性转化和创新性发展中与当代文化相适应、与现代社会相协调，展现出巨大的文化光辉，焕发出强大的文化生命力，是中华民族最独特的性格气节、最深层的精神追求和最根本的文化基因，可以为人们认识和改造世界提供有益启迪，为治国理政提供有益启示，为道德建设提供有益启发。正因为有着如此强大的文化基因，中华民族

① 卢佳．推动中华优秀传统文化发展 建设社会主义文化强国——学习习近平总书记关于中华优秀传统文化的重要论述[J]．新湘评论，2020（3）：7.

能够在世界文化激荡和世界民族先进之林中充满坚定的文化自信。

2. 文化自信源于在党和人民伟大斗争中孕育的革命文化所迸发的持续文化动力

不忘初心，方能继续前进。实现中华民族伟大复兴就是这个初心。中国共产党成立百年来，在马克思主义先进理论武装下，顺应历史潮流、勇担历史重任、敢于作出巨大牺牲，从新民主主义革命到社会主义革命与建设，领导中国人民打败了压在自己头上的各种反动派，使中华民族改变了被压迫、被奴役的命运，整个国家实现了团结统一和繁荣富强。党和人民在伟大斗争中孕育出了一种改天换地、不畏艰险、勇于牺牲、敢于担当的革命文化。这一文化迸发出生生不竭、代代不息的文化动力，激励着一代又一代的中国共产党人领导中国人民矢志不移、不断前行。一切向前走，都不能忘记走过的路；走得再远、走到再光辉的未来，也不能忘记走过的过去，不能忘记为什么出发。面向未来，面对挑战，全党同志一定要不忘初心、继续前进。

革命文化时至今日仍然是我们行进在中国特色社会主义伟大征程中的持续文化动力。今天，我们面临的机遇前所未有，但我们面临的挑战也前所未有。只有不畏艰险、勇于牺牲、敢于担当，坚持问题导向，增强进取意识，才能一往无前、继续前行。正是因为革命文化所迸发出的文化动力，中华民族才能够在实现民族伟大复兴的道路中，站在新的起跑线上充满坚定的文化自信。

3. 文化自信源于社会主义先进文化所指向的科学文化方向

不失方向，方能引领未来。这个未来，就是为人类对更好社会制度的探索提供中国方案。今天，我们比历史上任何时期都更接近中华民族伟大复兴的目标，我们一跃而成为世界第二大经济体。我们不仅要充满理论、道路和制度自信，更要充满文化自信。正是因为我们发展出的坚持以马克思主义为指导、凝聚人类文明成果、融合中华优秀传统文化的社会主义先进文化，使得我们能够走出一条植根中国特色的社会主义发展道路，走出一条坚持“和而不同”的和平崛起道路。我们要坚持走中国特色社会主义文化发展道路，弘扬社会主义先进文化，推动社会主义文化大发展大繁荣，不断丰富人民精神世界，增强人民精神力量，努力建设社会主义文化强国。

社会主义先进文化在政治信念、市场意识、社会理念、公民伦理和人本精神等层面具有自己独特的内涵与价值，是构建中国话语体系的最佳支撑。我们在面对各种文化价值的冲击和社会思潮的碰撞时，能够完全有信心为人类对更好社会制度的探索提供中国方案，讲好中国故事，发出中国声音，打造具有中国特色、中国风格和中国气派的话语体系，坚持为经济文化落后的发展中国家提供经验借鉴，打破“中国威胁论”和“中国崩溃论”的西方话语偏见，发出和传播我们自己的价值理念，为人类文明作出我们的独特贡献。正是在这种科学的文化方向指引下，我们才能在推进改革开放和社会主义现代化建设的进程中充满文化自信。

（二）文化自信的生成机制

文化自信的生成机制，属于文化自信问题的基础理论。它对研究当代中国文化自信的生成、发展和提升具有基础的理论指导意义。文化自信属于社会意识范畴，是对人们的一定的社会存在的反映，它本身不能独立存在。因而，文化自信的生成有赖于一定的客观物质条件，离开一定的客观物质条件，文化自信的生成是不可能的。文化自信的生成还有赖于构造相应的观念基础，为生活于其中的人们提供价值和精神归属系统，使人们能找到生命的意义和乐趣，使人们的心灵得以安顿。文化自信不是一成不变的，而是和其他事物一样，处于不断的变化过程之中。文化自信的生成既要有对自身文化的感性认同，还必须建立在对自身文化的理性反省和深刻认识的基础上。文化自信是文化主体在认识改造世界过程中，对自身本质力量的积极肯定和正面评价，因而，文化自信最终生成于改造自然、社会和人自身的实践过程之中。

1. 文化自信生成的物质基础

唯物史观认为，社会存在决定社会意识，社会意识是社会存在在观念上的反映。文化自信属于社会意识的范畴，是对人们的社会存在的反映。文化自信的产生、变迁和发展折射着社会物质生活演变的某种轨迹。文化自信不是独立自存的，文化自信有其深厚的社会物质根源。

文化自信，是作为主体的民族（国家）的文化自信，因而和一个民族（国家）的兴衰成败紧密相连。当一个民族（国家）兴旺发达、生机勃勃之时，就会对自身文化充满自信，反之，当一个民族（国家）衰落颓败、毫无生气、受人欺凌之时，就容易对自身文化产生怀疑、否定甚至自卑心理。

中国古代曾长期保持高度的文化自信，这与中华民族高度繁荣的文化是分不开的，但更为重要的是中国长期是世界上最强大的国家。公元前 221 年，秦始皇统一六国，建立起中央集权的封建制国家，奠定了中华民族团结统一的政治基础，为中国经济发展繁荣提供了强有力的政治保障。在封建社会两千多年的发展历程中，中华民族也出现过几个政权并立与对峙的情况，但这种情况毕竟是少数，总体而言，中华民族是团结统一的，中国社会保持了较为长期的稳定状态。

文化自信的生成，绝不仅是主观的心理构造，它更是和社会进步、民族振兴、国家富强紧密相连的。离开社会发展、国家富强和民族振兴，谈文化自信就是一种唯心主义的空想。文化自信生成的过程和社会进步、民族振兴、国家富强是同一个历史过程。

当代中国文化自信的生成，离不开经济的健康发展和社会的和谐稳定，离不开我国社会主义政治制度的建设和完善，离不开我国综合国力和国际竞争力的提升，离不开中华民族伟大复兴的历史进程。

2. 文化自信生成的观念基础

文化自信的生成，光有物质基础是不够的，还必须有相应的观念基础。文化是人们在实践过程中创造的意义世界、观念世界和价值世界。对某种文化的自信，不仅意味着对该文化在认识、改造世界过程中所显示的巨大力量的认可，还意味着对该文化所提供的意义世界、价值世界和观念世界的认同，并自觉将该文化提供的价值观念、伦理要求、审美情趣等作为自己思想和行为的准则，从而在这种文化指导下的生活实践中获得身份认同、人生意义和精神归宿。

近代以前的中国长期保持高度的文化自信，除了上面所说的社会物质基础之外，还在于中国传统文化为中国人的文化自信提供了观念基础。中国传统文化观念为中国人建构了广阔的精神空间，这一精神空间为中国人提供了身份认同、生活意义和精神归属。

“道法自然，天人合一”是中国传统文化的核心观念。与西方的观念不同，中国文化很早就形成了天地生人的观念。《易・序卦传》中提出“有天地，然后有万物；有万物，然后有男女”的观念。将人看作自然的产物，人在天地之间，天地人是中国文化中的“三才”。将人看作自然产物的观念，决定了中国文化将自然哲学和人生哲学相结合的思维路径。“天行有常，不为尧存，不为桀亡”（荀子《天论》），大自然有其运行的规律，它不以人的意志为转移。“道”就是大自然的运行法则，道生万物，在这个生的过程中，每个个别事物都从普遍的道中获得一些东西，这就是“德”。对人而言，应该“顺德而行”，顺德而行也就是“顺道而行”。“德”成为中国人内心安顿的重要法则。中国文化把“道”与“德”的和谐统一即“天人合一”作为自己的最高追求。因此，老子所著的书被称为《道德经》。

在“道法自然、天人合一”的观念中，中国人将人生价值的立足点放在“求道”上，主张“人能弘道”，《论语》中则有“君子忧道不忧贫”，“朝闻道，夕死可矣”的圣人之言。然而这一观念却存在着个体生命暂时性和天地万物永恒性之间的矛盾，解决这一矛盾的最自然的手段，则是将个人安置在家族和社会之中，以个体的不断更新来保持血缘和族群的生生不息，从而实现这一“道德”观念的圆满。儒家主张的“格物、致知、诚意、正心、修身、齐家、治国、平天下”的人生追求，也是这种“道德”观念的合乎逻辑的产物。这种“求道”的终极追求在普通百姓中间，便体现为对“天地君亲师”的崇拜。在知识分子中间，体现在“为天地立心、为生民立命、为往圣继绝学、为万世开太平”的人生追求上。由此，中国人的心灵便得以安顿，在这样的观念中，中国人获得了人生的价值和意义，为了“求道”而不惜“舍身取义”的文化自信得以建立。

中国传统文化中这种“求道”观念，由于其所求的“道”不足以应付西方文化提出的挑战，因而在近代以来的文化论争中受到批判。中国共产党人在领导中国革命过程中，以共产主义思想体系为载体，实际上继承了中国传统文化的“求道”观念传统，因而，无数的共产党人为了民族的解放，为了共产主义的实现而不惜抛头颅、洒热血，写就了威武雄壮、可歌可泣的革命英雄史诗。最终，中国共产党人带领中国人民经过浴血奋战，终于建立了中华人民共和国，建立了社会主义制度。中国共产党人显示了高度的文化自信。

当代中国文化自信的生成，需要构建相应的观念基础。其基本原则应是，在马克思主义指导下，克服西方文化和市场经济对以共产主义为载体的“求道”观念传统的侵蚀，在吸收西方文化优秀成果的基础上，实现对传统文化的“求道”观念的创造性转化和创新性发展，从而建构出中国特色社会主义文化自信的观念基础。

3. 文化自信生成的重要环节——文化反省

英国历史学家汤因比认为，人类文化是在“挑战—应战—挑战—应战”的往复过程中不断向前发展的。任何国家或民族总是生活在一定的文化模式和传统之中，这种文化模式和传统以潜移默化的形式规范着人们的思想和行为，赋予人们的行为以根据和意义，进而影响社会经济政治的发展和历史的进程。[①] 然而，这种文化模式和传统并不是永恒的，它必然会遭受各种挑战而导致文化危机。

挑战来自两个方面，一个来自内部，一个来自外部。来自内部的挑战是指在没有或基本没有其他文化模式或文化精神侵入的情况下，由于该文化模式和传统内部的超越性（企图超越现行文化模式的趋势）和自在性（文化模式所具有的稳定性、客观性）之间的矛盾冲突而导致的挑战。文化是在人们的社会生产生活实践过程中逐渐形成的，一般而言，一种文化模式，在其形成之初，能较好地适应人们社会生活实践的需要，其提供的行为准则、伦理规范、审美倾向等都易于被人们接受并形成传统。然而，随着生产力发展、社会生活变迁以及人们需求的改变，既有的文化模式就不再完全适合人们生产生活实践需要了，于是人们就产生了突破既有文化模式的愿望，当这种愿望越来越强烈而成为社会潮流时，既有的文化模式和传统就会遭受严峻的挑战，从而造成文化危机。

来自外部的挑战，指由于外部力量的干预、外来文化模式或文化精神的侵入而导致原有文化模式遭受的挑战。当然，从深层来说，这种来自外部的挑战能够发生作用，也是基于既有文化模式和传统内部的超越性和自在性之间的矛盾和冲突的。任何文化模式都是超越性和自在性的对立统一体。然而，一些文化模式往往形成超稳定结构，即使这种文化模式已经不再适合社会发展的需要，但由于它的超稳定结构，在没有外部力量干预的情况下，这种文化模式依然能成功地抑制内部超越性和否定性的向度而保持稳定不变，即使变化也会非常缓慢。外来力量的干预和外来文化的侵入使得原有的平衡被打破，既有文化模式中

① 周忠华，张诵威．论文化自信的生成机制 [J]. 武陵学刊，2020，45（05）：97—103.

超越性、否定性的向度得到发展，从而对既有文化模式和传统造成挑战。这种来自外部的挑战的典型例子就是近代以来中国传统文化遭受西方文化的挑战，人们都比较熟悉，这里不展开论述。

无论是来自内部的挑战还是来自外部的挑战，当挑战导致文化危机时，既有的文化模式传统就不再能有效地维护社会秩序和规范人们的行为了。在文化危机发生时，由于既有行为准则、伦理规范等被打破，多数人往往表现为彷徨徘徊、惶恐不安，精神上找不到栖身之地。面对这种处境，不同人会有不同的反应和态度。有的人认为社会秩序混乱、世风日下，其原因就在于人们丢弃了既有的文化传统，因而他们主张恢复和弘扬旧有的文化模式和文化传统，表现为文化复古主义；有的人认为，现实社会的混乱和无序就是原有的文化模式和传统导致的，因而主张抛弃或彻底改变原有文化模式和传统，在中国近代史上表现为全盘西化论。无论是文化复古还是全盘西化，他们的心态都不是积极、自信的。文化复古主义者表面上维护民族传统文化，其实是封闭保守，是文化自大和文化自卑的结合体；而全盘西化论者则完全丧失了对自身文化的自信。

还有一些人，他们具备理性精神，以批判性的眼光对传统文化观念模式进行反省，对外来文化也进行分析批判，试图创造新的文化模式来解决文化危机。他们态度积极，表现出高度的文化自觉与自信。对传统文化模式进行批判和反省的过程，也就是新文化模式的重建过程。这种从旧文化模式向新文化模式的转变称之为文化转型。当新的文化模式得以建立而能够满足社会实践和时代发展需求时，越来越多的人会逐渐认同和接受新的文化模式，从而重新找到心灵的栖息之地而不再彷徨徘徊、惶恐不安，整个社会的“文化自信”便又逐渐生成。这样，文化反省就成为文化发展和文化自信生成的重要环节。

近代西学东渐以来，中华文化开启了现代转型的历史过程，在无数次的文化批判、文化论争中，在争取民族独立人民解放的革命斗争中，在社会主义现代化建设和改革的伟大实践中，中华文化的发展取得了巨大成就。但总体而言，今天中华文化的现代转型仍然没有完成，还有不少封建的思想观念阻碍着我国社会主义现代化事业的发展。因而，在中国特色社会主义文化建设中，我们仍然需要以批判性思维方式，对传统文化进行清理，实现对传统文化的现代转型和发展，从而提升中华民族的文化自信。

4. 文化自信生成的现实途径——社会实践

实践观点是马克思主义哲学区别于以往哲学的根本所在。马克思主义哲学认为，实践是社会生活的本质，社会生活领域的一切现象都能从实践的观点得到解释。马克思提出，全部社会生活在本质上是实践的。凡是把理论引向神秘主义的神秘东西，都能在人的实践中以及对这种实践的理解中得到合理的解决。文化自信属于社会意识现象，自然也能从实践观点得到合理的解释。

文化是人类在认识世界、改造世界的实践活动过程中形成的观念世界、意义世界和价值世界。文化集中地体现了人的主体性、能动性、创造性，集中地体现了人的本质力量。人和动物不同，动物只知道消极被动地适应自然，而人却能积极主动地改造自然。“动物只是按照它所属的那个种的尺度和需要来构造，而人却懂得按照任何一个种的尺度来进行生产，并且懂得处处都把固有的尺度运用于对象；因此，人也按照美的规律来构造。”① 人能够认识万事万物的规律，并懂得按照客观事物固有的规律去行动，同时人也按照自己的需求、自己的尺度去改造世界，按照人自身的审美标准去改造世界。当在反观自己的作品中感受到自身的本质力量时，“以集体无意识而存在的文化自信”便油然而生。

但是，在阶级社会，由于私有制以及阶级剥削和阶级压迫的存在，劳动人民不能充分享受自己的劳动成果、感受自己的本质力量，因而也不会有高度的文化自信。马克思著名的“异化劳动”理论指出，由于私有制的存在造成了劳动的异化，而异化劳动使得“人同自己的劳动产品”“人同自己的生命活动”“人同自己的类本质”以及“人和人之间的关系”相异化。在阶级社会，劳动者的实践成果反而成为统治劳动者的力量。②

文化自信的生成不仅依赖于改造自然的实践活动，更有赖于改造社会的实践活动。只有通过劳动阶级的革命活动，在革命活动中充分显示自己改造世界的力量，进而消灭私有制和一切阶级剥削和阶级压迫的基础，使“他们共同的、社会的生产能力成为从属于他们的社会财富”③，劳动人民才能真正在改造世界的实践活动及其结果中充分感受到自身的本质力量，从而生成强大的文化自信。

改造自然和改造社会的实践活动及其成果为文化自信的生成提供了必不可少的条件，然而文化自信的生成和发展还有赖于劳动者主观条件的优化。就像只有音乐才能激起人的音乐感，对于没有音乐感的耳朵来说，最美的音乐也毫无意义。文化自信的生成也是一样，如果思想麻木、心灵干瘪、感受迟钝，那么即使在改造世界中显示出了强大的力量，文化自信也无从生发。因而，只有在改造客观世界的同时，改造主观世界，丰富心灵空间，提高人生境界，保持对外界事物高度的灵敏性，才可能生成丰富的文化自信。

三、文化自信的内涵及特征

（一）文化自信的内涵

文化自信是一种相对稳定的心理状态，它是指一个国家、一个民族、一个政党在深刻

① 周忠华，张诵威．论文化自信的生成机制 [J]. 武陵学刊，2020，45（05）：97—103.

② 李竹君，郑庆昌．试析马克思的异化劳动理论及其现实启示 [J]. 重庆科技学院学报（社会科学版），2017（8）：19.

③ 李竹君，郑庆昌．试析马克思的异化劳动理论及其现实启示 [J]. 重庆科技学院学报（社会科学版），2017（8）：20.

把握自身文化内涵、清晰明辨自身文化特质、充分了解自身文化优势的基础上，对自身文化价值、文化理念、文化生命力保持的积极状态和坚定信念。把握文化自信，理解文化自信的内涵需要从文化自信结构的三个维度着手，即文化自信的主体、客体以及主客体的关系三方面把握。

1. 文化自信的主体

对于文化自信的主体来说，我们所要增进的文化自信，是中华人民共和国、中华民族、中国共产党对于自我文化理想、价值、活力与前景的确信。高度的文化自信，内含了我们的党、国家和民族对于自身文化价值、文化理念、文化生命力的肯定与认同，体现了我们的党、国家和民族对于自身文化的主体担当。中华人民共和国、中华民族、中国共产党这三个主体是有机统一的，因此，它们的文化目标没有任何不同的地方，是完全一致的，即在中华民族优秀文化的底蕴之下，建立一种思想大系统，对国家对民族对人类作出杰出贡献，正如《易经》所述："观乎人文，以化成天下"，这种"化成天下""为万世开太平"的理想抱负浸润了无数中华儿女的家国情怀、天下情怀，更加深刻地表明了中华人民共和国、中华民族和中国共产党崇高的文化理想、文化价值、文化理念。故此，文化主体坚定文化自信是我们在世界面临百年之未有大变局中站稳脚跟、屹立不倒的文化前提，是我们为中华文化再创新辉煌、为世界文化再添新文明的底气和勇气。

2. 文化自信的客体

对于文化自信的客体来说，即我们自身的文化，包含了三个方面。首先，包含5000多年历史长河中，优秀传统文化所蕴含的"天人合一"的自然观、"和而不同"的矛盾观、"通变执中"的发展观、刚健自强的实践观，以及尊亲尚德的社会观，这些构成了中华民族的文化根基，形成了独具特色的中华文化的底蕴。其次，包含着中国共产党带领中国人民在中国伟大革命征程中所创造的独特的中国特色革命文化，又称红色文化，其专指中国共产党自成立以来，党领导和团结全国广大人民群众在长期的革命斗争和社会主义建设中形成的理想信念、道德价值、思想精神，以及所取得的伟大功绩，它是一种特色的文化现象，带有鲜明的时代和民族的印记，它所表现出来的革命精神，锻造了中华民族精神的时代基因。最后，包含着与时俱进、不断发展的社会主义先进文化，它是对优秀传统文化底蕴和特色革命文化基因的传承，代表着人类社会先进文化的前进方向，是中国特色社会主义文化的现实优势。

3. 文化自信的主客体关系

对于文化自信的主客体关系来说，以马克思主义唯物史观的视角来审视文化自信，文化自信的本质其实就是一种文化实践活动，通过这种实践活动的联系，文化主体与文化客体建立了一系列关系，如实践关系、认识关系、价值关系，等等。因此，我们要不断推进和发展中国特色社会主义伟大实践，在伟大实践中坚定对三大文化资源的自信，为实现“两个一百年”奋斗目标和中华民族伟大复兴的中国梦而奋斗。

文化自信作为一种关于文化的价值判断，与其相对的是文化不自信。文化不自信有两种表现形式，一种是文化自恋、文化自大，它是指文化主体蔑视或者无视外来文化的优点和长处，对自身文化抱有的一种骄傲自大的心态，这种文化心态危害极大。文化不自信的另外一种表现形式是文化自卑、文化自弃，它是指文化主体不善于发现自身文化的优点和长处，盲目崇外，轻视自身文化的一种自卑心态，这种文化心态也极其不正确，危害极大。因此，对待文化的正确态度就是文化自信，它是文化主体对自身文化的理性认知、自我塑造和弘扬，对外来文化的批判吸收、自我丰富和发展，以及对所有客体文化创新超越的高度自觉。

总之，文化自信内涵丰富，从文化自信的主体、客体、主客体关系把握文化自信，我们要清晰地明确文化自信是对三大文化资源，即对中国特色社会主义的文化自信。缺乏中国特色社会主义，我们对待古今中外的文化便会缺乏精准的坐标点和科学的择用尺度，中国特色社会主义文化是中华文化在当今引领中华文化长河的潮头。因此，我们当牢牢坚定对中国特色社会主义文化的自信，积攒推动文化发展繁荣的激情动力，开创新时代中华文化的新气象，让中华文化走得更高、更快、更远。

（二）文化自信的特征

文化自信是我们国家、民族和中国共产党对于我们的文化价值、文化理念和文化生命力的充分肯定，是对于我们自身文化理想的坚实信仰与持守，是对于我们推动文化创新发展的坚韧与执着。文化自信是在新时代的背景之下，基于文化发展所需而提出的，具有鲜明的时代性；文化自信是我们党和国家建立在对文化发展规律、自身文化发展特点以及世界文化发展大势的准确把握的基础上提出的，具有鲜明的科学性；文化自信是对传统文化、革命文化和社会主义先进文化的坚定自信，彰显着我们独特的文化标识，具有鲜明的民族性。文化自信不仅是对中华文化的传承，也包括在新形势下我们文化的对外开放，具有鲜明的开放性；文化自信是中华民族对自身文化的一种信仰、信念、信心，凝聚着伟大的中国力量，推动中国特色社会主义伟大实践不断向前发展，具有鲜明的实践性。文化自信埋藏着巨大的文化潜能，是一种发展的、前进的自信，通过对文化主体中华人民共和国、中华民族、中国共产党，文化客体中华文化，以及二者关系的塑造，文化自信将被更多人所认同、践行、坚定，因此，文化自信又具有鲜明的可塑性。

1. 时代性

黑格尔认为，每一个时代都有一个“精神原则”或“思想原则”在支配着这个时代，他把它叫作“世界精神”。但“世界精神”具体到每个民族的历史实践和历史发展，又表现为“民族精神”。尽管黑格尔的这种思想是用唯心的思辨的语言表达的，但其内涵却十分深刻。一个民族国家的“精神原则”是通过“时代问题”为自己开辟道路的。[①]

当今时代，文化与经济、文化与科技交融发展，文化在国家发展进程中的作用越来越凸显，时代所呈现的文化特点、文化问题不得不引起我们高度重视。一方面，在国际上，和平与发展仍是时代的主题，但西强我弱的文化格局尚未真正改变，文化霸权主义和文化扩张一直存在。另一方面，在国内，中国特色社会主义进入新时代，我们急需要一种科学的文化心理、文化态度、文化实践来促进文化自身的发展和中国特色社会主义制度的发展。然而，近代以来，国人备受文化自卑自弃心理的困扰，致使我们对文化产生了一种被动，一些别有用心者利用这种文化被动鼓吹错误思潮，干扰人民群众的精神文化生活。在这种情况下，我们党应时代之变，应现实所需，提出了文化自信思想，契合了新时代中国文化发展的新特点、新趋势，呼应了新时代中国人民在精神文化生活上的新问题、新需求和新期待，为中国乃至世界文化问题指明了方向，开出了一剂良药。

文化自信思想的提出是在全面建成小康社会的决胜期、全面深化改革的攻坚期和实现“两个一百年”奋斗目标的历史交汇期的关键节点应运而生的。它系统全面地阐发了文化自信思想的内涵、地位、作用以及增强途径等，深刻体现了文化自信思想与时俱进的时代性。

2. 科学性

科学性是文化自信思想的总体特征，纵观文化自信的要义和精髓无不体现着真理的光芒，闪烁着科学的光辉。文化自信，重在文化，贵在自信，这里的自信是自我坚信的能力和力量，是自我信任情感的体现。作为一种自由自觉的情感，自信的产生基于三个前提：对客观世界发展规律的正确认识、对主观世界发展规律的正确认识、对自身发展的不断修正。因此，文化自信的科学性主要体现在三个方面：文化自信的真理性、文化自信的价值性和文化自信的普适性。

第一，文化自信的真理性即一个国家、一个民族的文化能否对自身所处的社会现实和社会环境作出正确的认识，并通过一定的表达、评述能够给出相应的合理解释；同时，该文化能否真实地反映客观世界和主观世界的规律，并落脚于文化主体的实践作用，进而在科学的理论引导和方法论下有效地认识世界和改造世界。我们所要坚定的文化自信是以马克思主义为指导、以中华文化为生长点的文化自信，它充分反映了中华民族的精神气质和价值追求，是凝聚中国力量实现中华民族伟大复兴的精神指引，因此，从其一开始产生就具有科学的真理性。第二，文化自信的价值性即一个国家、一个民族的文化能否与社会的主流价值标准判断相符合，能否以人民群众是历史的创造者为出发点，坚持以人为本，从

① 曹爱斌. 文化自信的内涵及其在“四个自信”中的地位 [J]. 人文之友，2021（4）：55.

而体现出广大人民群众的根本利益诉求；同时，该文化能否以前瞻性的视角走在时代前列，指引着未来社会的发展方向，并与时俱进，代表着未来社会的前进趋势。我们的文化自信守护了主流意识形态，塑造了国家核心价值观，促进了人的自由全面的发展，归根结底，是属于人民的文化自信，因此，文化自信的发展具有价值合理性。第三，文化自信的普适性即一个国家、一个民族的文化能否以一种开放的姿态和兼收并蓄的品质特征，包容外来文化，取其精华，去其糟粕；同时，该文化能否以其自身的科学性、合理性，吸引其他文化，感召其他文化，使其他文化充分信服和向往。我们的文化自信，在传承中延续文化的生命力、在开放中加强与其他文化的交流、在超越中推进文化创新，并通过这种对自身文化的传承、开放和超越实现我们自己的文化使命，也为其他国家提供了借鉴意义。因此，文化自信兼具普适性。

文化自信的真理性、价值性、普适性贯穿于文化自信的始终，要求我们在坚定文化自信的过程中必须注重理论与实践相结合、传承与创新相统一、国内与国际相联系，以此更进一步地彰显出文化自信思想的科学性。

3. 民族性

伟大的国家铸就伟大的民族，伟大的民族注定具有富足的精神斗志、充沛的理想情怀、积极向上的价值理念和人心向齐的民族凝聚力。中华民族向来如此，这得益于其精深的文化底蕴，中华民族将天下大同的理想置于社会主流精神之上，伴随民族进步，融入共产主义的信仰追求，并将其与中华文化相结合，深深扎根于中国人民心中，神圣不可侵犯，丝毫不可动摇。因此，我们所要增进的文化自信，是中华民族对于我们文化理想、价值、活力与前景的确信。文化自信的涵养，直接关系到一个国家和民族精神家园的安放、精神共识的凝聚、精神支柱的构筑和精神能量的激发。故，文化自信具有民族性。对于文化自信的民族性把握需要回归到文化自信的主客体构建维度上来。

从主体来看，文化自信的民族性一目了然，无论是国家、民族、政党，还是区域、集团、个人，他们集中到一点上都属于中华民族，都是由千千万万个中国人构成的，他们都具有中华民族的属性。外国人对中华民族文化的认同只会更加增强我们的自信，但不属于文化自信的范畴。从客体来看，文化自信的本身是对由共同心理、共同语言、共同经济生活、共同地域的中华民族创造的文化的自信，这种文化具有明显的中华民族的色彩，是中华民族的集体思想智慧结晶，是中华民族朝气蓬勃向前向上的价值引领，是中华民族不可撼动的精神磐石。从主客体的关系来看，文化自信是中华民族对于本民族文化的自信，其产生离不开中华民族对中华文化的肯定、自豪、坚持、传承和发展，对内表现为文化主体的思想和言行，即中华民族以爱国主义为核心的伟大的民族精神；对外则表现在处理与外来文化的关系过程当中，不能忽视民族文化的主体性、本源性。

文化自信的民族性，是中华民族对中华精神文化的信仰，是中华民族对自身有能力推进文化创新发展的信念，是中华民族对中国特色社会主义文化发展道路的坚定信心。我们要扎实走好文化发展中的每一步，坚定文化自信，实现民族复兴。

4. 开放性

任何一种文化都不可能与世隔绝，都需要在与其他文化的交流中，借鉴有益元素来汲取养分，从而更好地发展自己。在处理与外来文化的关系时，是闭关自守还是敞开怀抱，考验着一个国家、一个民族、一个政党的文化自信。两种不同的文化态度带来的文化结果也迥然不同，闭关自守导致的是文化心理的狭隘与短视，最终只会使文化停滞，如一潭死水，让人绝望沉闷；而敞开怀抱接纳的则是文化的朝气、活力和生机，越自信，就越开放，就越能够以在与其他文化的互动交流中使自身文化得到丰富和发展。

海纳百川，有容乃大。我们的文化自信具有开放性，这种开放主要体现在三方面：一是借鉴世界文明成果，即“拿来主义”。中华文化要在文化的开放中，学习人类一切文明成果，包括西方国家关于文化发展的有益经验，如文化的管理手段、文化传播的先进技术等，通过学习借鉴，更好地为我所用。“拿来”不是被西化，我们在“拿来”之前一定要做好自己的判断，这种判断必须立足当代中国实践、立足自身文化发展需要。这里也体现了一个文化民族性的问题。二是中华文化走向世界，即中华文化的“走出去”战略。中华文化的“走出去”战略应注重思想价值观念的“走出去”，即让世界了解中国，我们要充分挖掘中华优秀文化的思想精髓，提取文化价值的有益成分，精心打造中华民族文化品牌，依托文化的广泛交流，引导世人走进、接触、了解中华文化，使中华文化的积极合理因素得到世界的认同，并在对外进行文化的交流中为世界文明注入独特的、新鲜的中国元素。当然，在中华文化走向世界的过程中我们也需要注意很多问题，例如尊重文化差异、了解他国文化政策、注重传播方式等，这需要我们妥善处理。第三，我们吸收借鉴外来文化，将人类其他文明成果引进来，不应当只是单纯的“物理嫁接”，生硬地将外来文化与中华文化结合到一起，而是需要将二者进行有机的“化学反应”，即找寻外来文化与中华文化的契合点，打通二者的价值经络、无缝对接，其目的就是将引进的外来优秀文化转化再造，融进于我们的文化当中，丰富发展我们自己的文化。

中华文明是在中国大地上产生的文明，也是同其他文明不断交流互鉴而形成的文明。比如，丝绸之路、玄奘取经、鉴真东渡，包括到了宋元时期马可波罗等人入华讲学、经商、传教，都大大促进了中外文化之间的交融，而那些时期，恰恰是我们国家最为强盛的时期。当下，在全球化的国际背景下，在全面对外开放的新时期，文化自信的开放性更是大势所趋。文化自信要求我们广泛吸纳、融会一切外来优秀文化成果，我们要以开放包容的胸怀、辩证取舍的态度、转化再造的能力做好文化开放，更好地坚定中华民族的文化自信。

5. 实践性

文化自信是一个国家、一个民族、一个政党在深刻把握自身文化内涵、清晰明辨自身文化特质、充分了解自身文化优势的基础之上产生的。它虽是一种文化观念，但必须立足于实践，也是社会实践的产物。

文化自信思想的产生离不开广泛的社会实践，改革开放 40 多年，我国创造了举世瞩目的成就，但从当前中国的实际来看，人民在享受巨大物质成果的同时，精神文明的发展却不尽如人意，人民日益增长的美好生活需要和不平衡不充分的发展之间的矛盾在文化方面表现尤为明显。基于此，我们党立足当代中国文化发展实践，运用唯物辩证法的方法，科学扬弃中国文化的糟粕，吸收传统文化的合理内核，推崇革命文化的时代品格，打造先进文化的现实优势，借鉴人类有益文明成果，以人民的现实需要和期待为根本，以此来满足人民群众的文化需求，破除了人们思想上的不安，从而更好更高质量地保障了人民群众的文化权益。从此种意义上讲，文化的实践性，也是文化的人民性的体现。

文化自信的实践性，是对马克思主义唯物史观的科学参照和积极遵循，我们要坚持实事求是的原则，以问题为导向，破解实践中的难题，扫清实践中的障碍，更好地坚定文化自信。

6. 可塑性

文化自信具有可塑性，可塑性即中华文化的自我调整、自我适应、自我发展的能力。与其民族性类似，对于文化自信的可塑性分析仍然需要从文化的主体、文化的客体，以及文化的主客体构建关系来把握。

首先，文化自信的主体具有可塑性，即坚定文化自信的个人或群体具有可塑性。自信不是与生俱来的，它作为对个人自身能力的一种情感认可，是可以被塑造的，因为自身能力是可以通过不断地学习努力以及外部环境因素的变化而改变。改革开放 40 多年来，随着经济社会的发展，我国的综合国力不断提高，中华民族越来越有自信的底气和能力。相较于个人而言，伴随着祖国的发展进步，中国人民的精神面貌也发生了根本性的改变，我们比以前更加从容和自信了。其次，文化自信客体的可塑性，文化自信的客体即中华民族优秀传统文化、中国特色革命文化和社会主义先进文化，它们在自身不断的扬弃中前进，在与外来文化的交流中发展。通过中国特色社会主义伟大实践的推进，它们进一步提高了生命力、凝聚力、影响力，从而实现了自我的塑造。最后，文化自信的主客体关系的可塑性。文化自信的主体和客体的可塑性决定了其主客体关系的可塑性，通过潜移默化的熏陶、积极主动的引导、科学理性的教育等方式可以展现出中华文化的独特魅力和强大力量，进而培养文化主体对文化客体的浓厚兴趣，从而使文化主体肯定、认同、接受文化客体，并最终塑造和实现了文化主体对文化客体的自信。

文化自信的可塑性是中华文化的一种巨大优势，它给中华文化的发展带来了广阔的空间，我们要承认文化自信的可塑性，深入挖掘中华文化所蕴藏的巨大潜能，推进中华文化走向繁荣与强盛，更好地坚定中华民族文化自信；同时，为人类文明做出我们更大的贡献。

四、大学生文化自信界说

当代中国大学生是传承和创新中华文化的重要力量，也是弘扬和发展当代中国先进文化的重要群体，是优秀传统文化迈向世界、走向未来的重要载体。因此，加强对当代中国大学生文化自信的课题研究，不仅有利于高校文化引领功能的发挥，而且也有利于国家文化软实力的提升。

（一）大学生文化自信的基本内涵

所谓大学生文化自信，是指大学生作为文化主体对本民族文化所持的充分肯定，对本民族文化生命力的坚定信念，对外来文化理性地“扬弃”。具体而言，当代大学生文化自信表现在思想和行为两个方面：在思想上，对民族文化价值的肯定、认同和自豪，对外来文化的理性认知以及对本民族文化生命力的坚定信念；在行为上，能够辩证取舍外来文化，转化再造民族传统文化，宣传弘扬先进文化。

1. 思想层面

当代中国大学生文化自信表现为对社会主义先进文化的认同肯定、对外来文化的理性认知、对自身文化发展前景有高度的自信等三个层次。

一是当代大学生对社会主义先进文化的价值肯定、认同和自豪。优秀的民族传统文化是中华民族发展的根基，中国特色社会主义文化是社会主义发展的主旋律，大学生能够把中华民族优秀的传统文化和中国特色社会主义文化放到应有的地位，肯定优秀民族传统文化的价值，认同社会主义核心价值观，进而对社会主义先进文化产生自豪感。

二是当代大学生对外来文化的理性认知。当代大学生能够了解外来文化的底蕴，在中西文化对比中保持理性的态度，既要看到外来文化的合理因素，又要看到外来文化的腐朽内容。

三是当代大学生对自身文化发展前景有高度的自信。社会主义先进文化在推动中国社会大发展大繁荣的同时，一定能够引领世界文明发展方向。当代大学生能够认同社会主义核心价值体系，树立社会主义核心价值观，坚定共产主义信念，对中国特色社会主义文化的未来发展抱有坚定的信心。

2. 行为层面

当代中国大学生文化自信表现为能够辩证取舍外来文化、能够转化再造民族传统文化、能够宣传弘扬中国特色社会主义文化等三个层次。

一是当代大学生能够辩证取舍外来文化，能做到把外来文化中优秀的思想纳入到中华文化自信范畴中，当代大学生能以积极的行动吸纳和融会外来优秀文化成果。当代大学生能辩证地取舍外来文化，大胆地吸收和借鉴有利于我国文化建设的优秀成果，使外来有益文化为中国特色社会主义建设服务。

二是大学生能够转化再造民族传统文化。当代大学生不仅要在借鉴外来文化基础上转化民族传统文化，而且能够创造与本民族未来生活相匹配的新的民族文化。

三是当代大学生能够宣传弘扬中国特色社会主义文化。当代大学生是中国特色社会主义文化的传承者，其文化自信的程度体现了中华民族的文化精神品质。当代大学生能够把社会主义核心价值观的基本要求内化为思想，外化为行动，用实际行动宣传弘扬中国特色社会主义文化。当代大学生能够践行社会主义核心价值观，积极参加社会主义文化建设的实践活动，在行动上推动社会主义文化的大发展大繁荣。

（二）大学生文化自信的内在要求

当代大学生文化自信的本质就是当代大学生以什么样的态度来对待文化，如何正确处理和对待各种文化之间的关系。因此，当代中国大学生树立高度的文化自信，必须处理好民族文化和地域文化、传统文化与现代文化、中华文化与外来文化、主流文化与非主流文化之间的关系。

首先，正确处理好民族文化和地域文化之间的关系，实现民族文化自信与地域文化自信的有机统一。地域文化是指在某一地域内所形成的具有地域特色的文化。民族文化与地域文化的关系，既是你中有我、我中有你，又是你别于我、我别于你。大学生作为先进文化的引领者，必须处理好民族文化和地域文化的关系，厘清民族文化和地域文化对立统一的关系，实现民族文化自信与地域文化自信的有机统一。

其次，正确处理好传统文化与现代文化之间的关系，实现优秀传统文化与现代先进文化的正确对接。现代文化也被称为现实文化，是人们基于现代实践和现实生活而形成的文化。现代文化是传统文化演进的结果，二者之间有不可割裂的联系。当代中国大学生保持高度文化自信，应该处理好传统文化与现代文化之间的关系，注意传统文化与现代文化的结合，实现优秀传统文化与现代先进文化的正确对接。

再次，正确处理好中华文化与外来文化之间的关系，使外来有益文化为中国特色社会主义建设服务。每一个民族的文化都是在与其他民族文化吸收借鉴中发展起来的，大学生要有兼容并蓄的文化胸襟，要依据中华民族文化发展的需要，对外来文化进行扬弃，学习借鉴一切有利于加强中国特色社会主义建设的优秀成果和有益经验。大学生要防范盲目崇拜外来文化的思想倾向，坚持中华文化的主导地位，正确处理中外文化关系，使外来有益文化为中国特色社会主义建设服务。

最后，正确处理好主流文化与非主流文化之间的关系，在坚持社会主义核心价值观的指导下，尊重文化的多样性。社会主义社会的文化既包括主流文化，又包括非主流文化。大学生作为文化自信的主体，要正确处理好主流文化与非主流文化之间的关系，将社会主义主流文化渗透到非主流文化中，要用社会主义主流文化引领非主流文化的发展。换句话说，当代中国大学生要在坚持社会主义核心价值观指导下尊重文化的多样性，吸收借鉴非主流文化的有益成分，最终促进社会主义先进文化的发展。

第二节　大学生文化自信培育的必要性及其目标

一、大学生文化自信培育的必要性

中华民族的伟大复兴，既是经济的复兴、综合国力的复兴、民族的复兴，也是一种文化的复兴，这个伟大的复兴就要求我们必须提升国家的文化软实力，坚定文化自信。而大学生这个特殊的群体，是国家的民族的未来的希望，必须要抓住这个群体，做好阵地建设，同时实现大学生的全面发展。

（一）提升国家软实力的必然要求

国家软实力是一种深层次的、持久的精神力量，在国家综合国力的竞争中处于重要的地位。文化自信作为一种国家软实力自信，在国家发展、国际地位提升方面具有重要的地位和作用。

1. 提升文化软实力需要

文化软实力的强大不仅是现阶段社会主义先进性的重要内容，更是文化强国建设的中流砥柱。正所谓，经济上的贫穷、精神上的贫穷都不是社会主义，没有文化上的自信，没有文化上的现代化和中华文化的繁荣，中华民族的伟大复兴也将是一具空壳，不是完整意义上的社会主义现代化和中华民族的伟大复兴。新时代有新时代的挑战，新时代有新时代的长征，在中华民族伟大复兴的路上，需要青年大学生坚定信念，提升自我，用中华文化的精髓修身律己，用马克思主义中国化的理论武装头脑，用社会主义先进文化指引前行，这样，通过培育的方式，使得大学生自觉地把文化自信的问题放置在个人生活中、放置在国家发展上，放置在国际大背景下来审视和对待，坚定中华文化的立场和自信，才能够激发大学生文化创造活力，文化的发展才会有更加可持续的推力，助力中华民族伟大复兴的中国梦。

人类社会每一次巨大的进步，都必然会是以文化为基础去推进的，文化的历史性进步都是对原有文化的延续以及对现有文化的发展。中华文化是世界上唯一的，不曾断流的，由四大文明发展而来的文化，古文明的文化能够走上世界文化之巅，成为中华民族的骄傲，现在我们依旧可以重拾文化自信，再次傲立于世界民族之林。针对大学生这个有活力且充满希望的群体，对他们进行文化自信培育，是我们对新鲜血液的培养，对新时代接班人的培育。文化软实力的增强必然不能缺少大学生这个最为蓬勃向上的群体，铸就中华民族新的辉煌需要一代又一代有信仰、有本领、有担当的年轻人去奋斗。

2. 提升国际影响力需要

文化兴则国运兴，文化强则民族强，国家影响力的提高是要以经济为基础，增强文化软实力，给予提升综合国力以最为深层次的动力。党的十八大以来，党中央将文化自信、中国特色社会主义的文化建设与整个国家的治国方略相联系，将新时代的新思维、新理念融入进去，与中国特色社会主义的建设相关联，形成了一整套的治国理政方案。文化自信作为四个自信之一，有助于建设社会主义的文化强国，有助于国家站在新的历史方位上，不断推进社会主义现代化建设。党的十九大指出我国社会的主要矛盾已经发生了改变，随着社会生产力的不断发展，经济条件的上升，物质资源的不断丰富，人民对物质条件的期待已经转变为现实，人民的物质保障在不断得到满足，因此，人民对美好生活的期许已经转而走向对精神世界的追求，文化育人作为丰富精神世界的最主要方式，需要不断的强化，而大学生这个重要的群体，就是文化自信极为重要的一部分了。

提升国际影响力不能仅仅注重外在建设，而应当是外在与内在共同努力，内外兼修，两条腿走路。何者为外在的一条腿，那就是表现在实质性力量上一部分，经济上的富强，政治上的民主，社会的和谐稳定，生态上的和谐共生，军事力量的壮大，人民生活水平的提高，这些可以用肉眼和数字量化的力量。这些力量的蓬勃是中国“个头”上的强大，而真正的强大不仅仅是“形体”的高大，还必须包含着内在的强大，也就是灵魂上的强大，这个灵魂能够凝聚中华民族的力量，让中华民族的儿女心往一处拢、劲往一处使。这个“魂”就是文化，用中华千年文化的大背景吸引大学生产生对中华文化的骄傲和自豪感，形成对中华文化的坚定认同，再通过革命文化和社会主义先进文化的魅力促进大学生形成自身的文化自信与自觉，就能够给予国家综合国力提升以源源不断的能量，提升国家综合国力，促进国家影响力的日益增强。

（二）促进思想政治教育学科发展的应然要求

思想政治教育理论课程担负着对大学生进行思想教育的重任。思想政治教育课程所具备的政治性、意识形态性以及文化性，要求在课程中必须加强大学生对中华文化的理解和探析。在新时代的思想政治理论课程中加强文化自信培育的内容，与文化自信、文化强国的目标是彼此双向辩证的关系，一方面，思想政治教育理论课中包含文化自信的内容，是思想政治教育课程中必不可少的一部分，是社会发展的时代要求；另一方面，思想政治教育课程是大学生文化自信的主要途径。

1. 文化自信培养是思想政治教育的重要任务

思想政治教育课程，具有一定的政治性、意识形态性、文化性，需要基于中华文化的大背景下，对大学生进行思想教育，使其思想能够符合社会发展的需要，符合主流文化的发展方向，守住意识形态的阵地。培育大学生的文化自信是教其从认识、认知、认同到自觉、自信的一个过程，在此过程中需要思想政治教育用文化对大学生的头脑进行武装。思想政治教育课程与文化自信内容上的重叠性，就会要求我们将文化自信作为思想政治教育课程内容的重要任务去完成。

思想政治教育理论课就是在为国家培养有文化、有纪律，思想端正，拥有正确价值观的社会有用人才。现阶段社会不断发展，世界在全球化的背景下，日益连成一个整体，国家与国家之间，既有合作也有竞争，新时代综合国力的竞争归根到底是人才的竞争。为了不断提升国家在国际上的竞争力，就必须通过思想政治教育对大学生进行文化自信培育，增强大学生对中华文化的自觉，激发大学生对中华文化的自信与自豪，进而建立在全球化的大背景下实现中华民族伟大复兴的中国梦的精神基础。在这个经济文化相交融的时代，单纯的经济强盛，不能够充分满足社会发展的需求，文化的精神力量可以为社会的充分发展提供动力，激发大学生的发展潜力和社会发展的持续推动力。现如今世界文化多元化趋势日益加深，各类思想在交流中不断碰撞，大学生自身的特殊性，思维方式的简洁性以及辩证思维的缺乏性，都使得部分大学生在文化多元的思维空间中容易受到影响，很难坚定不移地保持理想信念，部分学生甚至出现“外国的月亮就是比中国的圆”的思维，这些都是我们意识形态失守的表现。面对这些问题，思想政治教育作为大学生思维方式和价值观塑造的主要阵地，就必然应当将文化自信的内容包含于其中，使得大学生在面对外来文化时能够运用正确的方式对待它，在认同本民族文化的基础上，也能够正确地对待外来文化，坚定中华文化自信，建立正确的文化信仰。

2. 文化自信培育是思想政治教育的时代要求

每个时代有每个时代不同的任务和不同的挑战，面对不同的任务和挑战，我们的发展就要不断紧扣时代的主题和需要进行。新时代高校中思想政治教育的任务是通过教育使得大学生坚定不移地走中国道路，能够运用马克思主义的理论指导实践，树立正确的世界观、人生观和价值观，弘扬中华优秀文化，正确看待市场经济所带来的负面影响。弘扬中华优秀文化的一个前提和基础就是通过教育使得大学生充分认识中华优秀文化的历史来源和发展过程，在认识中华文化的博大精深中体会中华优秀文化的魅力，在认识的基础上，热爱中华优秀文化，从认知到认同，从文化的自觉到文化的自信。培育大学生文化自信的过程，也就成为了思想政治教育完成的过程，因此，要不断加强对大学生的文化自信培育。

高校中思想政治教育课程就是要对大学生进行思想教育，使得大学生的思想能够满足社会发展的需要。坚定对中国特色社会主义的道路、理论、制度和文化自信，在这个过程中，文化作为最基础、最深层次的自信，是需要高校思想政治教育课程将其作为基本，贯彻到整个思想政治理论课程中的。新时代思想文化的多元化、信息传输的迅速化、传播范围拓宽化，令大学生能够利用现代科技掌握更多的信息资源。这些信息资源数量巨大，真假难辨，有时甚至还有一些不利于社会发展的言论混入其中，部分大学生自身思辨能力弱，面对新鲜事物不会去辩证地看待，常常容易跟着言论走，被带入到错误的思想系统中，不利于其自身树立正确的人生观、世界观和价值观。思想政治教育的任务之一就是培养大学生树立正确的人生观、世界观、价值观，使得大学生对马克思主义的指导思想做到真学、真懂、真信还有真用。怎么样做到这一点呢？就需要思想政治教育者做好引导，从理论到实践，从文化到生活，多方面入手，系统地掌握大学生的思想，守好大学生的思想阵地，完成思想政治教育理论课的时代要求。

3. 思想政治教育是培育大学生文化自信的主要途径

2019 年中共中央、国务院提出，在高校的教育中要努力做到全员育人、全方位育人和全过程育人，将思想政治教育工作贯穿到大学生在高校中学习的立体结构中，使得大学生能够更全面地接受思想教育，坚定中国特色社会主义的理想信念。然而这个过程需要时间的积淀，高校现在虽然在为此做着努力，但是，距离达到三全育人的目标还有着一定的距离，因此，文化自信培育的主要阵地依旧是思想政治理论课堂，思想政治教育的工作者也应当担起这个培养思想合格的新时代大学生的重任，讲清、讲透课程内容，吸引大学生的注意力，引导大学生积极主动探索文化中的精髓，树立正确地对待中华文化的心态，对中华的优秀文化从认知、认可、认同，到自觉、自信，增强大学生在文化践行上的自觉性。例如，社会主义核心价值观里有很多内容源自中华优秀文化，随着社会的发展却依旧没有过时，这是为什么？知史可以明智，中华优秀文化是在特定的历史条件下产生的，在讲解中华优秀传统文化的时候要将封建时期的特定历史条件作为背景，说明这一种文化在当时的社会中发挥出了什么样的作用，而将其放入现在这个时代里，它依旧符合我们的价值观要求，其根本原因是什么，激发大学生在学习中的问题意识，同时在课程中加上实例，让大学生在对比分析中感悟中华文化的魅力，在感悟中正思想，达到思想育人、文化育人的要求。

如今，我们在各种思潮的影响下，思想政治教育理论课理应充分发挥在价值引领上的作用，在历史与现实的对话里，充分发挥思想政治教育理论课程对大学生文化心理的塑造功能，激励大学生在历史和现实的交流中，在中华文化和外来文化的差异碰撞中，在我们所倡导的社会主义主流文化和各类思潮翻滚的区别对比中去体会中华文化的独特性，以及在这个独特性之中去发现中华文化之所以能够源远流长，不断被继承和发展的原因，在分析和体会中去感悟中华文化的魅力。与此同时，将社会主义核心价值观作为思想政治理论课程的重要内容融入课堂中，充分发挥思想政治课程的价值引领功能，让大学生在多元的文化里坚持正确的政治方向，树立社会主义核心价值观。

（三）促进大学生全面发展的现实要求

大学生是社会发展的希望，是国家的未来，在社会发展中需要重视大学生这个群体，在整个教育的环节中努力将大学生培养成社会所需要的全面发展的有用人才。

1. 增强大学生对中华民族文化的认同感

一个国家、一个民族不能没有灵魂，如果一个国家的人民连自己本民族的文化和历史都不能认可的话，这个国家、这个民族也就不会走得太远，相同的，如果一个大学生连自己本民族的文化都不能认同的话，那么这个大学生在今后的道路上也就不会走得太远。国家现在提倡的是培养社会主义合格的接班人，这个合格的内在就包含了社会主义的时代新人所必须具备的德智体美劳全面发展等要素。在全国高校思想政治工作会议中，教育部就明确地提出了，我们所培养的大学生是在为社会主义培养接班人。社会主义的接班人，首先就应该要认同中华民族的文化，这样才能够更为深刻地对中国特色真信、真爱，才会在自己今后的发展中做一名有益于社会主义发展的有用人才，因此，在对大学生进行培养的时候，就应当将文化自信的内容纳入其中，引导大学生积极探索中国特色社会主义的文化，从历史与现实、理论与实践中感悟中华文化的魅力，从认知到认同，从兴趣到专注，从喜欢到习惯，吸收中华文化的精髓成为自己的内涵素养，提升自我，发展自我。

大学生对中华民族文化的认同、自信是一个双向互动、共同促进发展的过程。大学生在文化认同和文化自信的过程中提升了自我，促进了个人的全面发展，而在此过程中，当青年大学生这个群体能够真信、真懂、真用中华民族的文化，就能够将文化的精髓体现在生活习惯、生活方式的方方面面，也就能够将中华文化的底蕴化为实际生活的一部分，与生活方式一起，随着社会的变化发展而变化发展。思想政治教育传输的一个重要环节就是使大学生在上课及课下学习知识点时，能够将课程中所要传输的思想内化成为自身的素养，融会贯通到生活的方方面面，令大学生能够成为社会所需要的有用人才。对大学生文化自信培育的过程中，使其内化也是其中最为重要的一个环节。中华民族的文化是中国特色社会主义的魂，是我们的精气神，不可丢不可弃，相反，我们对待中华民族的文化时要将其发扬光大，在这个过程中单纯地利用课堂教学的灌输式讲授只是传授的一个小部分，更重要的一个环节是利用图片、视频、故事引发大学生对中华民族文化的兴趣，最后达到学习的升华，让大学生自己内化文化知识，将文化自信融入自己的骨血之中，成为自身素质的一部分，体现在生活的各个方面，修养自我，这样才是真真正正地从型到义、从神到实地学会了文化自信的内容。

2. 提升大学生自身思想政治觉悟

国家的兴衰与否、发达与否与每一个人有着巨大的关系，是唇与齿的关系，每个人都应当将家事国事天下事当作自己的事情去关心、去关注。而大学生则应当在感悟中华文化基因传承的过程中，形成正确的价值观，爱国、爱党、爱社会主义，这不仅仅是文化自信培育所需要达到的教育目的，也是促进大学生自身形成思想政治素养的重要方式。

大学生思想政治素养的提升，首先就表现在思想方面，比如是否拥有崇高的社会理想，是否拥有正确的价值观。在对大学生进行文化自信培育的过程中不可避免地需要将社会主义先进文化的内涵、主要的表现形式以及现阶段的模范人物拿出来，与学生们进行交流讨论，在此过程中对比先进人物与自身的差距，对比社会所需要的有用人才应当具备的素质与个人之间的距离，以此激发大学生提升自己的觉悟，从而促进大学生自身更加全面的发展；其次大学生思想政治觉悟的提升还应当表现在政治态度方面：是否遵纪守法，是否热爱我们的祖国，是否拥护中国共产党的领导，是否热爱社会主义以及是否关心国家的事情、积极参与政治学习等。而在对大学生进行文化自信培育的过程中，首先开始的起点就是引导大学生正确地认识中华优秀传统文化。中华优秀传统文化之中内在地包含了我们的祖先对家国的热爱以及为了祖国的领土不受他国染指所做出来的一系列爱国行为。不断加强对革命文化的讲解，这是文化自信培育的重要内容。在革命时期，我们的革命先烈们为了山河的统一，为了我们的主权不受他国侵害，为了自己的同胞不再被欺辱，他们为大家舍小家、牺牲自己、成全后世的英勇事迹，形象地给我们展示了信仰的力量、展示了中国共产党为什么能行、也展示了今天我们社会主义和谐社会的来之不易。对大学生进行的文化自信培育的内容之中就能够包含对大学生思想政治素养提升所需要的内容，因此对大学生进行文化自信培育的过程也是提升大学生政治素养的过程。

3. 提升大学生个人修养

大学生作为青年一代，有理想、有知识、有文化，是国家和民族的希望，因此，在对大学生进行培养的时候，不仅仅需要传授他们知识，更重要的是用科学的理论武装他们的头脑，提升他们的个人修养，塑造全面发展的大学生。马克思提出要促进人的全面发展，人的全面发展，不仅仅是指人自身劳动力的发展，更重要的是能够在道德品质上严格要求自己，使得自己成为一个德智体美劳全面发展的新时代大学生。在对大学生进行文化自信培育的过程中，大学生从文化的角度去认识中华大地的魅力，从祖先那里学习他们修身齐家治国平天下的自我要求和广阔的胸怀，从革命先辈那里学习他们天下兴亡匹夫有责，国事家事天下事事事关心的爱国主义情环，从新时代的楷模那里学习他们艰苦奋斗、开拓创新以及无私奉献的精神，这些种种精神都有助于对大学生思想的提升，增强个人的道德修养水平。

现如今，社会对人才的渴求不再仅仅局限于对大学生文凭的要求，现在许多企业在关注大学生自身学习和工作能力之余，更加看重大学生自身的道德素质，2000 年以来，就有报道指出，有人在去企业求职的过程，遇到了扶扫把、捡垃圾等题，考验求职者是不是具备一定的素质，能够发现问题并且对不文明的事情有所作为，考验求职者讲文明、懂礼仪、热爱集体等一系列道德素养。这就说明，增强个人底蕴，提升个人修养已经不再是一种个人对自己的高要求，也是一种社会所发展的方向，也就从正面说明了大学生提升个人修养的重要性，以及从侧面反映了学习文化知识、增强个人魅力的重要性，说明了高校对大学生提升文化自信培育的重要意义。

二、大学生文化自信培育的目标

作为当代大学生，我们应该珍视和尊重中国特色社会主义文化（即优秀传统文化、红色革命文化、社会主义先进文化），继承和发展中国特色社会主义文化，保持对外来文化的理性认识，秉承中国特色社会主义文化的坚定信念，坚持不懈的追求和向往。只有厘清主流文化与外来文化的关系，才能以理性的眼光和态度看待文化自信培育的必要性和紧迫性。只有了解中国特色社会主义文化的演变史，着眼于中国特色社会主义文化的发展前景和优势，明确中国特色社会主义文化的世界地位，才能建立起高度的文化自信，才能走向世界、面向未来，才能将个人的理想融入实现中华民族伟大复兴的中国梦的进程中。培育大学生文化自信就是要通过多种形式的教育教学手段，全方位的人才综合测评，指导学生对中国特色社会主义文化有全面的了解和认识，对文化高度自信。

（一）全面掌握主要内容

充分掌握中国特色社会主义文化的主要内容，要求我们全面了解中国特色社会主义文化，努力提升大学生对中国特色社会主义文化价值观的认识。优秀的中国特色社会主义文化体现了中华民族五千年的文化精髓，是中华民族智慧的结晶，是中华民族发展的见证，是历史悠久的精神财富。目前，当代大学生在了解掌握中国特色社会主义文化的过程中，存在着了解片面、认识不全面的情况，这使得一些大学生对中国特色社会主义文化认知方面有所偏差。培育大学生文化自信就是要将中国特色社会主义文化的主要内容渗透在教学和生活当中。大学生认识、了解、掌握中国特色社会主义文化的主要内容是大学生文化自信培育的基础。

（二）引导学生自觉践行

引导大学生积极宣传、自觉践行文化自信的基本内容。中国特色社会主义文化是中华民族传统文化、时代精神和先进现代文化相结合的产物。要坚定、保持中国特色社会主义文化的价值和生命力，让学生真正了解和相信中国特色社会主义文化。大力弘扬和发扬中国特色社会主义文化，自觉参加社会主义文化建设。除此之外，文化应该是多元的、发展的，所以单纯地阻碍外来文化的进入是不理智、不科学也是行不通的。培育大学生文化自信要让大学生对外来文化有理性的认识，培养大学生理性看待外来文化在本民族的发展。既要防止大学生对外来文化的盲目崇拜，又要防止全盘否定，必须始终秉持理性的情感与态度，坚持包容借鉴的理念，了解辩证选择的重要性，在保持文化遗产的主体性的同时学习外来文化的优秀部分，增强文化的兼容性。

（三）提升整体文化修养

提升大学生整体的文化修养。如何加强现代大学生的德育教育，培养他们的文化素养和学科专业水平，成为具有良好的思想道德素质、高度的法律意识和高素质的守法人才，是大学生文化自信培育面临的一项重要而艰巨的任务。大学校园具有无限的魅力，会激发学生的主动性、热情、活力、创造力和想象力。大学生的文化修养可以通过课堂教学，以及参与校园文化活动得到提升。通过不同形式的主题教育活动，例如学校文化月开幕式、新入学教育、毕业典礼等环节加强学校青年学生对学校办学历史、办学传统、学科建设和育人教育的了解；依托科技文化艺术节，组织经典读物和主题演讲，充分利用博物馆、纪念馆等社会资源，开展志愿者活动、社会实践活动等主题活动，将活动中融入中国特色社会主义文化的内容，切实贯彻中国特色社会主义文化在大学生学习和生活的各个方面，在建设校园文化氛围当中潜移默化地影响并提升大学生的文化修养。好的文化修养是一个人气质的体现。“修身，齐家，治国，平天下。”“修身”在首位，是重要的基础。在经济高速发展、科学技术水平发达的今天，大学生的知识储备的多少、学习水平的高低，都不再是决定未来命运的唯一衡量标准，好的文化修养是提升个人魅力的重要途径，道德素质和人文素养日益影响个人发展和个人命运。

第三节　大学生文化自信培育的原则与方式

一、大学生文化自信的培育原则

大学生文化自信的培育原则，是人们在对大学生文化自信培育活动中必须遵循的基本准则。依据对大学生进行高度文化自信教育的客观规律，确定培育当代大学生文化自信的主要原则为引导性原则、民族性原则、开放性原则和渗透性原则。因此，要开展大学生文化自信的培育活动，关键是准确把握引导性、民族性、开放性和渗透性等原则，为进一步探讨提升当代中国大学生文化自信的有效途径和手段提供指导。

（一）引导性原则

所谓“引导”，兼有带领和指引两层含义，所谓引导性原则，就是指在日常工作中，用“引导”代替权威和命令，在引导中让学生主动地去参与，发挥他们的主体作用。引导原则要求发挥教育者的主观能动性，按照受教育者的认知规律和心理特点，引导受教育者主动地对自己的思想品德状况进行自我思考、自我分析，并自觉地按照一定的社会思想品德要求进行自我教育，对自己的思想品德进行修正和提升，使其符合社会主义的价值观取向和思想品德要求。

高校作为育人的主要场所，其目标是帮助大学生拥有积极、健康的人生态度，提高大学生的思想道德素质和文化素质，提高大学生认识世界和改造世界的能力。高校教育的最终目的是培育和造就德、智、体、美全面发展的社会主义合格建设者和可靠接班人。具体来说，一是向学生传授先进思想和科学真理。高校教育工作者必须理直气壮地向学生宣传马列主义理论，党的路线、方针、政策，宣讲社会主义核心价值观，切实做好社会热点、难点问题的宣传解释工作，引导和帮助其坚持马克思主义科学世界观和方法论，使其在形成学科认知结构的同时，精神境界也获得提升。二是帮助部分学生转变错误的立场、观点和方法。对部分学生的错误观念、糊涂认识的产生和蔓延必须保持高度的警觉性，对错误必须进行严肃的批评而不能姑息纵容。批评的目的是弘扬正确的思想，使学生的思想回到正确的轨道上来。因此，破与立必须两手抓，在破除错误认识的同时积极确立正确观念，“以正祛邪”。三是提高学生的思想觉悟和认识世界、改造世界的能力。随着对外开放的不断扩大、社会主义市场经济的深入发展，我国社会经济成分、组织形式、就业方式、利益关系和分配方式日益多样化，人们思想活动的独立性、选择性、多变性和差异性也日益增强。作为塑造大学生精神和灵魂的高校教育，必须注重对学生健康人格和个性的培育与塑造，提高学生的思想觉悟，帮助学生树立远大理想和拼搏精神，帮助学生树立终身学习和勇于创新的观念，锻炼良好品行和高尚情操，提高实践能力和创新能力。注重引导性原则是培育人才的需要。

为了将引导性原则更好地贯彻到高校教育工作中，提升大学生文化自信心，可以从以下方面着手：

一要牢牢把握大学生思想教育的基本目标。高校教育工作者应该全面把握建设中国特色社会主义对当代大学生的要求，明确大学生教育的基本目标，正确选择大学生教育的内容。唯有如此，当代大学生教育工作才能目标明确，有的放矢，取得实效。《关于进一步加强和改进大学生思想政治教育的意见》明确规定了加强和改进大学生思想政治教育的指导思想、基本原则和主要任务，是广大高校思想教育工作者从事大学生思想政治教育工作的科学依据和行动指南。广大高校教育工作者应该认真学习，深刻领会，牢牢把握。

二要认真调查研究大学生思想品德的基本状况。当代大学生作为拥有较高文化素质水平的青年群体，较之其他教育的对象更具复杂性。高校教育工作者特别是政治辅导员，要努力通过一切可能的渠道和途径深入了解当代大学生，倾听他们的心声，了解他们的诉求，体谅他们的苦衷，追踪他们关注的社会和人生中的热点、难点问题，真正解决他们在学习和生活中遇到的实际困难和问题。在调查研究的过程中，高校教育工作者必须善于换位思考，以平等的身份设身处地地从大学生的角度思考问题，以平等的姿态与大学生进行思想交流，主动走进他们的心灵世界，消除他们的距离感，扫除沟通的障碍。

三要巧妙进行教育过程中的自然衔接与合理过渡。当代大学生作为受教育者是具有主体性的个体，对各种思想道德信息的理解和真正接受，都是以其自身的判断、选择、内化等一系列内在思维运动为基础的。因此，当代大学生接受教育的过程实质上是一个能动的自我思考、选择和自我教育的过程。高校教育工作者的任务就在于引发这个过程。而能够促进或引发当代大学生主动进行自我思考、自我选择和自我教育的只能是当代大学生在成长成才中遇到的实际问题，如思想上的困惑、现实中的需要，以及他们关注的社会热点、难点问题等。高校教育工作者首先要因势利导，紧紧抓住他们的心理，促使他们更加清醒地审视自己，反思自己的所思所想、所作所为，意识到自己的不足，主动地寻求解决问题的办法。在此基础上，用科学的观点、理论对这些问题进行有说服力的分析，把当代大学生的思想引到正确方向上来，引到中国特色社会主义对他们的思想政治道德要求上来。高校教育工作既要让大学生坚持社会主义先进文化的前进方向，又要增强大学生对社会主义核心价值体系的认同，引导大学生对社会主义先进文化的价值和生命力保持高度的自信。让当代大学生真懂、真信马克思主义，使当代大学生真正成为繁荣发展社会主义文化和实现中华民族伟大复兴中国梦的脊梁。

（二）民族性原则

民族是人们在一定的历史发展阶段形成的具有稳定的共同地域、共同经济生活、共同语言以及表现出共同心理素质的共同体。这种共同的地域、共同的经济生活、共同的语言以及与此相联系产生的共同的文化传统，决定了这个群体在文化观念上具有不同于别的民族的基本特点。这就形成了我们所说的民族文化。

任何民族都具有与其他民族不同的文化，共同的文化是维系民族存在的最根本的纽带，也是一个民族安身立命的精神家园和民族现代化进程中的精神资源。如果一个民族失去了自己的民族文化，那么，这个民族也就不复存在了。因此，面对经济全球化浪潮的强势推进，外来文化的强势渗透，现代科学技术的强劲发展，社会主义市场经济体制逐步完善的现实环境，现代高校教育必须坚持民族性原则。毫无疑问，经济全球化对当代社会的影响是深刻而深远的，它触及并改变着世界经济、政治、文化格局，构成现代世界每个民族、每个国家乃至每个人发展的新环境，使面向世界成为社会与个人发展的基本向度。但是，在经济全球化过程中，发达国家以强大的科学技术和经济实力，主导着世界的游戏规则。作为应对全球化挑战的基本策略，世界各国尤其是广大的发展中国家，为了维护国家的主权和独具特色的民族文化，就必须在现代化建设的过程中继续坚持民族特色、民族风格、民族气派。民族化是全球化发展的基础，如果过分强调全球化发展趋势，就会演变成搞全球一体化、模式化，这种极端性的发展势必会否定民族特色，阻碍民族化发展步伐。但同时我们所讲的民族化并非全面否定经济全球化强势推进的发展事实，走向封闭主义和狭隘的民族中心主义，而是坚持走中国特色社会主义发展道路，在不丢掉根和灵魂的情况下对全球化的产物有所选择，用以壮大中国的综合实力，实现中华民族的伟大复兴。

高等院校作为下一代人才培育的基地，更是要在大学生文化自信培育过程中贯彻民族性原则，使大学生能够时时刻刻注意到自身作为中华儿女所肩负的使命。在培育大学生文化自信过程中，坚守民族性原则，要做到以下几点：首先就是要坚持和发展主旋律教育，培育面向现代化、面向世界、面向未来的高素质人才。经济全球化的本质就是生产、科技、贸易、投资、金融的全球整体联系和相互影响的增强，但这并不等于全球一体化。经济全球化使高校培育大学生文化自信遇到了新的挑战。一方面，要积极参与经济全球化的过程；另一方面，也强调维护社会主义国家的安全、国家利益、国家主权。这样的主旋律教育才能更加体现时代性。在以和平与发展为主题的开放时代，高校教育必须坚持民族性原则，高扬爱国主义、社会主义、集体主义教育的主旋律。另外，高校教育还必须坚持和加强中华民族优秀文化教育。中华民族拥有自己极富特色的优秀文化，其中像“天人合一”“己所不欲，勿施于人”等文化理念已经成为当今世界解决人类生存与发展面临的诸多问题的重要法宝。坚持和加强中华民族传统文化教育，不仅可以进一步弘扬本民族的优秀文化，更重要的是可以增强民族凝聚力，提升我国综合国力和民族核心竞争力，这是实现国家富强、人民富裕的基本条件，也是在全球化进程中有所作为的基本前提。

（三）开放性原则

所谓开放性原则是指高校教育要适应我国社会发展全面开放和思想观念多元化的特点，正确处理思想政治教育指导思想的一元化和社会思想观念的多元化的关系，建立具有开放性的思想政治教育内容、方式方法体系和运行机制。开放性原则就是在思想政治教育的过程中既要处理好思想意识一元与多元的关系，也要处理好继承与发展、借鉴与创新的关系。最核心的就是要处理好思想意识一元与多元的关系。开放性原则主要包括三个方面的内容：

第一，正确面对并处理好思想领域一元与多元的关系。经济基础决定上层建筑，改革开放以来，随着我国社会的经济成分的日趋多样化，网络的普及发展，社会意识和社会价值观也呈现出多样化的趋势。这种多样化是社会进步的表现，它对繁荣中国特色社会主义文化，满足人民群众的精神文化生活需要，激发人的活力必将产生积极的影响。但是，社会意识多样化在带来积极影响的同时也不免产生一些负面影响，尤其是当前网络新媒体的出现，它具有海量信息承载、碎片化信息传播、虚拟化信息传播环境等特征，我们“必须把意识形态工作的领导权、管理权、话语权牢牢掌握在手中”①，正确处理好一元和多元的关系。

第二，要正确处理好继承与发展的关系。在对待中华民族的优秀传统文化上，要正确处理好继承与发展的关系，做到“古为今用”。在对待中华民族的优秀传统文化上，既不能全盘否定，也不能全部肯定，应加强研究，取其精华，去其糟粕，做到有批判的继承，古为今用，推陈出新。

第三，还要处理好借鉴与创新的关系。对待国外的思想文化，要进行“扬弃”，做到“洋为中用”。在当前网络的开放性环境下，各种国外的思想文化鱼龙混杂，海量传人，必须学会“扬弃”。要科学分析，对那些反映社会化大生产客观规律和工业文明的东西，要结合我国的实际情况进行吸取、借鉴，创造性地恰当运用。对那些反映资本主义奢靡的东西要旗帜鲜明地坚决反对。

坚持开放性原则是新形势下增强高校教育实效性的客观要求。在高校教育过程中，随着改革开放的深入，要认识到如何对待传统文化，如何对待外来文化。而要处理好这些问题，高校教育就必须坚持开放性原则。不能像过去那样，不分青红皂白，只要是外来的就一棍子打死，只要是传统的就是糟粕，只允许意识形态的一元存在。这种做法已远远不能适应市场经济体制和改革开放条件下的高校教育了。同时，随着网络的迅猛发展，网络的多媒体化、实时性、数字化、交互性、大众传播与人际传播兼容等技术特点，实现了高校教育机制和教育形式的创新，使高校教育的形态从平面化走向立体化，从静态变为动态。但是，网络的发展也是一把双刃剑。一方面，作为一种新的传播技术和交流工具，传输快捷，交互性强，覆盖面广，为高校教育的创新提供了新机遇；另一方面，网络的多元性容易消解高校教育主体的权威性。因此，必须以开放的胸襟对待网络给高校教育带来的严峻挑战，正确处理思想意识一元与多元的关系，也要处理好继承与发展、借鉴与创新的关系，做到兼容并蓄、博采众长，吸纳、凝聚一切有益的思想成果，提高高校教育的有效性。

高等院校在教育过程中坚持开放性原则必须遵循以下基本要求：

第一，坚持高校教育中继承性与时代性的统一。高校教育既有时代性，又有继承性。这就是说，每个时代的高校教育都有其特点，但是后代人的教育方法又总是从前代继承而来。因此，我们构建社会主义和谐社会，加强高校教育，既要坚持它的时代性，又要坚持

① 黄秋生，陈元，薛玉成．当代大学生文化自信现状及培养研究 [M]. 北京：团结出版社，2017：104.

它的继承性。不坚持时代性，就模糊了他的性质；不坚持继承性，便没有民族特色。我们必须立足于当代，从所处的时代出发，有选择的继承传统价值观的优秀遗产，也就是要“取其精华，去其糟粕”。我们必须以博大的胸怀继承和发扬传统思想政治教育中一切优秀的东西，在传统的思想政治教育方法中吸取丰富的营养。在人类历史的长河中，社会经济和政治总是不断发展的，人类的教育也必然随之不断发展。因此，构建与社会主义和谐社会相适应的高校教育方法论必须以创新的精神作为自己的灵魂，正确处理继承与创新的辩证关系，坚持推陈出新，与时俱进，充分体现时代要求。

第二，坚持高校教育世界性与民族性相结合。高校教育既要面向世界，善于借鉴和汲取其他民族有益的精神文化成果，又要发扬中华民族的优良传统。这就要求我们既要克服狭隘民族主义，切忌抱残守缺、妄自尊大，要以世界历史的眼光和“拿来主义”的勇气，对外来文化批判地加以吸收；也要自觉摒弃“全盘西化”的错误思潮，克服民族虚无主义；要有“以我为主，为我所用”的主体意识，要有批判继承、综合创新的理性自觉，牢牢把握社会主义教育这个主流方向。因此，我们必须以开放的胸怀大胆吸收和借鉴人类社会创造的一切文明成果。

第三，要坚持高校教育主导性与多样性的统一。加强高校教育必须既提倡多样化，又坚持弘扬主旋律。尤其在网络时代，做好网上舆论工作是一项长期任务，要创新改进网上宣传，运用网络传播规律，弘扬主旋律，激发正能量，大力培育和践行社会主义核心价值观，把握好网上舆论引导的时、度、效，使网络空间清朗起来。要利用新媒体受众广的特征，有效利用好微博、微信对真善美等主流价值观的传播引领作用。

（四）渗透性原则

培育大学生文化自信，必须坚持渗透性原则。只有坚持渗透性原则，才能夯实大学生保持文化自信的基础，才能形成培育大学生高度文化自信的合力，使当代大学生在潜移默化中提升对中华民族传统文化和中国特色社会主义文化的信心。所谓渗透性原则，指高校教育要遵循人的思想受“综合影响”形成与“渐次发展”的规律①，积极努力将高校教育渗透到经济工作、文化工作、管理工作等各方面工作乃至日常生活中去，与各项具体工作有机结合起来。

渗透性原则在大学生文化自信培育过程中起着至关重要的作用。首先，只有坚持渗透性原则，才能形成大学生文化自信培育的合力。要想取得一加一大于二的功效，让大学生文化自信培育取得实实在在的成效，就必须集合单个个体分散、单薄的力量，让各个教育因素参与到文化自信培育中来。渗透性原则恰恰能使大学生文化自信培育融入教育工作的各个环节中，汇聚起诸种教育因素的力量。也就是说，渗透性原则解决了大学生文化自信

① 陈万柏，张耀灿．思想政治教育学原理（第2版）[M]. 北京：高等教育出版社，2007：211.

培育过程中单个教育因素力量单薄的问题，有利于形成大学生文化自信培育的综合作用力。其次，只有坚持渗透性原则，才能避免大学生文化自信教育成为单纯的说教，使其产生实际的效能。大学生文化自信培育的最终目的是要通过引导大学生改变错误的思想观念，改变其行为，进而激发大学生作为社会主义建设接班人的内生力量，从而为中国梦和中华民族的伟大复兴注入新的血液。渗透性原则避免了“两张皮”和“空头说教”的弊端，遵循了人的思想受“综合影响”形成与“渐次发展”的规律，通过潜移默化的形式完成大学生文化自信的培育。最后，坚持渗透性原则，适应了大学生文化自信培育市场化、社会化的需求。新时期，随着生产的社会化、现代化和市场化，人的自主意识逐渐增强，衍生出各种市场经济的思想观念。尤其是随着现代传播媒介的出现，社会环境对人的影响越来越大。渗透性原则恰好适应这种新形势的要求，通过借助各种传播载体，使大学生文化自信培育逐渐从课堂转向生活，从显性教育转向隐形教育，从而推动大学生文化自信培育的与时俱进。

既然渗透性原则在大学生文化自信培育过程中具有如此重要的意义，那么，我们必须找到将渗透性原则贯彻到培育过程中的良策。要想将渗透性原则自始至终贯彻到大学生文化自信培育的过程中必须做到以下三点：一是要将大学生文化自信的培育切实地渗透于大学生教育体系之中，与大学生的世界观、人生观、价值观以及大学生集体主义教育融为一体，提高大学生对社会主义核心价值体系和马克思主义意识形态的认同度，实现德育和文化素质教育的双赢。大学生文化自信培育教育并非独树一帜，而是与大学生世界观、人生观、价值观以及集体教育观一同构成了大学的教育体系，其中三观教育、文化知识教育是改变大学生思想观念的首要前提，只有让大学生真正了解中华优秀文化知识之后，才能有改变思想观念的可能，才能使大学生文化自信培育真正落到实处。二是要将大学生文化自信的培育渗透于高校各科教学内容和教学过程中，使文化自信有如涓涓细流渗透到当代大学生的头脑中，使大学生在潜移默化之中接受社会主义先进文化教育。大学生文化自信培育所面对的是来自不同地域、不同家庭氛围的教育对象，他们有着不同思想观念。如果通过强制灌输来培育大学生的文化自信，将会引发学生的排斥和反感，为此需要将文化自信养成教育渗透和内化至多个学科之中，让学生在潜移默化中接受、认可。三是要将大学生文化自信的培育渗透到丰富多彩的校园文化活动和社会实践活动中，使大学生在参加丰富多彩的校园文化活动和社会实践活动时感受社会主义先进文化的魅力，提高大学生对民族传统文化和中国特色社会主义文化的认可与认同。

二、大学生文化自信的培育方式

大学生文化自信的培育以及运行机制是一个系统工程，在其文化自信教育培育的过程中，必须掌握一定的培育方式，只有培育方式得当，才能通过其文化自信教育的培育真正树立起大学生对中华民族传统文化和中国特色社会主义文化的自信心，为全面建设文化强国准备一批又一批得力的生力军。具体而言，当代大学生文化自信培育方式主要包括：显性教育与隐性教育的有机结合、校内教育与校外教育的内外联动和线上教育与线下教育的共存互补。

（一）显性教育与隐性教育的有机结合

由于教育客体既是受教育的对象，又是自我教育的主体，所以在教育的过程中应将显性教育与隐性教育两种方式结合起来，使教育客体能够将外在教育内容主动内化为自己的思想，进而进一步外化为自身的行为习惯。俄国的教育家苏霍姆林斯基有句名言：教育是一种最为精细的精神活动。我们要把教育者对受教育者的影响比作音乐的影响。只有当教育者真正能够将有形的显性教育与无形的隐性教育有机结合之时，教育教学工作才能称之为成功的教育。

何为显性教育？有学者指出：“显性教育是指充分利用各种公开的手段、公共场所，有领导、有组织、有系统的思想政治教育方法。”① 也有人认为：“可将显性教育定义为道德教育主体组织实施的，直接对教育对象进行公开的道德教育的正规工作方式的总和。它并非单个方法的名称，而是一种类型方法的称谓。我国传统的道德教育就是以显性教育为主体的教育模式，显性道德教育是指德育工作者通过明显地、直接地向受教育者表明道德教育的目的、任务和内容的教育活动使受教育者受到影响的有形教育方式。”② 显性教育具有以下突出特性：第一，教育目标明确；第二，教育活动公开；第三，教育内容系统；第四，教育效果直接。在学校道德教育中，学生对道德经验的学习仅靠自发是无法完成的，而必须先通过特定的道德情境的刺激，由外而内逐步生成道德意识，形成道德自觉。学校往往通过采取正面直接的方式，引导学生确立坚定的政治信念，帮助他们树立正确的世界观、人生观、价值观，发挥着重要的政治导向作用。在对学生进行道德教育时，显性教育发挥着主体作用。道德知识以及受教育者对它们的理解，大多是通过课堂的显性教育完成的。然而，显性教育也存在一定的局限性，它容易使受教育对象产生逆反心理。因此，需要通过学生无意识的非特定心理反应，来潜移默化地影响学生，这就是隐性教育。

隐性教育作为显性教育的补充与发展，在一定程度上拓展了显性课程的领域，往往使“要我教育”的状况转变为“我要教育”。1968 年美国教育学家菲利普·W·杰克逊在其著作《班级生活》里首次提出“隐性课程”（hidden curriculum）概念。美国道德教育家柯尔伯格在《学校的德育环境》一文中进一步指出，“隐性课程作为道德教育的重要手段，比显性课程来得更为有力。”他认为：“虽然我们确定认为它不应该限于学校的正规课程。

① 王瑞孙．比较思想政治教育学 [M]. 北京：高等教育出版社，2001：278.

② 郭雪花．显性教育与隐件教育相结合的德育新模式研究 [D]. 厦门：厦门大学，2006：15.

事实上，我们可以通过开发隐性课程所提供的资料最有效地实现教育的目的……因为隐性课程乃是一种真正的道德教育课程，是一种比其他任何正规课程都更有影响的课程。”①国内学者贾克水等人通过分析“隐性课程”界定了隐性教育，“隐性教育是引导学生在学校教育性环境中，直接体验和潜移默化地获取有益于个体身心健康和个性全面发展的教育性经验的活动方式及过程。”②彭小兰等则全面系统地界定了思想政治教育中隐性教育的概念：“思想政治教育中隐性教育主要是指教育者以隐性课程、文化传统和环境情境为载体，引导学生在体验、分享中获得身心和个性发展以及价值观、理想信念和道德观念的活动过程及其方式。作为一种相对复杂的思想政治教育方法，从教育的意图与目的来看，隐性教育具有隐蔽性与暗示性；从教育的方式和路径来看，隐性教育具有间接性与渗透性；从教育的过程与结果来看，隐性教育具有体验性和分享性。”③正是隐性教育具有隐蔽性、愉悦性、灵活性等特征，使教育可以在生活中潜移默化地进行，也可以通过精心营造的心理环境和文化氛围进行，还可以通过物质环境的美的熏陶来进行。当然，隐性教育也有其自身的局限，例如无法完成系统理论教育功能，无法对教育过程进行直接的指导和调控等。因此，我们要善于把隐性教育和显性教育有机结合起来，使两者合理配置、扬长避短、相得益彰。

显性教育和隐性教育作为大学生自信培育教育系统中辩证统一的方法，两者彼此依存、相互联系、相互补充。缺少任何一方，整个大学生自信培育教育就是一个缺损的系统，无法发挥系统的最佳功能。因此，必须将显性教育与隐性教育在大学生文化自信教育培育的过程中有机地结合起来，把显性教育和隐性教育割裂开来和等同起来都是错误的。显性教育不能代替隐性教育，隐性教育也不能代替显性教育；同时既不能夸大显性教育的作用，也不能夸大隐性教育的作用。要使两者发挥在培育当代大学生高度的文化自信的积极效果，必须将两者适当地结合运用：一个作用于个体心理的有意识方向，另一个作用于无意识方向；一个作用于理性因素，另一个作用于非理性因素，这种相互补充，有益于充分发挥当代大学生文化自信的培育效果。

（二）校内教育与校外教育的内外联动

作为影响教育的环境因素有校内和校外两种因素。青年学生固然需要以学校教育作为主阵地，提高他们文化自信的程度，但是仍然需要通过校外教育来加深对自身文化的认知与感知程度，以此来提升大学生的文化自信。因此，需要将校内教育与校外教育内外联动，才能有效地促进大学生文化自信的培育。

校内教育有广义狭义之分。广义的校内教育也叫学校教育，产生于资本主义大机器的

① 皮连生．学与教的心理学 [M]. 上海：华东师范大学出版社，1997：97.

② 贾克水，朱建平，张如山．隐性教育概念界定及本质特征 [J]. 教育研究，2000（08）：37—42.

③ 彭小兰，童建军．论思想政治教育中隐性教育的四个维度 [J]. 江汉论坛，2009（03）：140—143.

生产时代，以夸美纽斯的“班级授课制”为理论支撑，是教育者根据一定社会（或阶级）的要求，有目的、有计划、有组织地对受教育者的身心施加影响，把他们培育成为一定社会（或阶级）所需要的人。也就是通过教育者对受教育者施加思想、政治和道德等方面的影响，并通过受教育者积极的认识、体验与践行，使其形成一定社会与阶级所需要的品德的教育活动。狭义的校内教育仅仅指要按照学校统一制定的教学计划，以班级授课制的方式，面向全体学生，完成规定的教学任务。一般情况下，所提及的校内教育是指广义的校内教育，即学校教育。作为影响人身心发展的外部环境因素之一的学校教育，以其自身所特有的职能的专门性、作用的主导性、组织的严密性、内容的全面性、手段的有效性、形式的稳定性等特点，在人的身心发展中起着难以替代的作用。然而，随着教育的发展，学校教育的不足之处开始频频暴露。具体地说，导致学校教育局限性的原因在于：一是教育主体的有限性，包括学生受教的有限性和教师施教的有限性；二是教育时空的有限性，学校作为人为设置的场所具有很强的人为性、目的性和简化性；三是教育资源的有限性，即教育投入的物力和人力有限。因此，为了保证学校教育的本体功能和其他社会教育形式的功能得到正确的发挥，我们有必要认识到学校教育功能的有限性，有必要将学校教育与校外教育资源有机结合起来，实现学生的全面发展。

何为校外教育？《中国大百科全书·教育卷》将其定义为：“由校外教育机构或社会团体领导和组织的、在学校教育教学计划范围之外对学生进行的多样化的教育活动。”《课外校外教育学》中则解释为：“少年宫、青少年宫、儿童活动中心、青少年活动中心、青少年科技馆、少年之家等校外教育机构对学生进行的多种多样的、有计划的、有目的的、有组织的教育活动。”沈德明在《校外教育学》中认为：校外教育是指在学校以外广阔的时间和空间里，学生通过社会文化教育机构和丰富多彩的社会政治活动、科学技术活动、公益劳动、社会服务、文化娱乐活动、体育活动，以及个人的课外阅读、栽培花草树木、自我服务等，所接受的教育。显然，前两种概念界定为狭义取向，而第三种界定更为广义。为了与校内教育（学校教育）对应，我们所指的校外教育选取第三种广义界定。实际上，校外教育作为我国教育系统中的一个重要组成部分，弥补了学校教育在时间、空间上的不足，使教育的时空界限得以打破，更加有利于个人的全面发展。校外教育强调教育与实际生活的有机结合，通过组织有益于青少年身心健康的文化娱乐活动，使他们的课余生活有一个更为广阔的活动空间。

在校外教育的丰富的实践活动之中，青少年能将书本知识赋予活力，化为自身的习惯。当然，校外教育也存在一定局限性：一是校外教育由于没有固定的教育主体与客体，也就缺乏了教师与学生在课堂上建立起来的亲密关系，自然教育效果会受到一定的限制；二是校外教育是在社会这样一个大环境中进行的，各种因素具有不可控性，为此，校外教育的目的有时不仅是为了学生着想，随着经济社会的发展，校外教育为营利而存在的目的逐渐凸显出来，这不利于引导学生身心健康发展；三是与学校教育高度集中的教育形式不同，校外教育具有分散性和随意性。

当代大学生文化自信的培育，应该让校内教育与校外教育内外联动，相辅相成，互为补充。通过学校内有目的、有计划、有组织地对大学生进行知识教育和价值培育，提升其对优秀传统文化的认知和对先进文化的认同，以培育其高度的文化自信；与此同时，在学校以外广阔的时间和空间里，通过丰富多彩的社会实践活动，包括参加各种类型社会文化艺术活动、参与各种大型诗歌朗诵会和参观具有优秀文化资源的博物馆等校外教育，增强大学生的文化自信。

（三）线上教育与线下教育的共存互补

知识经济和信息时代的到来，使信息技术成为了促进教育发展的重要手段。今天，线上教育在世界范围内得到了前所未有的发展，逐渐成为整个高等教育体系的重要组成部分。这就决定了线上教育和线下教育在大学生文化自信培育工作中应该共存互补。也就是说，一方面，我们既要牢牢把握线上教育的主动权，使网络成为弘扬主旋律、开展先进文化教育的重要渠道；另一方面，我们也要加强线下教育，确保高校教育的向心力与凝聚力，发挥高校培育学生文化自信的主阵地作用。

对于“线上教育”（Online Education，即在线教育）一词并没有一个统一的定义，常同以下一些名词混用：网络教育、网上教育、远程教育、开放教育、虚拟教育。与线上教育含义最为接近的是网络教育，而对于网络教育主要有两种不同的理解：“1. 网络教育就是运用多媒体网络资源，进行教育教学活动。也就是网络环境下的教育。这里所说的网络，包括计算机网络、卫星电视网络、电信网络等。教育教学活动既包括非面授方式，也包括面授方式。2. 网络教育就是现代远程教育，是远程教育发展的最新形态（远程教育的发展，经历了四个历史阶段：函授教育、广播教育、电视教育、网络教育）。网络教育的方式主要是通过多媒体网络和以学习者为中心的非面授教育方式。”[①]

那么，到底何为线上教育？所谓线上教育，是指通过互联网以及其他相关信息通信技术而进行的教育活动，其教学系统除了施教者和受教者之外，还包括教学技术平台、教学资源库和学习服务系统。线上教育并非传统教育在网络上的简单延伸，它是一种依托信息网络技术进行的跨越时间空间的教育活动，克服了传统教育受时间空间、教育者年龄和教育环境等方面的限制。与传统教育相比，线上教育凸显了独具特色的优势：其一，拓展空间和增强时效。传统教育仅局限在课堂这个狭小的空间，而线上教育方式的出现，可以使受教育者随时随地进行自主的学习，从而改变获取知识的方式，增强了学习的时效性。其二，主体间地位的平等性。在信息共享的环境下，网络信息具有选择性、平等性和去权威

① 南国农．信息技术教育与创新人才培养（上）[J]. 电化教育研究，2001（08）：42—45.

性，线上教育过程中教育者与受教育者是两个平等的主体。其三，学习意识的创新性。线上教育从传统教育灌输、说教中摆脱出来，学生由“学会”转向“会学”，在一定程度上有效地锻炼了他们的发散性思维、创造性思维。尽管线上教育有其独有的优势，但也有其固有的缺点，即过度依赖于信息技术，相对缺乏人性化的元素。

线下教育（Offline Education）有广义狭义之分，广义的线下教育是指除线上教育之外的一切教育活动；狭义的线下教育仅仅指面对面现场授课这种形式的传统教育模式，它重视系统知识传授，强调创设轻松和谐的氛围，将情绪、情感等非智力因素综合协调组织，发挥情感最大功能，以情育人，以情动人。相对于线上教育，线下教育的优势主要体现在以下几个方面：一是高度的情感交流。在传统教学模式中，教师言传身教，与学生进行面对面的交流，存在着情感渗透；学生与学生之间通过课堂共同学习，可以更好地适应集体环境，体验集体生活。这种人与人之间的情感交流对于集体意识的形成和协作精神的培育都起着积极作用。二是系统的教育管理。传统教育教学系统性强，教育管理严格规范，教育环境好，学习效率高。传统教育所拥有的系统的教育管理机构和完备的教育管理制度，能够对学生行为进行有效管理和监督。三是完美的人格教育。传统教育所实施的不仅是知识教育和技能教育，它还包含了人格教育和人生教育，注重学生德、智、体、美、劳全面发展。对学生进行世界观、人生观、价值观的教育，让学生享受文化熏陶、启迪人生智慧，是传统教育一直重视和强调的。然而，线下教育，特别是传统教育模式也具有自身的弊端：一是知识灌输，教师作为知识传授者通常通过单方面的灌输来进行知识的教育；二是时空局限，传统教育往往局限于校园内、课堂上；三是个性忽视，传统教育班级教学难以完全照顾到学生个体的差异性与多样性。

在大学生文化自信培育中，无论是线上教育还是线下教育都存在自身的优势与不足，不能简单地互相取代，而应当彼此共存，取长补短。一方面，要注重大学生文化自信的线上教育，依托信息网络技术进行跨时空文化自信教育活动，建设好融知识性、趣味性、艺术性于一体的文化自信主题教育网站等；另一方面，加强大学生文化自信的线下教育，发挥教师的主导作用，体现情感交流功能，凸显传统课堂在培育学生文化自信的主阵地作用。简而言之，要有效培育当代大学生高度的文化自信，必须实现线上教育的及时性与线下教育的人本性的有机结合。

第四节　优秀传统文化与大学生文化自信

一、优秀传统文化是培育大学生文化自信的重要源泉

中国特色社会主义文化与中华优秀传统文化带有同一血统，跟随着时代的发展，中华

优秀传统文化本身能够不断发展，能够契合于中国特色社会主义文化的发展之中，这样的优秀传统文化必定有助于培育大学生的文化自信。

（一）中国特色社会主义文化源自优秀传统文化

中国特色社会主义文化虽然包含中华优秀传统文化、革命文化和社会主义先进文化三个层面，但从本质上说，中国特色社会主义文化源自中华优秀传统文化。天人合一、仁者爱人、和而不同、自强不息等思想滋养着中国特色社会主义文化。从中华优秀传统文化这一源流中提炼出的思想还为世界的发展贡献出了中国智慧和中国方案。走和平发展道路、社会主义核心价值观、“一带一路”倡议、人类命运共同体等思想都源自中华优秀传统文化。中国特色社会主义文化源源不断地得到优秀传统文化的滋养，优秀传统文化与中国特色社会主义文化愈来愈契合，如果割裂了优秀传统文化这一文化血脉，那么中国特色社会主义文化就不会得到滋养，更别提发展繁荣了。

文化的一个重要特征就是历史继承性，前一个阶段的文化为后一个阶段的文化奠定基础，提供重要的资源。优秀传统文化为革命文化的发展奠定了重要的基础，社会主义先进文化同样是在优秀传统文化和革命文化的基础上得以发展。要想中国特色社会主义文化更加发展繁荣，使中国真正成为一个社会主义文化强国，必须继承优秀传统文化基因，不能够抛弃传统，丢掉根本，丢掉我们民族的精神命脉。就像习近平同志说的那样，中华民族在几千年历史中创造和延续的中华优秀传统文化，是中华民族的根和魂。今天的中国特色社会主义文化是从中华优秀传统文化基因中产生发展起来的。

（二）优秀传统文化有助于培育大学生文化自信

当前中外文化正处于较为激烈的交流与碰撞之中，在这样的情况下更应该拿起中华优秀传统文化这一坚固的利器来牢固树立大学生对自身民族文化的自信心。中华优秀传统文化正是增强大学生文化自信的有用武器，运用好中华优秀传统文化必然有助于培育大学生的文化自信。

优秀传统文化一个很重要的特征就是它可以与时代发展相连接而推陈出新。优秀传统文化在新时代得到了发展和创新，被赋予了新的时代内涵，对于人际关系、社会关系和国际关系都有重要的作用。在对中华传统文化进行创造性转化和创新性发展中应该坚持取其精华、弃其糟粕，经过几千年历史发展的中华传统文化不可能完全适应当今时代的发展，要坚持马克思主义辩证思维方式，要有鉴别地加以对待，有扬弃地予以继承，对传统文化中的有益因素加以继承，对传统文化中的消极因素必须摒弃，才能有助于培育大学生的文化自信。

二、优秀传统文化是培育大学生文化自信的宝贵财富

历经几千年岁月的洗礼，优秀传统文化自身能够培育大学生文化自信的基因非常丰富，不论是语言文字、宗教、哲学还是道德情操、风俗习惯、科学技术等都能够培育大学生的文化自信。

（一）优秀传统文化蕴含独特的思想观念

中华民族经过5000年的发展历程，其中有大量经过历史检验的文化被保留了下来，这些文化有着极其高的价值，尤其是其中的一些核心思想观念对大学生们产生了极为重要的影响，不断塑造着他们的价值观念，同时提升了他们文化自信的程度。

1. 道法自然、天人合一的思想

“道法自然、天人合一”的思想体现了人类与自然界相互联系、形成和谐关系的路径。道教非常向往人与自然万物的和谐，道教认为，想要达到和谐可借助“道”。“道法自然”主张的是人与自然的和谐共生，是在共同遵循自然法则下的天人和谐。道教认为为了实现人与自然的和谐共生，人类要依据自然法则而生活。“天人合一”的思想也是极为重要的一种思想。《中国哲学大辞典》中指出“天人合一”是天与人、天道与人道、自然与人为相统一的学说。“天人合一”的思想有着悠久的发展历史，从上古时期的人神合一到西周时期的天命论，再到孟子、庄子等提出的思想，中国古代“天人合一”思想的影响力逐渐增强。“天人合一”的思想特别重视人与自然之间的融洽和谐，体现了人与自然是相互依存的。“道法自然、天人合一”思想深刻影响着大学生们的世界观，增强了他们保护环境、维护生态平衡的意识，对他们认识和改造世界带来有益的启迪。

2. 革故鼎新的思想

革故鼎新的思想是中华民族生生不息的文化基因。相传中国古代的商汤将夏朝灭亡后，采取了“改正朔，易服色，尚白，朝会以昼”的改革措施，随后又命人将夏禹时铸造的九个铜鼎即夏王朝的镇国之宝搬到了商王都，后人即称“革故鼎新”。《周易》强调“天地之大德曰生”“生生之谓易”，也就是说世界万物处于一个不断变化的过程之中。怎样才能够适应这样的发展变化呢，那就是革故鼎新。《周易》中也肯定“天地革而四时成，汤武革命，顺乎天而应乎人”。可以看出，革故鼎新就是要去除旧东西，建立新的东西。革故鼎新的思想贯穿于我们的日常生活之中，每到快过年的时候，人们就会进行大扫除，有扫陈迎新的说法。春节放鞭炮寓意着辞旧迎新，而现在很多地方会规定放鞭炮的时间和地点，这是在继承优秀传统习俗的基础上适应当今社会的发展而提出的一项新的举措，是对革故鼎新思想的新发展。正是一次次革故鼎新带来的一次次新的发展，中华民族才能够

越来越接近实现中华民族伟大复兴的中国梦。革故鼎新的思想塑造着大学生的人生观，告诫大学生们在人生道路上要敢于克服旧思想的禁锢、敢于突破自己、追随上时代发展的潮流，这些人生启示足以增强大学生的文化自信。

3. 实事求是的思想

“实事求是”出自班固《汉书·河间献王刘德传》，“修学好古，实事求是”。刘德对先秦的旧书，如《诗》《礼记》《左传》等儒家经典进行搜集整理，态度认真刻苦，最终求得了真经传记。班固将这种精神称为实事求是。到了唐代，经学家颜师古对《汉书》中的实事求是进行了解释：“务得实事，每求真是也”。这其实倡导的是一种求实求真的学风、严谨的治学态度。

4. 以民为本、安民富民的思想

《尚书·五子之歌》中提出：“民可近，不可下，民为邦本，本固邦宁”。“民本”一词就出自其中。“民本”思想对中国政治文化的影响非常深远。以民为本就是把广大民众看作国家的根本，当政者应该把广大民众的利益放在第一位，将安民富民当作自己的职责，取得广大民众的信服与尊重，进一步巩固统治，以求得社会的稳定与繁荣。“民本”思想在春秋战国时期发展成了“重民”的思想，如荀子提出：“君者舟也，庶人者水也，水能载舟，亦能覆舟”等等。“安民富民”的思想在中国古代很早就被提出来了。农业是中国古代社会的基础，安民就是使得老百姓的生活安定有序，能够不为最基本的生活所困，尤其是不为当时的赋税所累。古代很多哲人都提倡安民的思想，他们认为安民是国家稳定和社会发展繁荣的重要前提，统治者应该减轻民众的负担，使民众安居乐业，社会才能够保持较长时间的稳定。富民就是让广大民众不必为衣食住行担忧，生活过得富足。在当代中国，以民为本、安民富民的思想发展为“以人为本”“为人民服务”“确保人民群众生命安全和身体健康”等思想。

（二）优秀传统文化内含丰富的道德规范

中华优秀文化中的道德规范主要包括：天下兴亡、匹夫有责的家国情环，自强不息的精神，仁者爱人的思想，诚实守信的人格修养，这些道德规范对于提升大学生的个人修养，提高大学生的道德情操，增强大学生的文化自信意义重大。

1. 天下兴亡、匹夫有责的家国情环

天下兴亡、匹夫有责最早是顾炎武提出的，他在《日知录·正始》篇中明确提道：“保国者，其君其臣，肉食者谋之；保天下者，匹夫之贱，与有责焉耳矣”。后来梁启超将其概括为：“顾亭林所谓天下兴亡，匹夫有责也。”顾炎武是在王朝交替的背景下提出这一思想的，他认为清军会将天下的文明毁灭，所以是亡天下，但他痛恨清军，带有很强的民族情绪。忧患意识始终贯穿于中华民族精神形成的整个过程，它提醒人们要居安思危，为了更加美好的生活而奋发图强。《礼记·儒行》中有“苟利国家，不求富贵”的观点，还有“苟利国家生死以，岂因祸福避趋之”的观点等等。每一个中华儿女都应该把国家利益放在首位，肩负起对国家和民族的责任。家国情环作为一种强大的精神力量，始终鼓舞着中华儿女勇往直前、团结奋进的步伐。家国情环对于大学生具有重要的教育意义，让大学生深刻意识到爱国是他们的责任，意识到爱国就是要为实现中华民族伟大复兴的中国梦而付出自己的努力，大学生足以从中感受到优秀传统文化的精髓，进而增强他们对民族文化的信心。

2. 自强不息的道德品质

中国人身上历来就有自强不息、坚韧不拔的气质。从远祖时期的夸父逐日到精卫填海、再到女娲补天、后弄射日，再到古代名人的头悬梁、锥刺股等等，无不展现着中国人骨子里自强不息的意志力和顽强拼搏的进取精神。“自强不息”出自《易传·乾·大象》：“天行健，君子以自强不息”。“天道”展示了运动不止、蓬勃向上和生生不息的精神，君子应该依照天道，形成像天一样坚韧不拔、积极向上的道德品质。“君子”并不是天生就带有“天道”的品质，要想达到这种品质，必须经过后天坚持不懈的修炼和努力。孔子非常赞同这种自强不息的道德品质，并大力推行和践行这种精神。在《论语》中，孔子强调“士不可以不弘毅”“三军可以夺帅也，匹夫不可以夺志也”等等。孟子传承和发展了先贤们自强不息的精神，提出了“舍生而取义”“富贵不能淫，贫贱不能移，威武不能屈”等思想。自强不息的精神对当今社会的发展仍然起着重要的作用。在提高国家文化软实力方面，中国大力弘扬自强不息的精神，凝聚了民众的力量，塑造了民族的文化认同，更有利于建成社会主义文化强国。自强不息的精神培育了大学生独立自强的人格品质，让大学生真正明白靠自己的双手、靠自己顽强的意志力能创造出更美好的未来，进而增强他们对民族优秀传统文化的信心。

3. 仁者爱人的道德修养

西周时期“仁”已经出现，有了道或善的意思，后来孔子对“仁”的思想进一步阐释并给予了其新的内涵。孔子所倡导的最高道德就是“仁”。“仁”的基本含义就是爱人，从对亲人的爱延伸到对其他人和其他事物的爱。孔子教导他的弟子：“弟子入则孝，出则弟，谨而信，沉爱众，而亲仁。行有余力，则以学文。”这句话反映出爱人的做法和爱人的重要地位。做法就是：首先要孝敬长辈，关爱亲人，出门要向对待兄长一样对待其他人，尊重他们，关爱他们，而且也要有对众人的爱，与仁者亲近。在有余力的前提下，要学习文化知识。可以看出，孔子提出的爱人思想是对所有人的爱，不管是亲人、朋友还是陌生人，都应该爱他们。孟子将孔子的仁爱思想扩展到了政治领域，提出了“仁政”

的思想。荀子同样也主张对所有人都要有仁爱之心，能够包容万物。董仲舒在《春秋繁露·仁义法》中指出："仁之法，在爱人，不在爱我。"他认为要想做到爱人必须具备"仁"的品性。从以上古人的阐述中可以看出，仁者爱人含义丰富：一种是对亲人的爱，即"亲亲"；一种是对所有人的爱，即"四海之内皆兄弟"；一种是统治者对民众的爱，施行"王道仁政"；最后一种是由对人的爱延展到对天地万物的爱，即"仁民而爱物"等等。仁者爱人的思想在当代社会被赋予了新的内涵。今天社会主义核心价值观在个人层面的要求本源就是仁爱思想，一个人不仅要爱父母、爱兄弟姐妹，爱其他人，而且还要爱祖国、爱自己的职业。当然，对于那些品质恶劣之人不能爱，要敢于用自己的正义感和勇气同他们做斗争，维护社会的和谐。仁者爱人这一思想培养了大学生的社会关爱感，教会了他们为人处事的原则。

4. 诚实守信的人格修养

"诚"字最早被论及是在《尚书》之中，"神无常享，享于克诚"，表达了先民们对于天地、祖宗的敬仰和尊重。"信"字最早也出现于《尚书》之中，古代典籍《易经·系辞上》中提道："言出乎身，人之所助，信也"。意思是说人们说出去的话要尽量兑现，不可言而无信。"诚"与"信"两个字并用是在战国时期，《管子·枢言》中写道："先王之诚信，诚信者，天下之结也。"君臣都要讲诚信，诚信是臣子归心、国家富庶的重要因素。孔子说道："人而无信，不知其可也。"不守诚信会寸步难行，保持诚信会安身立命。在汉武帝"罢黜百家，独尊儒术"之后，儒家思想中的诚信思想逐渐成为统治阶级巩固统治的基石。后来宋明理学兴起之后，诚信又成为一个人自省和修身的重要准则，比如"致良知""知行合一"等思想。战国时期的商鞅以木取信，唐太宗李世民更是以信赢得百姓的拥戴。诚信思想被流传下来，成为当代公民和国家普遍运用的思想，它对于人们的价值取向影响重大，为国家的安定和谐指明了道路。

（三）优秀传统文化富含深厚的人文精神

中华人文精神是国家精神文明建设的助推器，有利于进一步推进社会主义现代化建设。中华人文精神就是中华民族人民在实践中所创造的，是中华传统文化在精神上的表达。

1. 和而不同的包容精神

谈到和而不同，首先要了解"和"的内涵。"和"字最早出现在甲骨文和金文中，西周的使伯提出了"和实生物，同则不继"，最早阐释了"和"的内涵。金木水火土相配合，就能生成万事万物；六种音律相协和，就能使人赏心悦目，这就是"和实生物"。如果只有一种声音，就谈不上动听的音乐，如果只有一种颜色，就构不成五彩缤纷的世界，这就是"同则不继"。"和而不同"就是从"和"的思想中演变过来的，孔子说道："君子和而不同，小人同而不和"。意思是君子在处理事情时，不仅坚守原则，而且敢于有不同的意见，而小人在处理事情时一味地和气，不敢有不同的声音。“和而不同”的思想对当今社会的发展起着重要的作用。习近平同志提出过不同文明之间的相处需要和而不同的思想，他强调文明之间要对话，不要排斥；要交流，不要取代，不同文明之间要互相借鉴。和而不同这一思想是构建我国与别国之间友好关系的重要理念，同时也为世界的和平与发展贡献了中国智慧和中国方案。

2. 文以载道，以文化人的教化思想

在夏禹时期，“文”已经出现，其意义也经过多种变化。《说文解字·文部》中写道：“文，错画也，象交文”。这里的“文”有错画之义。《礼记·表记》：“容貌以文之，衣服以移之”。这里的“文”有文德之义，与品德有关。“文”字也作为人名使用，比如：文武帝、文武丁等。在西周时期，人们把先人称为“文考、文祖、文”等，《尚书·文侯之命》：“追孝于前文人”。这里的“文”指的是文德有礼之人。《论语》中的“文”字多作为文献典籍之意，后来形成了文质论，就是说一个人的外在要与内在的道德品质匹配，匹配得当才是君子。《论语》中关于“道”的解释有“士不可以不弘毅，任重而道远”，这里着重强调的是知识分子应该承担起“道”的职责，积极地去认识“道”，实践“道”。到了唐代，“文以载道”才完整地出现，指的是韩愈对于文章之道的追求，这里提出的“文”指的是有思想性的文章，“道”指的是以文统来传承道统，捍卫文统。“以文化人”重在“化”，古代的“化”有感化、教化等含义，今天“文以载道，以文化人”的思想有着重大的意义。当前我国文化生产领域产生了许多问题，出现了急功近利的文学创作、浮夸华丽的影视作品等等，更需要这一思想来整治文化生产领域，从而创造出更加符合广大人民群众心声的文艺作品。

3. 形神兼备、情景交融的美学追求

中国古人对美学的追求也构成了中华人文精神的一部分。和谐是中国美学所要追求的最高目标，就是达到人与自然、人与社会、主观与客观等的相协调。“形神兼备”来自古代哲学的“形神一元论”，中国古人认为形与神是密不可分的，形是有神之形，神是有形之神。在中国古代的绘画、戏曲、小说中都非常重视形神兼备的美学追求，在绘画上，古人讲究所画之物不仅要有形，更要有神，这样的画作才是真正成功的；在戏曲上，戏曲演员需要通过形的动作来铸造形生神活，完成“形神兼备”的塑造；在小说创作上，保持小说人物的个性化特征，使得人物的性格在整体上保持统一，从而达到“形神兼备”的要求。如果说“形神兼备”是中国美学的形象塑造方式，那么情景交融就是中国美学的情感表达。在魏晋南北朝时期，情景交融的思想被自觉地运用起来，主要运用于山水诗和山水画之中，目的是将作为审美对象的自然景物独立出来。到了唐代，逐渐建立起了“情景交融”的诗歌评价目标。清代的王夫之就“情景交融”提出了情景相生和情景妙合的思想。“形神兼备，情景交融”的思想是中国美学的集中表达，帮助大学生提高自身的审美意识，使他们成为德智体美劳全面发展的新时代青年。

总之，中华优秀传统文化蕴含的核心思想观念、道德规范和人文精神塑造为培育大学生文化自信提供了丰富的资源蕴藏，能够塑造大学生们的价值观，真正为大学生带来启迪，增强大学生对于本民族文化的自信心。

三、大学生文化自信培育中优秀传统文化的价值功能

中华优秀传统文化在培育大学生文化自信中发挥着重要的价值，对于增强大学生的文化认同感、提升大学生的道德素养、培育大学生成为新时代合格的社会主义事业建设者和接班人有重要的作用。

（一）凝心聚力的功能：有利于增强大学生的文化认同感

中华优秀传统文化中蕴含的自强不息的家国情怀等精神可以引发大学生的共鸣，促进他们对民族文化的认同。在面临重大自然灾害时，全体人民的力量凝聚成更强大的力量，众志成城，共同渡过了天灾。正是因为中华优秀传统文化凝聚了全体中华儿女的精神力量，中国人民在大灾大难前才不会退缩，反而勇往直前。优秀传统文化中“安民富民”的思想也成为凝聚人心的重要力量。用十二个词组成的社会主义核心价值观与中华优秀传统文化有着紧密的联系，这十二个词无不蕴含着优秀传统文化的思想精髓。当代大学生要深刻感知中华优秀传统文化的强大凝聚力，深刻践行社会主义核心价值观，深刻思考中华优秀传统文化的价值所在，进而发自内心地对本民族文化充满信心。

（二）道德教育的功能：有利于提升大学生的道德素养

中华优秀传统文化强调要“明人伦”，特别注重对一个人道德和人格的培育。德育正是中华优秀传统文化中所蕴含的内容。儒家学说特别注重德性的修养，“立德”被摆在了第一位。“修身立命、王道仁政”是孟子所提倡的，孟子的这一思想也是对道德修养的阐释。“仁”在中华优秀传统文化中是一种善德，体现了中华优秀文化在道德品质上的较高层次的追求。想要实现“仁”的目标，必须要从自身出发，完善自身修养。“天将降大任于是人也，所以动心忍性，曾益其所不能”“天行健，君子以自强不息”等都是对个人道德修养的要求。那么如何进行道德素养的提升呢？《论语·学而》写道：“吾日三省吾身，为人谋而不忠乎？与朋友交而不信乎？传不习乎”？由此可以看出，通过不断地反省自身，个体可以实现在道德修养上的提升。“诚实守信”“重义轻利”等体现了为人处世所要遵循的伦理道德规范，也为个体道德修养的提升指明了道路。中华优秀传统文化中的德育功能对于提升大学生们的道德境界，培养他们高尚的道德素养和正确的价值追求发挥着无可替代的积极作用。

（三）以文化人的功能：有利于培养大学生成为新时代合格的社会主义事业建设者和接班人

中华优秀传统文化潜移默化地影响着大学生们的思维方式，陶冶了他们的道德情操，加深了他们的爱国情怀，进而改变了他们的行为方式，使得他们积极投身于社会主义建设之中，为实现中华民族伟大复兴的中国梦增添动力。如果没有学习中华优秀传统文化，就不会树立对五千多年文明的自豪感、对本民族文化的自信心、更不会付诸行动于社会主义建设事业之中。中华优秀传统文化对于塑造大学生有重要的作用。

一是引导大学生形成正确的“家国观”。中华民族是一个多民族的国家，自古以来各民族人民紧紧地团结在一起，形成了共同的心理因素，“大道之行也，天下为公”“天下兴亡，匹夫有责”“先天下之忧而忧，后天下之乐而乐”等爱国情怀增加了大学生为国家建设贡献自身力量的意识。

二是帮助大学生形成正确的“和谐观”。“道法自然，天人合一”“和而不同”“协和万邦”等思想对大学生看待人与自然、人与社会、国家与国家之间的关系有重要的作用。面对着外来文化的冲击，部分大学生可能会逐渐淡忘本民族传统文化，而“和谐观”为大学生正确看待外来文化，重拾对优秀传统文化的信心提供了重要的方向指引。

三是引导大学生养成正确的“仁善观”。中华优秀传统文化中的仁善思想，对于大学生提升自身的道德修养、掌握为人处事的方式、正确解决人际关系有重要的价值。

四是引导大学生正确认识“民本观”。“民为贵，社稷次之，君为轻”“水能载舟、亦能覆舟”“安民富民乐民”等民本思想至今为我国的治国理政提供了经验和智慧。优秀传统文化能够帮助大学生树立健康积极的价值观，促进大学生成为全面发展的人，从而有助于培养大学生成为合格的社会主义事业建设者和接班人。

第四章 大学生文化自信的培育路径研究

第一节 大学生文化自信培育面临的问题及成因

总体来看，大学生文化自信的培育具有一定的成效，大学生能够以正确的态度面对中华文化及外来文化，但是大学生文化自信培育依然存在一定的问题需要解决。

一、受不良社会思潮的影响

十九大提出中国特色社会主义进入了新时代，这也就表明，中国虽然仍然身处于社会主义初级阶段，所处的历史方位未发生改变，但是我们已然摆脱曾经积贫积弱的时代，踏步迈向了一个新的时期，在这个新的时期，中国除了经济上所表现出来的逐步走向富强，政治上逐步走向了民主、社会逐步走向社会主义和谐社会，影响力逐步迈向国际、走向世界舞台的中央之外，还有一个突出的表现，那就是世界各国思想文化的交流交融也日益紧密，意识形态领域的斗争也日益激烈。各类社会思潮也在大学生周围萌芽、生长，较为突出的有历史虚无主义思潮以及文化保守主义思潮的影响，散漫的新自由主义思维的蔓延，狭隘民族主义的迷惑，以及功利的实用主义思潮的浸染，使得新时代的大学生在坚定文化自信上有了迷惑选项。

二、大学生文化自信培育系统性不足

大学生文化自信的培育是一个系统的培养过程，不仅仅包含着对大学生进行中华文化自信的培育，还包含着培育大学生形成正确对待外来文化的能力。

一方面，从课程安排来看，高校对大学生进行文化自信培育时，受多种客观因素的影响，很难保证对大学生进行足够系统的培育。现如今，对大学生进行文化自信培育主要是通过高校思政课进行的。中华文化的魅力是持久和深远的，但如果要真实直观地带领学生走进中华文化的世界里，就需要教师深挖中华文化的精髓，激发学生的学习兴趣。然而思政课程的安排，给有效的、系统的文化自信培育过程带来了挑战和难度。

另一方面，从对大学生进行文化自信培育的教育环境中来看，虽然国家现在已经在提倡要将思政课更加全方位、多层次、多角度地融会到大学生的学习生活的方方面面。但是，现在这还处于一个不断完善的阶段，还未实现思政课的全方位教育，大学生尚无法获取充足的文化自信的教育内容以及精神内涵。同时，我国现如今的文化自信培育并未以一种独立的形态或者说是以一种独立的课程呈现，大多数都是穿插在其他学科或者说穿插在思想政治教育理论课之中，在教学的全过程里还处于一个摸着石头过河的阶段，不论是从方法的运用、制度的构建还是从平台的开拓都还处于一个待完善的阶段，因此很难保障文化自信培育的效果。

三、文化自信培育方式固化、形式单一

现如今，新时代大学生文化自信培育主要由高校思想政治理论课所承担，思想政治理论课由于其特殊的政治性、时代性以及意识形态性，使得思政课必然有打造大学生思想高地的重要任务。但是通过调查及查阅资料可以发现部分大学生文化自信培育方式较为固化，在培育过程中忽视了教育的趣味性，同时未能全面开发学校全方位多层次的育人环境作用，培育效果尚不明显。

首先，从高校对大学生进行文化自信培育的方式来看，虽说现如今我们在提倡在教学过程中要有教师和学生的角色的互换，教师引导大学生进入课堂后，有学生充当主体，做课堂的主人，由学生主导课堂，多思考、多提问、多讨论，形成学生自主学习、主动高效学习的良性课堂。然而实际课堂中，部分教师依旧是课堂教学的主体，他们以灌输的方式向大学生传递课堂的教学内容，大学生处于被动吸收课堂内容的地位，在这样的教学课堂中，大学生自主内化的知识点就会比较少，学习只是接收到，记录下来，文化自信培育的更高层次的教学目标无法准确实现。同时，大学生文化自信培育的主阵地是高校的思政课堂，课堂教学内容与学生的生活实际之间的差距，使得部分大学生在学习中很难融合二者，以达到内化吸收，升华为自身素质的效果。其次，高校不同于小学和初中、高中时，校园文化的影响有限。在高校里，大学生几乎吃、住、学、用、行几乎都在学校里，因此，在文化自信的作用和意义日益重要的今天，高校就应该充分重视文化建设，然而，现如今一些高校，并未充分利用这一点，文化建设、文化活动安排得较少。最后，从教师的培育方式来看，思政课教师在上课的过程中太过于注重提升价值，总是在价值的高度中讲解课程内容，虽然说思政课就是从社会实践中，通过分析、讨论、总结，将生活的实际中的普遍现象上升到一个价值高度，但在片面“宏达叙事”的课程中大学生时常无法正常对应生活中所面对的实际，让学生觉得思政课总是漂浮在“高空”中，不利于大学生文化自信培育。

四、大学生自身不成熟

大学生既是朝气蓬勃有活力的群体，又是有文化有知识的群体，是文化自信培育的主体，主体自我认识与提高的程度将影响文化自信培育的效果。然而大学生因为自身在认知、态度以及行动上的不足，给文化自信培育加大了难度。

首先，从大学生对文化自信培育认知的角度来看，因为大学生比较年轻，知识储备量不足，对文化自信的内容、重要性、必要性以及意义了解得不多，必然会导致大学生无法完全吸收、内化文化自信培育的内涵。同时，因为大学生的辩证思维能力还未成熟，当面对外来文化的影响以及各类思潮入侵时，不能够辩证地看待问题，思考其存在的缘由，以及此思潮对大学生影响的后果，不能够直接认识到它的意识形态阵地建设的问题，甚至会直接顺着不良思潮的逻辑去思考问题，使得高校对大学生文化自信培育的成效减弱。

其次，从大学生自身面对文化自信培育的态度上看，部分大学生主要以被动接受教学信息为主，主动性差，文化自信培育的效果不明显。因为思想政治理论课程所带有的政治性和理论性，使得此门课程主要以课堂讲授为主，对大学生的吸引力不足，部分大学生在上课期间，会出现学生虽然拿着课本来上课，但是思想没在课堂上的现象，出现在课上看其他书籍，写其他课程的作业甚至是玩手机的现象，课堂注意力不集中，也就不能及时吸收有关文化自信的内容。

最后，从大学生在坚定文化自信的行动上来看，因为周围的环境未能全方位地提高文化自信的教育氛围，大学生仅仅是在课堂上学习、吸收，课下不能及时准确地将学习的内容贯彻运用到实际生活，仅仅是理论的学习，没有与社会实践和社会生活相结合。大学生没有将学习与行动相统一，文化自信的实践目标也就没有完成，文化自信培育的效果也就有待提高和完善。

第二节　大学生文化自信的培育路径

优秀传统文化培育大学生文化自信是一项极为复杂的工程，并不是某一影响因素的单一作用，而是需要多种因素发挥自身的作用，形成合力。用中华优秀传统文化培育大学生文化自信要发挥学校教育、家庭教育、社会和大学生自身的作用。

一、完善高校优秀传统文化育人体系

学校承担着立德树人的重要任务，是对大学生进行教育的重要渠道。大学生自身的意志力和选择力还处于发展的阶段，不免会受到外界不良因素的影响，为此高校要从课程体系、教师队伍、校园平台、实践活动等方面入手，从整体上构建优秀传统文化育人体系，

以此培育大学生文化自信。

（一）构筑四位一体的课程体系

必修课程处于奠基性的位置，选修课程增进了大学生对优秀传统文化学习的兴趣，选修课程是对必修课程的必要补充。网络课程的内容更加有趣味性，能够让大学生在相对轻松的环境中感悟优秀传统文化的美学意境，感受中华优秀传统文化的智慧。网络课程是对必修课程和选修课程的延伸。思想政治理论课程落实立德树人根本任务的关键，需要充分发挥主渠道的作用，挖掘其中的课程资源，进一步加深大学生对优秀传统文化的认知。

第一，高校可以开设中华优秀传统文化概论课程和价值观养成课程等优秀传统文化必修课程。中华优秀传统文化概论课程使得大学生对优秀传统文化有一个初步的认知，价值观养成课程则要充分发掘优秀传统文化中的价值观资源，培养大学生的家国观、和谐观、民本观、仁善观等价值观，使得大学生建立积极向上的价值观，提升大学生的文化自信。

第二，传统文化选修课程的开设是对必修课程在思想内容上的进一步补充。学校选修课程的开设应该着眼于大学生亲身去感悟优秀传统文化的内涵，提高大学生的兴趣。为此有条件的学校可以开设优秀传统文化实践课程和专题课程。实践是马克思主义的一个重要观点，实践是检验真理的唯一标准，做到理论联系实际是通向成功道路的前提。高校可以充分挖掘地方文化特色，开设地方传统文化实践体验课程。例如，信阳师范学院充分利用地域特色在传统文化课程中开设了茶文化体验课程，吸引了学生们的目光来品味茶文化的魅力。优秀传统文化专题课程的开设让大学生对优秀传统文化有一个分层的认识。教师可以向同学们推荐中华优秀传统文化哲学思想、中华优秀传统文化中的政治思想与制度、中国古代民俗等专题书目，专题课程与必修课程相辅相成，互不冲突，大学生能够从中得到启发。

第三，高校可以利用互联网开设网络课程。大学生可以利用课余时间在网络上受到优秀传统文化的熏陶，既创新了优秀传统文化课程，又不失趣味性和实效性。高校可以在学校官网、官方微信公众号或者其他网络平台开设优秀传统文化网络课程，通过在线直播或者录播的形式将优秀传统文化知识和其精神内涵传递给大学生。比如可以在线开设优秀传统文化手工艺课程，教师在网上讲解中国手工艺的发展历程，引领学生欣赏优秀传统文化剪纸等工艺；可以开设传统文化戏曲和影视剧鉴赏线上课程，介绍戏曲和影视的相关知识，提高大学生对优秀传统文化的认知度和鉴赏能力。此外可以鼓励学生把自己关于传统文化学习的心得体会通过微信、微博等形式分享出来，鼓励学生自拍自导自演关于传统文化的微电影、短视频等，把自己对传统文化的理解展现出来。

第四，思想政治理论课程发挥着重要的育人作用，要重视在思想政治理论课程中融入中华优秀传统文化知识。比如，在“马克思主义基本原理”课程中，可以阐述传统文化与马克思主义两者的结合；在“思想道德修养和法律基础”课程中，加强大学生对中华传统美德的学习和践行；在“毛泽东思想和中国特色社会理论体系概论”课程中，讲解关于文化自信和中华优秀传统文化的论述；在“近现代史纲要”课程中，让大学生充分体会中华优秀传统文化在革命、建设和改革中所发挥的重大作用等。

优秀传统文化必修课程、选修课程、网络课程和思想政治理论课程四者是相互补充、相互促进的。必修课程是中心课程，重在知识和概念的掌握。选修课程重在对优秀传统文化的感悟和体验。网络课程是对课程的延伸和升华。思想政治理论课程是必要补充。四位一体的课程体系建构起大学生对优秀传统文化认知、感悟、认同、践行这一系列过程，由此增强大学生的文化自信心。

（二）优化优秀传统文化教师队伍

教师承担着知识传授的角色，是大学生的领路人。教师对学生的知识素养和价值观的养成有重要的影响。教师自身的知识根基和教学能力影响着教育质量和效果。

第一，备齐优秀传统文化教师队伍。教师在教育过程中担任着“传道、授业、解惑”者的角色，应该重视教师队伍的完整性，才能产生更好的教育效果。从调查结果中看出，多数学校优秀传统文化课程教师由其他课程教师兼任，大多数教师并不是专业学习优秀传统文化的，存在优秀传统文化课程教师配备不齐的现象。“术业有专攻”，优秀传统文化专业教师必不可少，专业教师对于优秀传统文化知识理解更深入，通过专业教师的课堂教学，更有利于学生把握优秀传统文化的内涵。要完善优秀传统文化教师队伍，分配好课程教师数量，合理安排教师职责，要尽可能多地配备优秀传统文化专业教师，选择专门学习优秀传统文化的教师承担课程的教学工作。高校还可以通过考试或者其他形式，在兼任教师中选择专业性较强的老师担任优秀传统文化课程教师。

第二，牢固教师的优秀传统文化知识根基，提升教学能力。从调查结果中发现，部分学生无法从思想政治理论课教师那里学到较多的优秀传统文化知识，这在某种程度上失去了思想政治理论课程开设的意义。高校需要对教师加强优秀传统文化知识培训，定期组织文化讲座、座谈会、研讨会等等，教师自身要有“活到老，学到老”的终身学习理念，丰富自身的优秀传统文化知识，积极参加学校开展的文化培训等活动，使自己对优秀传统文化知识的掌握水平达到一个新的高度。教师不仅要提高自身的知识水平，而且还要提升自身的教学能力。怎样把知识更好地传授给学生，运用怎样的教育方法和技能才能使学生掌握知识是教师在上每一节课之前必须考虑的问题。教师不应该只是以理论灌输的方式告知大学生优秀传统文化知识，可以采用比较说理、讨论说理等方式让大学生理解优秀传统文化的相关知识。高校还可以邀请一些知名传统文化讲师进校园，对学校教师进行教学水平的培训和训练。教师自身也要经常去听优秀教师的课，相互学习借鉴，交流教学心得，更好地把优秀传统文化知识传授给学生，才能进一步培育大学生的文化自信。

（三）搭建优秀传统文化展示平台

学生是处于校园生活中的，优秀传统文化展示平台的搭建有利于营造校园优秀传统文化的氛围，校园优秀传统文化的氛围会对大学生产生潜移默化的影响。

第一，依托社团搭建校园优秀传统文化展示平台。大学生进入大学后多数会以自己的兴趣加入社团，可以在社团活动中加入优秀传统文化的元素。例如，把一段时间以来社团关于传统文化的成果展示出来，拍成照片或做成视频，供全校师生欣赏。这对优秀传统文化氛围的营造贡献了不可替代的力量。通过搭建社团这一文化平台，有助于达到大学生了解优秀传统文化、认同优秀传统文化的目的。

第二，在校园基础设施建设中融入优秀传统文化元素。发挥学校校史馆、图书馆等的作用，在校史馆、图书馆中开展优秀传统文化讲座或者其他活动，鼓励大学生参与进来。此外，学校还可以根据校园自然景观特点，合理规划古人的雕塑、优秀传统文化艺术品等，一方面为校园景观增色，另一方面又烘托了优秀传统文化氛围，加深大学生对优秀传统文化的热爱。高校也可以专门在图书馆设置传统文化阅览室，在走廊、墙上粘贴古诗词、名人名言等。比如，西安外事学院在宿舍设置了传统文化学习场所，把宿舍一楼装修成了“礼”“乐”“诗”三个主题风格，在课余时间，学生和教师们都可以在里面弹古琴、练书法、品诗歌、学礼仪等。

第三，搭建优秀传统文化网络平台。教育部印发的《完善优秀传统文化教育指导纲要》指出，要建设不断适应时代需要的中华优秀传统文化网络教育平台。充分利用网络、各类资源等对优秀传统文化教育平台进行创新，顺应了时代发展的要求。在学校官方网站上，专门开设“优秀传统文化专栏”，以图像、视频、动画、文字等多种形式，传播优秀传统文化，打破时空限制，为大学生创造一个真实的学习氛围，身临其境地感受优秀传统文化的魅力。定时播出的校园广播可以介绍一些优秀传统文化物品，在吃饭的时间，走在校园中的学生可以受到其感染，拓展优秀传统文化知识面。在官方微博、微信上可以结合当前的热点事件，推送相关优秀传统文化知识。高校可以将一些优秀传统文化电视节目引进课堂或者学校网站，通过这些节目的播出，激发大学生对优秀传统文化的兴趣。

（四）丰富优秀传统文化实践活动

除了搭建优秀传统文化校园展示平台外，高校应大力鼓励学生走出校园，走入社会，感受优秀传统文化的精神内核，使大学生产生对优秀传统文化深厚的感情。

第一，高校可以开展各种参观考察活动。高校可以结合自身的地域优势，带领同学们参观文化遗址、历史遗迹、名人纪念基地、优秀传统文化传承基地等，让大学生近距离接触优秀传统文化，把优秀传统文化知识和实践结合起来，把历史和现实结合起来，把民族魂魄和时代精神结合起来。比如，带领学生参观优秀传统文化传承基地，在参观的过程中请专业的讲解员详细讲解相关内容，参观之后可以开展一次参观交流会，让同学们畅所欲言，发表自己的参观感受，或者就同学们提出的一些问题展开讨论，让同学们更加了解优秀传统文化，增强民族自信心和自豪感；带领同学们参观爱国主义教育基地，观看爱国主义影片，激发大学生的爱国情怀，让他们感受优秀传统文化的魅力和价值所在，提升文化自信。

第二，高校可以组织优秀传统文化志愿服务活动。志愿服务活动可以在提高大学生自身服务意识的同时，更加明白奉献的精神和意义，使大学生在不知不觉中践行优秀传统文化。比如，开展养老院敬爱孤寡老人活动，在活动开始前召开会议，宣讲优秀传统文化中关于敬爱老人、孝敬老人的故事或者经典名言，让大学生明白自己所做的正是在践行优秀传统文化，明白此次志愿活动的目的。在敬爱孤寡老人的志愿活动中让大学生真实体会“老吾老以及人之老”的真正内涵，感悟传统文化，增强对优秀传统文化的自信，从而提升对本民族文化的自信程度。

总之，完善高校优秀传统文化育人体系是各要素相互影响、相互配合的过程，也是一个循序渐进的过程。从整体上打造优秀传统文化育人体系才更有利于大学生文化自信的培育。高校必须拓宽视野，充分运用好优秀传统文化来培育大学生文化自信。

二、重视家庭优秀传统文化教育

家庭教育是高校学生生存环境最为基本的部分，因为学生个人是学校的最小个体，家庭是社会最为基本的构成单位，所以家庭教育也被称为学生教育的第一步。因此，应该重视家庭优秀传统文化教育。

（一）转变家庭教育观念

首先，家长应该树立德智体美劳全面发展的教育理念。家庭教育对大学生产生的影响不可替代。家长应该重视对大学生的培养，并且不应只注重专业知识的培养而忽视大学生文化素养的培养。部分家长应该摒弃功利主义和实用主义的观念，摒弃学习理科知识才能够在社会上立足的观念，注重大学生的全面成长成才。

其次，家长应该重视培养大学生的实践能力。对于大学生来说，不能只学习理论知识而缺少亲身实践，否则学习的理论知识就失去了意义，实践也就无从谈起。要想让大学生成为新时代合格的社会主义建设者和接班人，成为全面发展的人才，必须注重大学生实践能力的培养。

（二）发挥家庭榜样示范作用

榜样示范自古以来就是道德教育经常采用的方法，来自榜样的生动典型事例，能够对大学生产生激励作用。在家庭中，父母和其他长辈的思维方式、行为方式等都对大学生产生了较为直接的影响。首先，家长应以身作则，提高自身的优秀传统文化素养。中华优秀传统文化是我们每一个祖国儿女都应该继承和弘扬的，家长应该意识到自身的传承责任，可以利用周末闲暇时间主动学习优秀传统文化知识。其次，家长应该增进对优秀传统文化的深厚感情。我们每一个中华儿女无不受到优秀传统文化的滋养，家长应该明白优秀传统文化对于我们的道德品质、人格锤炼、为人处事等方面产生了较为重要的影响。比如，每到传统节日来临之际，家长可以鼓励大学生自己上网查找一些相关习俗，激发大学生对传统习俗的兴趣。清明节可以带领大学生祭祀先祖，发扬传统孝道精神，让大学生明白孝道就来自优秀传统文化之中，增进对优秀传统文化的情感。

（三）注重优良家风教育

所谓的家风，往往是后代人继承并且发扬了先辈留下的精神遗产，只有经过一定时间、一定数量代际传承的家庭文化性格才能称之为真正意义上的家风。家风展现了一个家庭的精神风貌和文化氛围，承载着中华传统美德精神，良好家风有利于提升大学生的人格修养和精神境界，要重视对大学生进行家风家训的教育。

优良家风根植于中华优秀传统文化。中华优秀传统文化中“仁、义、礼”等思想是优良家风教育的重要思想来源。中华优秀传统文化中“仁、义、礼、智、信”等思想为家风建设提供了重要的思想来源。家风是一种无形的存在，我们会在潜移默化中受到家风的熏陶，我们的思维方式、行为方式等受到家风的影响。中国古代有很多著名的家风，比如《曾国藩家训》《孔子家语》《梁启超家书》等等。“不学诗，无以言；不学礼，无以立”是《孔子家语》中提出的，这对于我们现代家庭进行家风建设有很重要的价值。优良家风的建设需要从中华优秀传统文化中吸取智慧和营养。

优良家风教育有助于增强大学生的文化自信意识。不论时代发生多大变化，不论生活格局发生多大变化，我们都要重视家庭教育，注重家庭、注重家教、注重家风。优良家风中的尊老爱幼、邻里和睦、互相谦让、勤俭持家、爱国敬业等思想无不在塑造着大学生的道德品质和价值观。在道德品质上，良好家风可以把大学生培养成一个文明礼貌、真诚待人的人。在价值取向上，良好的家风可以把大学生培养成一个愿意放弃个人利益而关注国家利益和整体利益的人。家长必须要让自己的子女理解家风，感悟家风，最终转化为自身的行动。在工作之余，家长可以为大学生讲解优良家风的故事，带领大学生参观历史名人故居等，并告诉他们这些历史名人家里的家风都有哪些，并适当地选择部分确立为自己家庭的家风。大学生文化自信的培育不能离开优良家风教育，通过开展优良家风教育可以进一步让大学生深刻感悟优秀传统文化，并且外化为自觉的行为，由此增强文化自信。

三、营造社会弘扬优秀传统文化的氛围

社会氛围的营造可以让大学生在不知不觉中接受到中华优秀传统文化的影响，真实地感受到中华优秀传统文化的魅力，为此社会应该发挥自身的作用，营造弘扬优秀传统文化的氛围。

（一）利用媒介宣传优秀传统文化

媒介的功能在于传播信息、引导舆论、教育大众、提供娱乐。大学生是媒介的广泛接触者，通过媒介对优秀传统文化的宣传，大学生可以感受到优秀传统文化的氛围。可以在媒介中融入优秀传统文化的内容。图书、报刊可以覆盖较为广泛的内容，因此可以在图书和报刊中加入一些优秀传统文化小故事，介绍一些传统节日习俗、传统书法等优秀传统文化的内容，让大学生在阅读书籍和查阅报刊时无声地受到其影响。广播、电视的影响力较大，发挥着重要的宣传教育作用，让大学生在放松身心的同时也能够接收到信息，为此要借助广播、电视将优秀传统文化的内容融入其中，将其背后承载的历史清晰地呈现出来。这是对优秀传统文化的一种创新性转化和发展，对大学生产生了较大的吸引力。为此要利用好网络来传播和创新中华优秀传统文化。比如，可以拍摄一些关于优秀传统文化的网络电影、网络剧、网络节目等，根据大学生自身的特点创造出能够对大学生产生吸引力的网络节目。例如，《遇见天坛》《了不起的长城》等网络节目每期会邀请若干明星来进行文化体验，吸引了大学生的兴趣，让大学生在轻松的氛围中感受到优秀传统文化的魅力。

（二）注重公共文化场所的作用

公共文化场所发挥着重要的宣传和教育引导作用，是传承中华优秀传统文化，培育大学生文化自信的坚固支撑。

社会可以充分利用公共图书馆、文化馆、美术馆、纪念馆、博物馆、公园等公共文化场所来宣传优秀传统文化，发挥公共文化场所的育人功能。有关部门首先要深入研究优秀传统文化，并将其与当代社会现实结合起来，对其进行传承和创新，真正做到古为今用，与时俱进。其次，可以在文化馆、博物馆等场所定期开展公益性优秀传统文化活动，通过对活动的宣传推广，吸引更多的大学生参与其中，增进对优秀传统文化的认知；也可以在传统节日来临之际开展传统文化活动，通过这一活动，大学生可以了解到更多的传统节日习俗，并且能够亲身体验传统习俗。同时，当地政府应该结合当地的文化特色开展相关活动，结合当地的历史发展、民俗习惯等开展传统文化

节等活动，更能够吸引大学生的眼球，激起大学生对优秀传统文化的兴趣。同时针对大学生群体可以适当实施免费入馆政策。大学生可以不用考虑其他方面的负担，主动参观公共文化场馆，真正感受优秀传统文化的魅力，从内心深处肯定优秀传统文化，进一步增强大学生文化自信的程度。最后，可以在公园、社区的宣传栏上加入优秀传统文化的内容，比如张贴相关的海报、书写相关的宣传标语等，使得大学生真正感受优秀传统文化的氛围。

（三）打造纯净清爽的网络空间环境

网络对大学生来说是一把双刃剑，大学生虽然可以在网络上了解多样和即时的信息，但又不免受到消极思想的影响。为此，相关部门应加强网络空间环境的建设，打造一个纯净清爽的网络空间，减弱网络上的消极思想对大学生的影响，用优秀传统文化增强大学生的文化自信，营造一个良好的网络氛围。

社会有关部门对于网络安全立法方面进行适当的保护与监督，确立公民网络言行的相关法规，规范每一个网络公民的言行，必须将那些抹黑历史、抹黑传统文化的言论扫出大学生的视野。有关部门应对网络空间的内容加强管理，网络上的各种应用程序和网站层出不穷，有些应用程序和网站上的错误信息容易误导大学生，对大学生产生不良的影响，应加大对这些应用程序和网站的监管力度，下发警告通知、定期约谈、责令整改等等。

四、增强大学生文化自觉

文化自觉是文化主体在实践中产生的对既有文化样态的觉醒，文化自觉是文化自信的前提或基础，文化自信深化着文化主体对既有文化样态比较优势的自觉。大学生自身应该增强文化自觉性，才能更好地提升文化自信水平。

（一）加强文化主体意识

文化的主体意识是以我为主体，对古今中外文化的认识、看法、立场和态度之综合。大学生有坚定的文化主体意识才能够正确对待中华优秀传统文化，真正认同中华优秀传统文化的价值，才能够提升对外来文化的辨别力、对优秀传统文化的传承和创新能力，才能够进一步增强文化自信程度。

加强文化主体意识，大学生要认识到自己在弘扬和传承优秀传统文化中的重要责任和使命，意识到自身的文化自信程度关系着整个中华民族的文化自信水平，进而关系着中国梦的实现。大学生要主动加强自身的建设。为了更好地适应新时代的发展，大学生必须加强自身的建设，主动学习党和国家关于优秀传统文化和文化自信的相关论述。大学生自身不仅应该增加对优秀传统文化知识的积累，让其融入自身心智，深度感悟优秀传统文化，而且应该扩展自己的知识面，多了解一些外来文化的知识，知道外来文化中哪些可以保留借鉴，哪些应该舍弃。除此之外，从教育者的角度来说，为了增强大学生的文化主体意识，教育者要以学生为本，抛弃过去学生只是被动接受者的观念，要加大对学生的认知规律和接受特点的研究，发挥学生主体性作用。教育者应重视大学生的文化主体地位，在优秀传统文化课堂教学中应以适应大学生需求的方式开展，引导大学生进行自我教育。

（二）自觉提升优秀传统文化素养

大学生的优秀传统文化素养直接影响着自身文化自信的程度，关系着整个中华民族的发展。应该引导大学生自我教育，自觉提升优秀传统文化素养。

第一，自觉学习优秀传统文化知识。大学生在学校接受传统文化知识的重要途径是课堂教学，因此大学生要抓住课堂教学这一重要途径，积极学习教材知识和课堂上教师所讲的知识，做到课上认真听讲，做笔记，课下及时温故知新。大学生也应该养成阅读纸质书的良好习惯。虽然电子书为我们带来很大的便利，但是电子书很可能让我们形成碎片化阅读的习惯，而纸质书籍相较于电子书来说可以让我们对知识有一个较为系统的认知。为此，大学生应该充分利用图书馆的资源，主动阅读传统文化纸质书籍，不仅要阅读中华传统文化的书籍，而且也要阅读外来文化的相关书籍，充实自己的知识库。

第二，提升自身的文化鉴别能力。外来文化的价值观念和外来文化产品正在不断涌入国内，其中不免会良莠不齐。对于那些抹黑历史、抛弃优秀传统文化的思想观念要坚决抵制，对于那些破坏国家主流意识形态的思想要坚决阻止其大面积传播。同时也应该辩证看待本民族传统文化，明白优秀传统文化与腐朽传统文化的区别，明白哪些传统文化是我们应该传承下去的，哪些传统文化是应该抛弃的。同时大学生也要加强思想政治理论课的学习，从思想政治理论课中更加坚定自己的政治认同，坚定自己对优秀传统文化的信仰，提升自己对外来文化的辨别和选择能力。

（三）主动践行优秀传统文化

大学生是弘扬和传承优秀传统文化的中坚力量，大学生对优秀传统文化的践行程度体现着大学生文化自信的程度，为此，大学生应该主动传承和创新优秀传统文化。

第一，主动传承中华优秀传统文化。文化传承促进文化发展，文化发展离不开对文化的传承，大学生要发自内心地认同自己对传承中华优秀传统文化有重要的责任，并且将其付诸实践。为此，大学生应该从身边做起，从日常生活中的小事做起，传承和践行优秀传统文化，用优秀传统文化中的道德规范来要求自己，规范自己的行为，提升自身的道德修养。大学生应该发挥自身的主观能动性，主动阅读优秀传统文化经典书目，依照自己的兴趣，主动接触剪纸、书法、茶艺等优秀传统文化技艺，学习优秀传统文化乐器和传统节日习俗等，从中深刻感悟优秀传统文化和其背后的民族精神，主动做中华优秀传统文化的传承者，增强自身的文化自信。

第二，主动参加优秀传统文化实践活动。大学生应该主动参与优秀传统文化社会实践活动，成为一名真正的优秀传统文化践行者。针对具有教育意义的博物馆、展览馆、纪念馆等，国家推出了对大学生的优惠政策，大学生应该抓住这一机会主动去参观博物馆、纪念馆等，参观后可以将自己的体会记录下来和同学们讨论交流，在交流中增进对优秀传统文化的感悟。同时也要积极参加学校举办的传统文化相关活动，比如，传统文化经典书籍诵读、诗词大会、传统文化夏令营等活动。大学生必须要意识到知行合一的重要性，在学习优秀传统文化理论知识的同时也要投身于实践活动中。

第三，提高自身的文化创新能力。大学生同样肩负着对优秀传统文化创造性转化和创新性发展这一责任，为此，大学生要提高自己的文化创新能力，主动创新优秀传统文化。善于继承才能善于创新，在继承中坚持古为今用，继承不仅是对本民族优秀传统文化的继承，而且是对外来文化有益成分的继承，做到取长补短、兼容并包，同样可以在此基础上对优秀传统文化进行创新和发展。文化创新的源泉是立足新时代的实践创造。大学生应在实践中提高自身的文化创新能力，在合理安排时间的前提下，多参加一些优秀传统文化社会实践活动。比如，大学生可以将自己参加优秀传统文化相关活动的感悟制作成短视频或者微电影；通过学习传统剪纸技艺，在剪纸中融入自己对传统文化的理解，创造出更多的文化创意产品等等。在对优秀传统文化认知、感悟和认同的基础上自觉提高文化创新能力，主动对优秀传统文化创新是大学生文化自信的终极目标，大学生应该提高自身的文化创新能力，更加坚定自己的文化自信。

综上所述，学校、家庭、社会和大学生首先应该发挥好自身的作用，然后相互配合，充分运用好中华优秀传统文化共同推进大学生文化自信的培育，提振大学生文化自信。

第三节　大学生文化自信的培育路径延伸

一、以实践教育增强大学生文化自信

大学生“三下乡”是指“文化、科技、卫生”下乡（以下简称“三下乡”），是各高校在暑期开展的一项意在提高大学生综合素质的社会实践活动。大学生参与“三下乡”活动，是当年五四青年开创的“走向社会，深入民众”光荣传统的延续；是大学生健康成长、将自身价值与祖国紧密相连、增加文化自信的重要道路。

儒家思想强调仁、义、礼、智、信，是我国传统文化主流思想，影响深远，其中“仁”是核心，仁即“爱人”，大学生“三下乡”就是“爱人”的一种体现。大学生到山区义务

为山区孩子上课，传播知识，传递快乐，这就是一种“爱人”的体现。“三下乡”使大学生在实践中体会了书本上学不到的东西，感受生活，懂得“爱人”、懂得节俭、懂得感恩。“智”是“仁”的载体，它不局限于知识，既是认知过程也是认知状态，“三下乡”的内容涵盖文化、科技、卫生，这正是“智”的体现。对于“德”，不光局限于书本知识，还应在实践中锤炼一个人的德行，这与“三下乡”的目的不谋而合。

“三下乡”包含了很多儒家思想和中华传统文化的精髓。大学生在“三下乡”的过程中返璞归真，渗透中华之德，增加文化自信。

二、文化自信对弘扬汉文化的影响

汉服的全称是“汉民族传统服饰”，它以汉文化为背景，以华夏礼仪文化为中心，区别于其他民族传统服饰，有着独特的风格和魅力。汉服的历史源远流长，最早出现在殷商时期，到唐代服饰承上启下，有些变化。直至清朝时期，统治者为了削弱汉人的民族认同感维护自己统治，实行了剃发易服，汉服因此日渐没落。21 世纪，人们开始审视中华传统文化中的优秀部分，汉服文化随之复兴。当前，各大高校为丰富学生课余生活和培养学生兴趣，成立各种各样的社团，其中就有汉服社。汉服社为热衷于汉文化的同学提供了交流的平台，社团通过举办汉服展示、汉服游园、汉服汉舞表演等活动来扩大汉服的影响力，让大家更加了解汉服，更加了解汉文化。近年来，古风歌曲、古风小说、古风影视剧、古风服饰越来越受到大学生的追捧和青睐，这从侧面反映出汉服及汉文化在高校越来越被重视。

西南石油大学的一名大二学生是一位汉服爱好者，他一年有三百多天都穿汉服，在接受采访时他说：“汉服是一个媒介，通过汉服可以追寻更多丢失的传统。”着我汉家衣裳，兴我礼仪之邦。对于大学生，着汉服也是增强文化自信的一种表现，通过汉服和汉文化在高校的发展，带动大学生了解更多的中华优秀传统文化，振兴中华优秀传统文化。

三、优秀传统文化的现行发展趋势

我国从 1971 年加入联合国，1978 年实行改革开放，2001 年加入世贸组织，到 2010 年国内生产总值超过日本成为世界第二经济大国，我国综合国力持续提升。随着经济全球化的发展，世界联系愈加紧密，“汉语潮”逐渐兴起。孔子学院是中国国家汉语国际推广领导小组办公室在世界各地设立的推广汉语和传播中华文化的机构，旨在促进世界人民对中国语言和文化的了解，发展国家间友好关系。2004 年，第一家孔子学院在韩国首尔正式设立。之后，孔子学院蓬勃发展。另外，国内推出了相关类型的电视节目，比如湖南卫视的“汉语桥”系列中文比赛，来自各个国家的各个年龄段的参赛选手都表现出较优异的中文水平，许多选手也在节目中谈到对中文和中国历史文化的喜爱。

中华武术在国外也备受欢迎。在美国，每年都会举办美国国际武术公开赛，比赛包括长拳、北派拳、南派拳、内家拳、技击、气功等，其中包含中国独有的太极拳、八卦掌、咏春拳、少林拳等。另外，中国功夫还被搬上了好莱坞荧幕，比如《功夫熊猫》等。音乐界也不乏中华优秀传统文化的元素。中央民族乐团是海内外规模最大的以弘扬中国传统民族音乐为宗旨的表演团体，乐团足迹遍布世界三十多个国家和地区，曾数次登上维也纳金色大厅。除此之外，国粹京剧也逐渐被世界认识和了解，受到各个国家人民的喜爱。以上事实都说明中华优秀传统文化的影响力在世界范围内不断增强，使大学生能够更加坚定文化自信。

第五章　优秀传统文化载体融入大学生文化自信培育

第一节　传统服饰文化融入大学生文化自信培育

一、传统服饰是中华文化的载体

中国传统服饰积淀着优秀传统文化的基因，是中华民族的宝贵财富，是民族文化的载体。《春秋左传・正义》中有言“中国有礼仪之大，故称夏；有服章之美，谓之华。”这说明华夏的名字，离开服饰是站不住脚的。自古以来中国就有“衣冠王国”的美称，从胡服骑射到满族旗袍，不同时期各个民族的服饰共同构成了中国传统服饰的宝库，反映了当时社会经济发展的现状和人们的思想状况，展示着东方文化的魅力，把中华文化展现得淋漓尽致。从北京冬奥会开幕式到国家领导人出席重要会议的着装来看，都融入了中国元素，展示着中国文化。例如，北京冬奥会开幕式上，旗手身着红色礼服入场，服饰上的“瑞雪祥云”“糖花飞雪”都在展示着中国式的服装浪漫，把中国服饰文化与奥林匹克精神结合在了一起，这些都是中国服饰典雅和大气的表现。在这些重要的场合穿着中国传统服饰不仅向世界展示着中国的形象，也在向世界展示中华文化的魅力。因此，中国传统服饰是中华文化的重要载体。

二、中国传统服饰文化融入大学生文化自信的路径

传统服饰文化的传承和创新，需要社会、学校、家庭共同担负起责任，在良好的社会环境和氛围中，实现服饰文化的新发展，用大学生喜闻乐见的形式增强传统文化的吸引力和感染力。

（一）全社会营造弘扬传统服饰文化的氛围

社会是一个大舞台，政府和各大媒体需要加强对传统服饰文化的宣传和推广。

首先，积极宣传传承传统服饰文化的先进人物。比如当红美食主播“李子柒”，她的视频中有服装的设计、裁剪、制作等元素，都是对中国传统服饰文化的再现。因此，政府和企业也要积极搭建平台，利用B站、抖音等媒体平台，以短视频等形式输出中国传统服饰文化，结合少数民族服装特色，鼓励民间设计承载本土民族特色的品牌服装。又可以以“一带一路”平台为媒介，把中国服饰文化传播出去。

其次，以信息技术为依托，创新传播方式。各地政府以当地文化资源为依托，利用现代信息技术和AR技术，建立中国传统服饰文化虚拟场馆、传统服饰文化数据库及网络交流平台，引导更多民众参加传统文化的体验活动，建设专题展览馆，对不同时期不同朝代的历史文化进行讲解，增进整个社会的认识水平和程度。例如，西安作为十三朝古都，有着悠久的历史文化，以唐朝文化为核心，带动了整个城市旅游产业的发展，形成了“大唐不夜城”“长安十二时辰”等文化圈，带动汉服文化的火热传播。

（二）学校开设与中国传统服饰文化相关的课程

围绕学校课程，开设传统服饰文化相关课程，丰富教学资源。各级各类学校要以课堂教学为主渠道，通过开设专门的传统服饰文化相关的专业课程的方式，深入挖掘中国传统服饰的内在底蕴。教师可以采取案例教学以及专题教学等形式，对不同时期的中国服饰进行剖析和挖掘。同时高校也可以结合学校和专业特色，开设相关选修课程，通过“传统服饰文化进校园”第二课堂活动的开展，聘请相关领域专家进行相关知识的普及和推广，吸引对中国传统服饰文化感兴趣的同学进一步了解中国的服饰文化，将服饰文化介绍给更多身边人，增强文化自信，引导学生自觉做传承中国传统服饰文化的践行者和宣传者。

知行合一，将传统服饰文化融入教学实践课程中，达到实践育人的目的。首先，学校可以通过服饰文化宣传月或者实地参观服饰展览馆的方式，让学生直观地感受中国服饰文化的博大精深。其次，学校也可以通过组建“中国传统服饰文化我来讲”宣讲团等活动形式，让学生自发进行资料的收集和展示，把服饰文化宣传出去，提高大众的认知程度。最后，搭建平台并提供场地，打造个性化实践展示平台，鼓励学生自行设计服装，把中国传统服饰文化元素融入校服设计中，并将设计的服装以微电影等形式进行展览和宣传；大学生也可以利用暑期社会实践等机会，深入民族地区，探寻其中博大精深的文化内涵，加强大学生对于文化强国建设的责任感和主动性。

（三）家庭重视对学生进行传统服饰文化教育

言传不如身教，身教不如境教。在三全育人体系模式下，家庭也承担起了教育的重任。家庭作为学生受教育的起点，家庭教育不仅关系每个学生的成长，更关系到整个社会的精神文明建设。第一，家长可以利用节假日带学生参观服饰文化展览馆、文化街等，通过穿汉服及少数民族服饰的体验活动，激发学生学习传统服饰文化的兴趣，产生进一步学习服饰文化的内驱力。第二，以传统节日为契机，讲述背后包括的服饰文化的故事。比如过年穿新衣、白族姑娘的头饰文化、藏族哈达、旗袍等服装和服饰背后所蕴含的深刻文化底蕴，让子女在潜移默化中增进对传统服饰文化的认识，形成民族服饰文化自豪感和认同感，提高审美技能和情趣。同时，由于当前多元文化的冲击和影响，在服饰文化教育中也要融入爱国主义等元素，引导学生树立正确的世界观、人生观、价值观。

在建设社会主义现代化文化强国的背景下，需要对优秀传统文化进行新的传承和发展，大学生作为社会最有生命力的群体，有责任和义务肩负起振兴中华文化的重任。在社会和高校进行中国传统服饰文化教育，关系到整个民族未来的发展，能够在培养大学生文化自信的同时，塑造爱国情感，提高大学生对中国传统服饰的审美认知。社会、学校和家庭也应当承担起文化强国建设的重任，让中华民族传统服饰文化更好地传承下去，让更多人感受中国传统文化的魅力。

第二节　中医药文化融入大学生文化自信培育

文化是一个民族的精神支撑，是人类智慧的结晶。中医药文化是中国传统医学文化的重要组成部分，是传承医学的亮点元素，其有机融合了儒家、道家、佛家思想，具有重要历史地位和学术研究价值。当前我国正致力于建设文化强国发展战略，需要中医药文化发挥其精神力量支撑人类发展建设。大学生作为新时代的建设者和接班人，具备文化自信素养不仅是新时期教育的现实要求，同时也是现代社会对人才的严格期望。对此，当前高校教育中注重增强学生文化自信素养，是教育改革的现实任务。

一、中医药文化视角下大学生文化自信培养的意义

中医药文化是优秀传统文化的重要组成部分，是中医药学内在的价值观念、思维方式和外在的行为规范、器物形象的总和，是前人对医药领域不断研究所积淀下来的智慧结晶，其研究了阴阳学说、五行学说、运气学说、肺腑学说、经络学说中的内容，属于我国文化领域中的一种特质文化。2016 年，国务院印发了《中医药发展战略规划纲要（2016—2030 年）》文件，明确提出在当今世界形态不断变化的背景下，要积极推动中医药进校园、进社区、进乡村，将中医药基础知识纳入学校基础教育中，实现中医药文化的推广与传承。我国虽拥有深厚的文化底蕴，但文化自信不足现象一直是阻碍社会发展进程的重要因素，民族文化自卑、崇洋媚外等心理在国民心中依旧存在，导致中医药文化的推广与传承现象不够明显，给大学生的思想认知带来了冲击和影响。因此，在中医药文化视角下培育大学生文化自信是坚持国家中医药发展战略，增强当代大学生民族文化自豪感，弥补文化缺失的现实需求。

（一）有利于营造良好校园文化氛围

中医药文化中具有深厚的哲学思想与人文精神，其中讲究的“天人合一、阴阳平衡”思想体现出了中华文化“道法自然”“无为而治”的哲学智慧，因此，将中医药文化渗透到高校教育中，可为学生日常学习、生活带来潜移默化的引导作用。如今部分高校为传承中医药文化，已据此开展了一系列医学文化表演活动、医学文化实践活动，极大程度为中医药文化的普及和传承做出了良好示范。这一形式有利于在校内外营造良好的中医药文化氛围，无形中提升了学生的文化自信。

（二）有利于提升大学生应对挑战的能力

近年来，国家愈加重视中医药文化的发展，并在许多一线城市已开始将中医药文化尝试推广进校园，增设了相关文化教育课程，还自行编撰了《中医药与健康》《中医药就在你身边》《中医药与健康教学参考书》等读本，给大学生接触中医药文化领域提供了载体和平台。如今，世界多元化趋势日渐明显，各国间的文化碰撞日趋激烈，我国文化面临前所未有的发展机遇与挑战。中医药文化作为我国优秀传统文化中的组成部分，其严谨性与科学性给学生的思想价值观带来了极大冲击，其中的以人为本、以文化人思想教会了学生救世济民的良好美德，教导学生以良善之心、坚强毅力应对社会挑战。

（三）有利于促进学生综合发展

中医药文化中凝聚着深邃的哲学智慧和健康养生理念，包含了先人养生防病、强筋壮骨、延年益寿的智慧成果，将中医药文化引入高校可提升学生身体素质，引导大学生在养成起居有常、饮食节制的良好行为习惯的同时感知中医药文化的魅力，自觉传承中医药文化思想。同时，中医药文化中还含有循序渐进、持之以恒，固本培元、着眼未来，同心协力的文化思想，学生能从中领悟到学习需坚持、学习需合作、学习需长远的可贵品质，进而将其内化于自身学习习惯中，端正学习态度，主动承担起文化传承与创新的责任，促进自身综合发展。

二、中医药文化融入大学生文化自信培育的基本要求

中医药文化熏陶下的大学生作为文化自信的主体力量，需在清晰认识该文化基础上对优秀文化、民族文化、先进文化充分认同和肯定，对文化中蕴藏的哲学思想、道德思想进行深入挖掘，并用实际行动学习和践行中医药文化中的优良文化传统与可贵精神。这是当代大学生应当在文化自信培育中所努力的方向，也是应遵循的基本准则目标。如今时代变革形势日趋严峻，大学生只有树立文化自信认知、拥有文化自信体验、践行文化自信行为，方能实现文化自信素养的提升。

（一）树立文化自信认知

在中医药文化熏陶下，大学生要坚定文化自信意志。如今在多元文化熏陶和影响下，学生容易受到外来文化和消极文化的干扰，从而误解或片面理解中医药文化精神内涵，不利于从思想上树立文化自信认知。只有保持初心，正确对待外来文化和其他文化，以开放包容的心态，批判性继承外来医学文化，才能在情感上奠定文化自信基础。同时学生还要培养文化认知主动性，主动了解和学习文化自信内容，学习文化自信精髓，从思想上与社会主义核心价值观精神接轨。

（二）拥有文化自信体验

大学生还需有深厚的文化自信体验，一方面，在日常思政教育熏陶与实践活动引导中，注重提炼其中的文化自信内容，总结梳理我国中医药文化精髓价值。比如，在学习理解外来文化过程中，可将传统中医药文化与外来文化做对比，从而以兼收并举的包容心态，坚定民族文化发展方向。另一方面，大学生还需积极践行中医药文化自信行为，将思政教育、专业教育中所接触到的文化内容与实践相结合，并将其运用到中医药文化实践活动中，从而实现文化自信的内化于心、外化于行。

三、中医药文化融入大学生文化自信培育的路径

在国家提出要将中医药文化引进校园的政策之后，众多高校开始转变教育重心，将中医药文化教育与学生的文化自信教育相结合，纳入人才培养目标规划中，为社会培养青年力量奠定了教育基础。当前，高校应密切关注中医药文化基础教育水平和教育质量，就如今中医药文化自信培育中的各类问题，提出针对性建议，为大学生的文化自信素养培育指明路径。

（一）锻造学生文化自信信念

医而好儒、儒而兼医、亦儒亦医是中医药文化的一大特点。据文献统计研究，中医药专业医家兼及研医者中，由儒而习医者占 70%。由此可说明中医药文化与民族传统文化之间有着密切联系。因此，高校在文化自信培育中就需要引导学生钻研中医药文化典籍，深入理解中医药文化中的辨证论治思想，使学生逐步在自身专业学习中学会辩证学习、思考学习。因此，高校应从学生思想意识层面着手，培养学生中医药文化认知意识，定期组织学生诵读经典中医典籍、理论著作，如《伤寒杂病论》《难经》等，丰富医理知识。只有学生深刻理解与掌握中医传统文化理论，才能增强文化自信心，坚定文化自信信念。

（二）创新校内教育形式内容

高校教育工作者需为学生营造良好文化学习氛围。从教育内容上，教育工作者可根据学生具体学习情况与教材章节安排情况，适当打乱章节顺序，引导学生搭建中医药文化学习框架，比如，课前可先给学生讲解教材章节的大致框架，引导学生从中梳理中医药文化的历史源头及内在关联，明确文化自信的理论根源。从教育形式上，教育工作者可融入信息化教学方式、混合教学方式、模拟实践化教学等，同时还可组织中医药文化沙龙、中医药文化研讨会、医学理论竞赛等活动，创新文化理论与实践教育形式，丰富学生多元化学习体系，如此学生能以多种形式接触中医药文化元素，更好地坚定文化自信意识。

（三）注重家庭文化教育引导

高校注重加强校内文化自信教育只能起到一定效果，要想全方位开展文化自信教育，还需结合家庭文化教育的引导，为学生营造良好的文化自信氛围。首先，院校教育工作者可与家长建立互联互通合作机制，定期与家长互相反映学生在校的中医药文化思想学习状况、思想变化状况及专业学习状况，确保及时了解学生成长中的问题。其次，利用互联网、信息技术组建家长线上交流平台，如微信交流群、微博交流群等，实现对学生中医药文化教育的渗透式管理。最后，院校教育工作者要做好家长文化教育的思想工作，商讨有效的家庭文化教育方法，既要充分考虑到每位学生的家庭文化环境，同时也要尊重每个家庭的教育方式，实现家校互动、双向教育。

（四）客观对待西方文化

高校为避免学生受到外来不良文化的干扰。一方面，在开展中医药文化教育时，可将其与思政教育内容专业课程相融合。教育工作者平时可将中医药文化领域的相关政治问题、经济问题、文化问题、哲学问题与学生共同剖析探讨，引导学生思考社会现实、感悟人生无常的规律，为文化自信教育打好基础。比如，可在中医药文化历史讲解中融入不同地区中医药文化理念与核心价值思想，如养生文化、饮食文化、医理文化等。深化学生对传统文化发展历程的认知程度。另一方面，需要学生端正中医药文化认识态度。对待外来优秀文化要学会扬弃，以海纳百川的姿态学习这些优秀文化。比如，在学习西方医学文化发展史过程中，可从文学、历史、政治等角度综合分析西方医学文化发展历程，每日提交一份反思日记作为思考成长的记录。这样有利于当代大学生以辩证眼光看待外来文化，对西方医药文献典籍进行深入研读和学习，以兼容各家之所长，丰富本土文化之内涵，从而提升学生对我国传统文化的自信意识。

总之，中医药文化传承了几千年的历史，从最初的实验性学科，到如今中西基础理论体系的搭建完成，其中积淀了无数优秀名医大家的智慧成果。社会未来要依靠年轻一代社会人才去传承与弘扬，因此能否将中医药文化有效传承与推广，与当前高校能否培养出具有深厚文化自信的人才具有密切关联。

第三节 传统节日文化融入大学生文化自信培育

中国传统节日文化丰富多彩，具有鲜明的民族文化特征，是中华优秀传统文化的重要组成部分，也是我们坚定文化自信的底气和根基。

一、文化自信与中国传统节日文化的关系

文化自信与中国传统节日文化之间相辅相成，联系密切。文化自信的概念集中体现于中国 5000 年的优秀传统文化之中。

（一）传承并弘扬中国传统节日文化是文化自信的题中之义

中国传统节日文化是中国传统文化的载体。文化自信的提出与实践，为复兴中国传统节日文化指明了方向，找到了道路。文化是一个民族的灵魂，是推动一个国家经济社会全面发展的内在精神力量，是一个国家综合国力中极为重要的软实力部分。道路自信的开创，理论自信的创新，制度上的变革和探索，在很大程度上都跟我们的文化土壤、文化传统和现在的文化状态紧密联系。我们对中国发展模式、对中国特色社会主义道路探索已经深入到最本质的层次，文化自信不但必要，而且重要。文化自信的建立和获得，既来自当下，以当代中国特色社会主义理论和实践的巨大成就为现实基础；又来自传统，以中华优秀传统文化的复兴为历史条件。这些辉煌历史和文明成就是我们建立和坚定文化自信的最宝贵的历史文化资源，而其中的优秀文化传统更是中华民族生生不息、繁荣兴盛的不竭精神源泉，是得天独厚的文化优势。中国传统节日文化相较于其他文化形式，将道德教化寓于年复一年、不断强化的全民性节日仪式中，因而具有更为强大、全面的教育、塑造与整合功能，是增强文化自信的具有普遍性和广泛影响力的传统文化资源。因此，增强文化自信，必然要求我们发掘整理传统节日文化中与当代社会发展相协调的活性元素，从而进一步增强民族自信心和自豪感。

作为文化自信重要源泉和精神支撑的中国传统节日文化，需要实现创造性转化和创新性发展，才能跟上时代前进的脚步，继续源源不断地为文化自信的生成提供丰富养料。时代在发展，社会在进步，人民越来越追求更加美好的精神生活，社会主义文化强国的建立和中华民族伟大复兴的事业越来越需要先进文化的有力支撑。因此，中国传统节日文化必须实现现代转型，必须将传统节日文化与现代化相结合，把传统节日文化与新时代的以爱

国主义为核心的民族精神、以改革创新为核心的时代精神等相结合，把传统节日文化的现代价值最大程度地发挥出来，使传统节日文化在新时代焕发出绚丽的光彩。

（二）坚定文化自信需要中国传统节日文化的丰厚滋养

建立当代中华民族的文化自信，必须立足于优秀传统文化的根基，优秀传统文化要为文化自信提供丰富养料。

首先，传统节日文化是提升文化自信的客观内容和基本要素。历史文化传统是不能割裂的，人类社会的每一次进步都必须借助于已有的文明成果。新时代要树立文化自信，就必须在我们已经拥有的历史资源和文化基础上进行再创造、再创新、再发展。以中华优秀传统文化为依托、为根基，尤其要以中国百姓喜闻乐见、广泛参与、深度融入的传统节日文化为抓手，形成助推文化自信的全员性、大众化的力量，既能使中国传统节日文化走向新生，也能为文化自信的大厦打牢根基。

其次，传统节日文化的价值为文化自信提供养分。春节的团圆美满、清明节的感恩缅怀、端午节的爱国主义、七夕节的忠贞不渝……中国传统节日包含的人与自然和谐共处的朴素思想，人与社会偕行共进的价值准则，以及人与人之间真诚友善的内在情感，都是真挚而有力量的，是中华优秀传统文化中的精华。

最后，传统节日文化是实现文化自信的重要载体。不论是在国内还是在国际舞台上，中国传统节日文化已经成为新时代实现文化自信的一个重要载体和有效的传播手段。中国传统节日包含大量的、约定俗成的、获得广泛社会认同的文化习俗，它广泛而又活生生地存在于传统饮食文化、服饰文化等老百姓喜闻乐见的文化形式中。在或是欢快或是庄重的节日气氛中，规范隆重的节日仪式使人肃然起敬，寓意深奥的文化符号使人浮想沉思，博大精深的价值理念使人欣然认同，对提升国民素质、进行文化熏陶和增进文化认同，都具有其他文化类型所不能替代的特殊作用。此外，向世界展现优秀传统文化，有利于增进世界各国人民对中国历史和文化的了解、接受和认同；有利于中华优秀传统文化走向世界、自立于世界民族文化之林，进而向引领世界文化发展潮流迈出关键一步；有利于增强中国人民在与世界各国人民交往中的文化自信和民族自豪感。

二、坚定文化自信、弘扬中国传统节日文化价值的时代意义

探讨文化自信视阈下传承和弘扬中国传统节日文化的时代意义，需要从两个维度展开。这两个维度是：中国现代文化建设的新实践及全球化的文化发展格局。具体说，国内方面，就是在社会转型、城乡发展、思想文化多元等大环境下，传统节日文化对中国社会的文明进步、和谐发展具有积极作用；国际方面，在文化多元化背景下，作为中华优秀传统文化主要内容之一的节日文化，不断扩大影响力和感染力，在世界文化舞台上独具一格。

（一）助力建设社会主义文化强国

中国是拥有 5000 年历史的大国，在很长的历史时期是世界强国之一。近代以来，国家和民族发展遇到了极大困难，但是我国都挺过来了，其中一个非常重要的原因就是我们拥有独具特色的中华文化，为实现民族复兴提供了强大的精神支撑。中国传统节日文化也具有这种力量，可以助推社会主义文化强国的建成。

1. 有利于提升国民素质和文化修养

勤劳质朴、孝亲敬老、诚信友善等是中华民族的优良品质，它蕴含在中国传统节日文化的价值理念、习俗仪式之中，是几千年以来规范人们言行、塑造人们价值观的重要道德标尺，也是中华民族作为礼仪之邦的重要精神标识。经济发展给人民带来物质生活上的改善，也潜移默化地改变了人们的生活方式、思想观念等。40 多年来，人们在享受改革开放带来的巨大红利的同时，也越来越明显地看到思想道德领域存在的问题，拜金主义、享乐主义和极端个人主义泛起，“利”字当头、道德失范的现象，一些优秀的民族文化传统遭到冷遇以致被抛弃。如此严峻的状况，要求我们必须寻找一种为民众广泛认同的思想和价值观来引领思想道德建设的方向，洗涤人们的心灵，净化人们的思想，提升整个民族的道德素养。在大力加强中国革命文化和社会主义先进文化教育的同时，拥有广泛群众基础和社会道德认同的中华优秀传统文化教育是一个特别值得关注且大有作为的领域。我们认为，传统节日文化教育在其中能够发挥独特的作用，收到事半功倍的效果。比如，重阳节（又叫“敬老节”）的敬老孝亲教育。目前，我国人口老龄化严重，老人需要得到全社会的关注与关爱。在重阳节这个传统节日里，老人们在想什么？我们能为老人做什么？这个节日留给我们怎样的思考？……许多人对重阳节几乎完全忽视，或对其文化内涵基本没有什么概念。有些人在这一天也只是给老人发个信息、打个电话略致问候，走走形式；或给老人买些东西，回家陪老人吃顿饭而已。其实，在人文意义上，重阳节的主题和文化内涵是感恩敬老，感谢父母对自己的养育之恩，期望父母健康长寿。因此，不仅需要在重阳节这一天打个电话、陪陪老人、孝敬长辈，更主要的是在日常生活中体现对老人的关爱。物质上的满足和身体上的照顾对老人固然重要，精神上的关注和陪伴同样是老人极其需要的。因此，重阳节的教育，就是感恩教育和孝道文化教育。

从小处讲，强调对老人的尊敬与爱护，作为小辈的年轻人应该学会对长辈的回报与付出；从大处讲，中华传统文化讲究家国同构，国是千万家，在家爱父母，促和谐，放大了就是爱党爱国家，维护社会稳定。中华优秀传统节日文化内在的价值观念极为丰富，其优良品质不胜枚举。清明节祭祖缅怀、追思先人的背后，蕴含了中华民族不忘根本、孝悌友爱、薪火相传的优良作风；春节时家家户户拜年，说吉祥话送祝福，表达了对亲人朋友的关照之心。遵循创造性转化、创新性发展的原则，与时俱进地发掘传统节日文化的宝贵价值，通过生动活泼、喜闻乐见的宣传教育方式，把传统节日文化中的核心价值根植于国民内心，代代相传，形成良好的家风、乡风和社会风气，对提升国民的素养以及全民族的整体素质有重大意义。

2. 有利于弘扬社会主义核心价值观

2013 年 12 月中共中央办公厅印发《关于培育和践行社会主义核心价值观的意见》，明确提出要把“富强民主文明和谐、自由平等公正法治、爱国敬业诚信友善”的社会主义核心价值观与中国特色社会主义发展要求相契合，与中华优秀传统文化和人类文明优秀成果相承接。作为中华优秀传统文化中重要部分的传统节日文化就必须自觉承担起弘扬社会主义核心价值观的时代责任。在这里，我们需要明确的是，中国传统节日文化与当地中国社会文化之间的关系其实就是传统与现代的关系，优秀传统节日文化是社会主义核心价值观的重要思想来源和丰厚价值滋养，而社会主义核心价值观则是新时代弘扬优秀传统节日的精神引领文化并实现其现代转换必须遵循的价值准则。在传统走向现代的过程中，社会主义核心价值观对传统是一种现实的过滤和选择。传统节日文化内在的价值理念与社会主义核心价值观并不是一一对应的，有些如民主、法治等思想并不是直接从传统节日文化甚至传统文化中发掘和转换出来，但我们仍然从优秀传统节日文化的丰富资源宝库中发现了与社会主义核心价值观的若干连接点。不论是国家层面、社会层面，还是个人层面，都可以在传统节日文化丰富的内涵与价值中找到相应的理论支撑，如传统节日文化中包含着和谐统一、热爱自然、崇尚自由、睦邻友好、团结友爱等思想观念，都成为社会主义核心价值观的思想理论来源。这样，通过挖掘传统的价值，发挥传统的力量，为现实的思想文化建设提供极具说服力、认同力的思想资源，有利于社会主义核心价值观在全社会的传播和弘扬。

3. 有利于构建社会主义和谐社会

传统节日文化是中华民族在农耕社会生产和生活中积累的宝贵财富，蕴含着对人与自然、人与社会、人与人之间的社会关系的深刻认知，彰显着民族文化的精神内核和民众内心最深切的情感——“和”。自古以来，中国的“和”文化始终是中华传统文化中最本质、最核心、最基础的部分，是中华民族世世代代追求的理想的生活状态。改革开放以来，在新一轮的工业化、市场化大潮中，人民从追求经济发展到关注政治民主，到经济、政治、文化三位一体协调发展，再到后来政治、经济、文化、社会、生态“五位一体”的总体布局，对和谐理念的体认、对和谐社会的追求，从隐到显，“和”文化及其理念在现代社会逐渐复苏并大行其道、深入人心，显示了优秀传统文化的顽强生命力和精神感召力。传统节日文化是承载“和”文化的重要载体，是传播“和”文化的看似平常而又效果极佳的工具，因为它最贴近民众的生产和生活。传统节日文化中的二十四节气主要体现了尊重自然、顺应自然、与大自然和谐相处的“天人合一、和谐共生”的理念，有利于缓解现代社会人与自然的紧张关系。“和”文化还体现在通过节日活动调节人与人、人与社会的关系中。过春节一家人要团聚在一起，中秋节赏月、吃月饼和家人团聚等习俗，充分体现了“家和万事兴”“以和为贵”的价值理念。浓郁的节日氛围是一种缓释剂，能够缓解人们的不良情绪，达到内心的平和安静，还能增进家庭中人与人之间的情感，促进家庭和谐。在调节社会关系方面，以“和”为核心理念的传统节日是一种润滑剂和调节器。在一些大型节日活动中，人们秉持共同的节日习俗，参与相同的节日仪式，共叙亲情友谊，重温宗族文化，许多矛盾隔阂往往在节日大团圆的和谐氛围中涣然冰释，提高了人的社会交往程度，促进了人与社会和平共处，有利于社会的和谐稳定发展。

（二）提升中华文化的国际影响力

改革开放40多年来，中国积极融入全球化进程，与世界各国家、各地区之间的经济、文化等方面的交流越来越频繁。传统节日文化作为中华优秀传统文化的一张亮丽名片，其中的文化理念、习俗仪式和特色产品，在国际舞台上绽放出绚丽光彩，备受世界各国人民喜爱，为提升中华传统文化影响力和中国文化软实力做出了重要贡献。

1. 有利于提高我国的国际地位和文化影响力

文化是一个国家、一个民族的灵魂，是国家兴旺发达、民族生生不息的最持久、最深沉的力量。因此，一个国家、一个民族要持久稳定地发展下去，就必须重视文化的力量。尤其在综合国力竞争激烈的今天，想要赢得优势，更不能够忽视文化在综合国力中的重要地位。2003年，中国在法国举办了“中国文化年”；2007年，中国在俄罗斯首都莫斯科举办了“中国文化年”；2010年，中国与意大利建交40周年时在罗马举办了“中国文化年”；2016年，中国和拉丁美洲一些国家举办了“中拉文化交流年”；2017年，中国和墨西哥建交45周年，在墨西哥举办了“中国文化年”。这些“中国文化年”的成功举办为中国文化走出去，为展示中华优秀文化的魅力风采创造了良好契机。在“中国文化年”的举办过程中，世界各国人民通过各种形式参与到活动中，了解中国的文化，了解中国传统节日的内涵、习俗，增进了对中华民族和中国文化的认识和理解。每当中国过春节时，也会有其他国家发来贺电祝福中国的春节，可见世界上有越来越多的国家和人民愿意了解和接纳中国的传统节日。以传统节日文化活动的开展为依托和平台，让中华优秀传统文化以低成本和大众化的模式向世界推广，为中国文化“走出去”架起桥梁，必将提升国外民众对中华优秀传统文化的关注度、认同力，会大大提高中华文化软实力，进而为提高我国的综合国力和国际地位做出贡献。

2. 有利于形成世界文化多极化、多样性格局

正是不同的民族拥有不同的文化，才构成了丰富多彩的世界文化格局。因此，民族的

就是世界的，即世界文化是由各个民族创造的文化汇集成的。每个民族的文化都有其独特的发展历史和特质，但又与其他民族的文化之间存在价值上的共性，因而世界文化是一个普遍性和特殊性的集合体，它体现了文化统一性和多样性的辩证统一。当前，国际文化领域存在文化冲突和文化竞争，某些国家借自身的经济政治优势推行文化霸权主义，将自己的价值观强加给世界。正确应对文化冲突，反对文化霸权主义，要求我们必须尊重各民族文化的独特性，保护各民族历史文化的多样性、丰富性。具体而言，就是要求我们坚守独立的文化立场，保护中华优秀传统文化，保护好非物质文化遗产，保护我们独有的文化根脉和灵魂。一枝独秀不是春，百花齐放春满园。世界上很多国家对本国传统节日传承与保护的例子就值得我们学习，比如哥伦比亚的巴兰基亚狂欢节就是他们最重要的传统节日之一，2003 年巴兰基亚狂欢节以其丰富多样、鲜明独特的民俗文化被联合国教科文组织命名为“人类非物质文化遗产代表作”。巴兰基亚狂欢节历史悠久，可以追溯到 19 世纪，融合和保留了土著的、非洲的、欧洲的文化传统，不仅仅是民众狂欢的视觉盛宴，更是国家传统历史文化的集中展示，其关于节日习俗和节日服饰的一些设计，都值得我们学习。保护民族文化的独特性，尊重文化多样性，并不意味着故步自封、因循守旧；相反，要求我们从其他国家的优秀文化中汲取精华，为我所用，丰富中华传统文化的内容与形式，使其更加多姿多彩，更具吸引力。既要保持民族文化的独特性，又要相互学习，取长补短，这才是推动世界文化多样性发展和进步的正确态度和根本准则。

3. 有利于正确处理国际关系和促进国家间的文化交流与合作

进入 21 世纪之后，和平与发展依然是当今时代的主题。传统节日文化中的和谐思想、和谐共处的原则，为我国正确处理国与国的关系、民族与民族的关系提供了有益借鉴，特别是充分体现在处理充满矛盾争端的外交问题上。中国不仅在联合国的舞台上，也在同世界各国经济、政治、文化等各种交往中，利用各种场合、各种形式阐述和平共处、共同发展的理念。

利用中国传统节日文化中包含的思想来展现中国人的热情友好、尊重包容以及合作共赢理念，能够加深各国民众对中国和中华文化的了解，增进国家间的友好关系。近年来中国在海外举办的“欢乐春节”活动就是一个成功的典型案例。从 2010 年开始，中国已经在 140 多个国家和地区的 400 多个城市举办“欢乐春节”活动，产生了广泛的国际影响。中国春节所追求的欢乐祥和、平安团圆的主题和理念也是世界各国人民的共同期盼和美好愿望，能够引起各国人民强烈的情感共鸣和认同，使中国传统节日文化更具世界意义。

综上所述，厘清文化自信和中国传统节日文化的关系，有助于对中国传统节日进行深入理解和挖掘，能够增强文化自信的底气。无论国内国外，坚持弘扬中国传统节日文化，都有助于坚定文化自信，使传统节日文化成为中国的文化名片。

第六章　经典阅读与大学生文化自信培育研究

第一节　经典阅读的内涵与意义体现

一、何谓经典

所谓“经典”，南朝刘勰在《文心雕龙·宗经》里曰：“经也者，恒久之至道，不刊之鸿教也。”即“经”是永恒的道理，是事物变化的基本规律。“典”在《尔雅·释诂》中解释为：“典，常也。”从甲骨文字形来看，上面是“册”字，下面是“大”字，合在一起是大册的书，意指重要的文献、典籍。“经”“典”合用，有“常道、准则”的意思，可引申为“典范、典籍”。《辞海》中将“经典”解释为：“最重要的、有指导作用的权威著作。古代儒家经典。也泛指宗教的经书。”东汉王符在《潜夫论》中讲道：“圣人以其心来造经典，后人以经典往合圣心也。”认为后人要继承名圣先贤的经典，站在巨人智慧的肩膀上，才能走得更远。

在英语世界中，有“经典”含义的词语主要包括：Sutra、Classic 和 Canon。Sutra，专门表示宗教经典文本，如佛经；Classic，蕴含着“古典”的意思，指具有典范性和权威性的著作，多指古典性的作品；Canon，表明经典是一个具有宗教起源的词语，引申为具有规范性和典范性的作品，如《圣经》等。

冯天瑜先生在其著作《中华元典精神》中，把“经典”称为“元典”，认为“元典”是“那些具有深刻而广阔的原创性意蕴，又在某一文明民族的历史上长期发挥精神支柱作用的书籍”。

牟钟鉴先生在《谈谈“读经”》一文中，认为经典必须具备这样几个条件：第一，它必须是大的文化体系创建时期的代表性作品，具有始祖性而不是流派性；第二，它包含着这一文化体系的基因，对该文化传统的形成，起着定型、导向的作用；第三，它是大悟性大智慧的结晶，故内涵丰富深厚，可以做无穷尽的解释发挥，所以不会过时；第四，它世代为广大范围的人群所奉读，在社会许多文化领域有普遍的影响，甚至成为一种共同性的文化语言。

王余光先生在其著作《阅读，与经典同行》中说：“我们常说的经典，是指那些具有重要影响的、经久不衰的著作，其内容或被大众普遍接受，或在某专业领域具有典范性与权威性。”除去专业经典，一般意义上的经典通常具有三个重要的特性，即影响力、时间性、广泛性。

综上所述，在古今中外的大量著述中，我们可以看到不同的学者，对经典有着不同的认识和理解，直到如今，这一概念的定义仍然存在争论。在讨论和争议中，我们更加意识到，经典在人们生活中的地位非常重要，人类无法也不可能抛弃经典而孤独前行。

二、经典阅读推广的特点及意义

（一）经典阅读推广的特点

经典阅读推广，即社会组织或个人为促进人们阅读经典图书而开展的相关活动。相较于其他阅读推广活动，经典阅读推广更突出推广内容的经典性。对于经典阅读推广的内涵，要抓住两点精神实质，即不仅包含阅读推广的一般性意义，而且凸显阅读推广内容的经典性特征。

经典阅读推广的特点，主要表现在以下几个方面：

首先，经典阅读是一种体验性阅读，阅读推广要注重学生的主动性。经典的文本大都是一个特定的体验世界，学生阅读经典的过程，就是感受、体验的过程，感受经典文本的形象世界，体验经典文本的情感世界，领悟经典文本的意义世界。

其次，经典阅读是一种对话性阅读，阅读推广要注重读者的个性化。读者阅读经典可以看作是读者与经典的对话，这种对话是读者与作者之间的，超越时空的，超越现实的，是思想与思想的对话、心灵与心灵的对话，甚至是生命与生命的对话。对每一个不同的读者，每一场对话都是不同的，甚至对于同一个读者，每一次对话也都是不同的。因此，高校在进行经典阅读推广时，要重视和了解学生的个性化特点和需求，帮助不同的学生从自身出发，阅读和理解经典，运用经典答疑解惑、引导人生。

最后，经典阅读是一种陶冶性阅读，推广经典阅读不仅仅是为了让学生从书本中获取更多的知识，更重要的是使学生通过阅读经典，陶冶情操，净化灵魂，升华人格。而这种陶冶性的阅读，更要求高校为读者的阅读经典活动提供优雅、平和、从容、安静、美好的阅读环境和阅读氛围。

（二）经典阅读推广的意义

首先，经典阅读推广是促进学生获取知识的重要途径。众所周知，人类获取知识的途径有很多，有直接经验，有间接吸取，阅读是人类获取知识的一项重要途径。由于一些学生存在某种程度的阅读障碍，包括阅读意愿和阅读能力等方面的问题，特别是一些学生在阅读文献的选择等方面存在困惑。经典阅读推广工作应从学生的角度出发，围绕相关问题，帮助学生解决这些困扰和问题，最终促进学生获取需要的知识。同时，高校经典阅读推广工作教师负责向学生推荐经典读物，在知识获取的道路上，为学生竖起一座灯塔，发挥指明方向和导航的实际作用。

其次，经典阅读推广是帮助学生自我完善与提升修养的重要途径。阅读是人类自身拥有的一项重要智能活动，每个人不仅可以通过阅读获取知识，而且可以不断完善自我修养。阅读这项高级智能活动，主要发生在人的大脑等器官当中。作为有思维和意识的学生个体，在阅读的同时，阅读内容与学生个体发生着亲密的接触和联系。经典文献及其内容，在读者的大脑思维里面，发生着更为深刻的激荡与反应。歌德曾有言："读一本好书，就像是和杰出的人面对面。"当下，我们需要重读经典，阅读经典让我们活得更有尊严，虽然时代的物欲横流与诱惑让一些学生迷失了自我和丢失了尊严，但是经典阅读推广帮助学生在自我完善的道路上，更加直接并且积极正向，促进学生与经典文献的接触，催化学生与经典文献的"反应"，最终帮助学生有效地提升自我修养和完善自我。

最后，经典阅读推广是帮助学生节省时间和提高效率的重要途径。"吾生也有涯，而知也无涯"（《庄子·养生主》），人生不是可以无限延长的，所以面对无穷无尽的知识，我们的最佳策略是获取知识的精华，阅读经典就是获取知识海洋中精华部分的有效、便捷途径。有限人生只能在无限图书中读有限的书，所以选择经典和推荐经典是最优的理智做法。经典阅读推广的宗旨就是帮助学生选择经典和阅读经典，通过高效地选择经典和有效地阅读经典，学生将节省宝贵的时间，阅读效率将会得到提高，这，也可以说是对学生生命的最好尊重方式之一。所以，经典阅读推广的意义十分重要。

三、推广大学生经典阅读的基础与条件

中华民族浩瀚的文化典籍：推广经典阅读的资源基础。中华民族创造了辉煌灿烂的文化，上下五千年绵延不绝，成为全球唯一没有中断的优秀传统文化，是最深厚的文化软实力，是中华民族谋求复兴屹立于世界民族之林的文化之根。中国作为四大文明古国之一，给世人留下了可供研究和吸收的丰富悠久文化遗产，其中文化经典是一大文化瑰宝，是一个民族文化发展成熟度的标志，正是浩瀚无垠的文化典籍为大学生提供了源源不断的阅读资源。

国民重视典籍阅读：推广经典阅读的民族优良传统。几千年来，中华民族耕读传家的优良传统即耕读文化源远流长。"耕读传家躬行久，诗书继世雅韵长"传承至今，诗书传家以德育人，历经数代而日益深厚、硕果累累，孕育了名人才子，繁荣了中华文化，可见阅读一直是中国传统与价值观中的重要组成部分。泱泱中华，自古尚书，莘莘学子，开卷有益。纵观古今大家，无不是勤于攻读，手不释卷，而后方能学富五车，成一代名流。古人读书的要义是修身养性，有着"修身、齐家、治国、平天下"的人生追求，通过自我构建到达内圣外王、内道外儒的境界。古人对阅读的推崇以及勤奋苦学的例子比比皆是，"洛阳纸贵"更是体现了中华民族对优秀作品的喜爱与珍视。因此，根植于国民的阅读习惯成为推广大学生经典阅读的基因优势。

民族文化复兴：推广经典阅读的时代良机。一个民族自身盛衰兴亡决定其民族文化的

命运，任何国家处于分裂或危机边缘时，其文化不可能独善其身，独自辉煌。中华民族经历了落后就要挨打的屈辱历史，新中国的成立使中国人民站起来，得以重拾自信。尤其是改革开放40多年以来，中国迎来了经济高速发展，伴随中国“一带一路”的建设与互联网飞速发展，中国国际形象不断提升，作为一个超强文化底蕴的“文明型”国家的崛起，尤令世界瞩目。在综合国力与国际地位提升背景下，中国元素、中国制造、中国风等中国文化活跃在国际舞台，中华民族文化备受关注。中华优秀传统文化展现出独特的价值与魅力，是其扎根世界文化之林的根基。国家的强大与文化复兴能激发大学生群体对经典书籍阅读的热情，促进经典阅读的推广工作。

大学文化传承与创新：推广经典阅读的校园沃土。文化传承与创新功能是大学的本质使命，是民族与社会对大学的希望和要求。大学既是优秀文化传承的载体，也是优秀文化创新的源泉，更是引领未来的思想高地。文化传承与创新功能可否实现，不仅关系到大学的地位与水平，也影响着国家与民族的未来。高等教育的目标是把大学生培养成有文化修养、符合时代要求、德才兼备的社会人。大学只有明德，在坚守中获得深厚的精神、道德力与感召力，才能塑造大学生的优秀品格，成为人类精神思想的家园。缺乏文化底蕴则无以为卓越，也更难屹立于世界大学之林。因此，将文化传承与创新作为己任的大学是阅读的校园沃土。

大学生高效学习能力：推广经典阅读的主体条件。大学时期是青年学生人生观、价值观以及世界观的形成期，更是职业素养与能力的积淀期，需要像海绵汲水一样汲取知识。大学生所处的环境宽松，阅读空间相对自由，大学文献资源丰富。大学生求知欲强、思维敏捷、接受新事物的能力强，正值学习的人生黄金期，因此在此时期对其进行引导与鼓励，使其潜心研读经典书籍，真乃机不可失。

第二节　高校图书馆经典阅读推广活动实证研究

2020年，“全民阅读”连续第七次被写入政府工作报告。自国家及政府层面倡导全民阅读以来，社会各界阅读推广活动精彩纷呈，高校图书馆阅读推广活动亦开展得如火如荼。而随着数字阅读的兴起，当前大学生经典阅读状况堪忧，碎片化阅读、功利性阅读等浅阅读现象盛行，严重影响大学生文化底蕴的积累和阅读能力的提高。经典作为人类社会长期发展过程中沉淀而成的文化精粹，通过阅读实现代代相传。随着文化成为国家竞争力的核心源泉，国家及政府各层面表现出对优秀传统文化宣传与回归的高度重视。2017年1月25日中共中央办公厅、国务院办公厅联合印发了《关于实施中华优秀传统文化传承发展工程的意见》（以下简称《意见》），突出强调了传承中华优秀传统文化的重要性和紧迫性，并明确了图书馆等公共文化机构在宣传推广中的重要作用。向大学生推广经典及经典所承载的优秀传统文化，高校图书馆有义不容辞的责任。这不仅有利于提升大学生阅读思考能力和整体文化素养，还是提升国家竞争软实力、坚定文化自信的重要路径。

据孟祥保统计分析50所世界一流大学的教学大纲推荐的经典著作发现，一流大学都极为重视经典阅读①。在2015年8月18日中央全面深化改革领导小组会议审议通过的《统筹推进世界一流大学和一流学科建设总体方案》中也明确把“传承创新优秀文化”作为建设任务之一。下文以42所一流大学建设高校②为例，对高校图书馆的经典阅读推广活动进行了实证调查研究。

一、数据来源和数据处理

（一）数据来源

笔者调查了42所一流大学建设高校图书馆的经典阅读推广活动及相关影响因素。高校图书馆的经典阅读推广活动是将图书馆主办、协办、承办或参与的经典阅读推广活动进行统计汇总。检索途径一是对42所一流大学建设高校的图书馆官方网站的“新闻公告”“新闻动态”“文化活动”等栏目涉及的经典阅读推广活动进行逐条筛选，二是通过百度检索该校网址下主题词为“经典”或“传统”的新闻报道活动进行筛选以查缺补漏。选取时间段为2015年1月1日——2019年12月31日。筛选过程中把握推广内容即经典的影响力（经历了历史选择的最有价值的部分）、时间性（经久不衰）和广泛性（广泛认可、具有典范性）三重特征。经典阅读推广活动的相关影响因素主要调查了图书馆有无经典阅览空间、专门的阅读推广部门，以及图书馆新媒体平台开通使用情况。

（二）数据处理

对跨月份或年份的活动，活动时间统计为开展起始月或年。读书月等综合活动条目中，仅摘取其中涉及经典阅读推广的活动内容。关于图书馆阅读推广活动的类型划分，张怀涛从读者、读物、环境三个一级要素进行具体划分③，岳修志列出了21种类型④，王波以活动频率、性质、角色、方法、手段为划分标准⑤，张彬列出了23对46种类型⑥，胡陈冲从内在推力、中间障碍和外部拉力三个影响学生读者因素进行划分。⑦岳修志表述得更加详细具体，下文的活动类型主要参照此法统计归类，不能囊括在内的采用活动本身的类型表述。

---

① 孟祥保．世界一流大学学生在读什么经典？——一项来自百万开放课程大纲大数据的研究[J]. 大学图书馆学报，2020，38（1）：68—75.

② 来自教育部、财政部、国家发展改革委公布世界一流大学和一流学科建设高校及建设学科名单。

③ 张怀涛．阅读推广方式的维度观察[J]. 大学图书馆学报，2016（6）：59—65.

④ 岳修志．基于问卷调查的高校阅读推广活动评价[J]. 大学图书馆学报，2012（5）：101—106.

⑤ 王波．中外图书馆阅读推广活动研究[M]. 北京市：海洋出版社.2017：313.

⑥ 王波．中外图书馆阅读推广活动研究[M]. 北京市：海洋出版社.2017：310.

⑦ 胡陈冲．“推—拉理论”视角下高校大学生参加阅读推广活动的动因分析[J]. 大学图书馆学报，2017，35（01）：79—84.

二、42 所一流大学建设高校图书馆经典阅读推广现状调查分析

本调查统计时间为 2020 年 1 月 1 日至 4 月 31 日。经统计，42 所一流大学建设高校的图书馆经典阅读推广活动共有 318 条记录，其中中山大学图书馆没有相关记录。

（一）高校图书馆经典阅读推广活动开展时间

从年度分布看，2015 年、2016 年、2017 年图书馆经典阅读推广活动数量基本持平，分别为 54 条、56 条、51 条。2018 年有了较大幅度的增长，达到 78 条，2019 年与 2018 年基本持平，有 79 条（图 6-1）。这在一定程度上表明国家层面颁布《意见》后，各高校图书馆也增强了对承载中华优秀传统文化的阅读经典的推广。

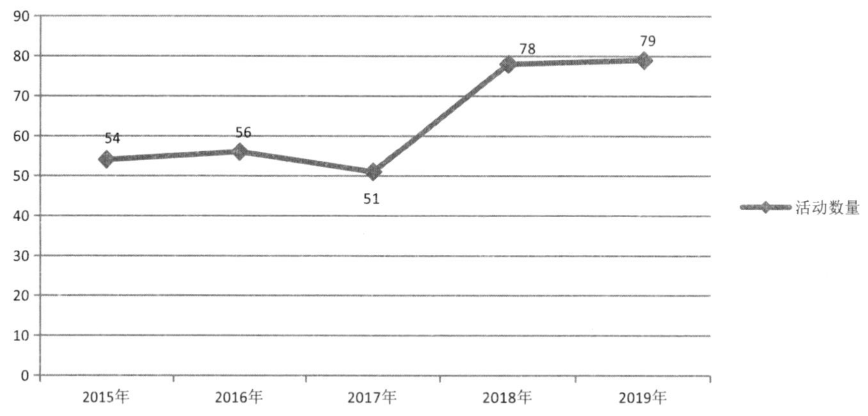

图 6-1　2015 年至 2019 年高校图书馆经典阅读推广活动年度分布趋势图

从月份分布来看，4 月作为“世界读书日”所在月是阅读推广活动的集中开展阶段，经典阅读推广活动在 4 月也最集中，有 125 条记录，占三分之一以上。有 36 所高校在 4 月开展了经典阅读推广活动，其中清华大学最多，有 10 条记录。其次开展活动较多的月份是 11 月，有 14 所高校开展活动，其中同济大学活动记录数量最多，有 8 条。一般处于寒暑假或学期末期间的 1 月、2 月、7 月和 8 月，活动数量最少，平均不足 2 项（图 6-2）。这与高校教学活动与教学秩序的安排有很大的关联性。综上，当前经典阅读推广活动开展的时间过于集中，4 月份扎堆严重，下半年各月份分布相对均衡。

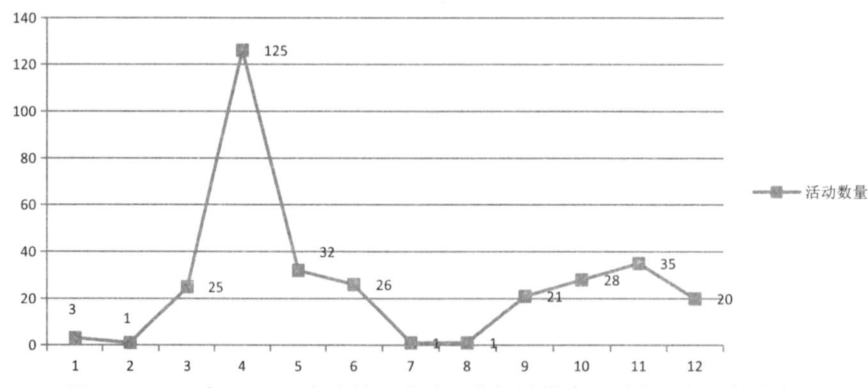

图 6-2　2015 年至 2019 年高校图书馆经典阅读推广活动数量各月份分布图

（二）高校图书馆经典阅读推广活动学校分布

在 318 条高校图书馆经典阅读推广活动记录中，同济大学数量遥遥领先，达 40 条。42 所高校中超过 10 条（含）活动记录的有 11 所。这 11 所高校图书馆经典阅读推广的活动记录有 189 条，占总数近 60%（图 6-3）。有 23 所高校的活动记录在 5 条（含）以下，其中浙江大学、华南理工大学、中国农业大学、中南大学和新疆大学均只有 1 条记录。可见，经典阅读推广活动在各校分布很不平衡，各校图书馆对经典阅读的推广倾向程度不一。

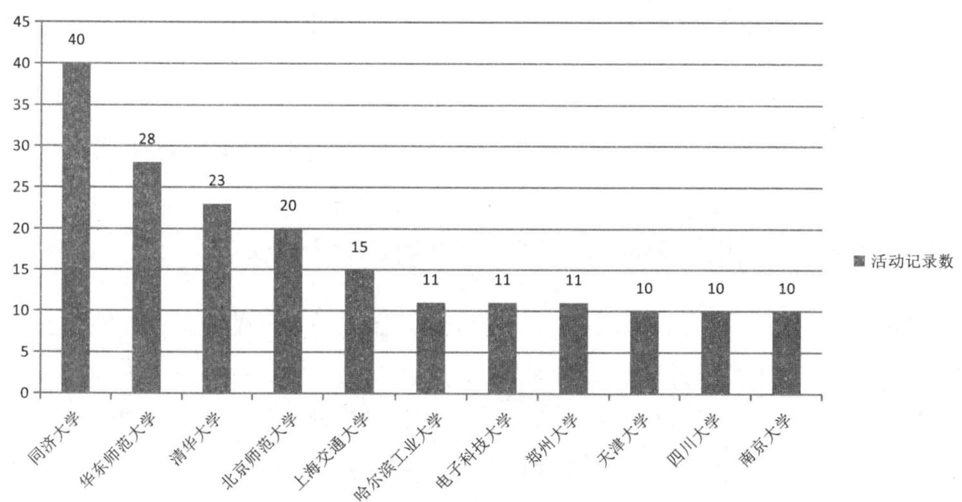

图 6-3　2015 年至 2019 年高校图书馆经典阅读推广活动数量（≥ 10 条）学校分布图

（三）高校图书馆经典阅读推广活动类型

在经典阅读推广活动中，组织形式有单一式活动类型和组合式活动类型，单一式活动类型占大多数，采用组合式活动类型的只有 38 项。单一式活动类型中使用最多的前五位依次为：名师讲座、图书推介、名著名篇诵读、读书会和读书征文比赛（图 6-4）。这五种活动类型主要用于中外经典书籍的推广。其他使用较多的活动类型还有名著影视欣赏、读书沙龙、书法作品选、读书节启动仪式和闭幕仪式。采用组合式活动类型的主要有主题阅读活动、立体阅读活动和传统文化类活动。如中国科学技术大学图书馆举办的以“诵读经典、飞扬青春”为主题的校园微阅读创作活动包括读书征文、音频诵读和视频演绎三种活动类型。同济大学图书馆举办的“感受英伦文化”“风雅大唐”等立体阅读活动包括图书推介展览、读书沙龙、名师讲座、经典电影展映、经典音乐欣赏、有奖知识竞赛等多种活动类型。北京师范大学图书馆开展的“二十四节气之美”“节庆民俗之美”“古籍修复技艺进校园”等传统文化活动更是融合了图书推介展览、名师讲座、名著名篇诵读、游戏、知识问答、读者体验、经典抄写等多种活动形式。此外，经典阅读推广还采用了阅读马拉松、读书打卡、阅读档案袋、真人图书馆等其他活动类型。

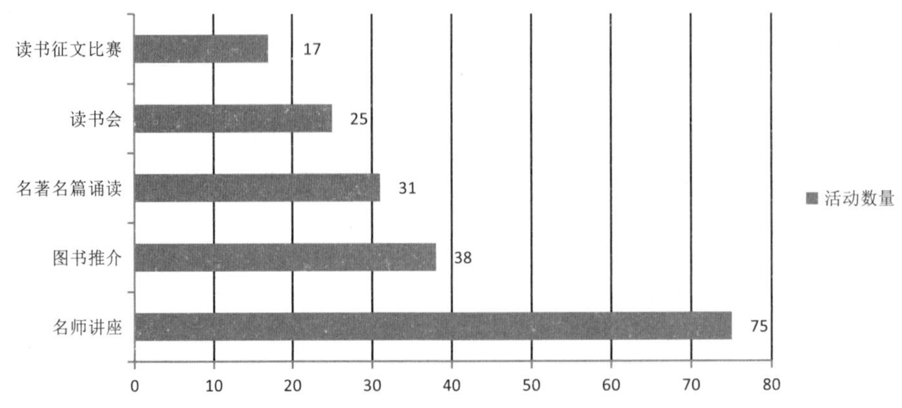

图 6-4　2015 年至 2019 年高校图书馆经典阅读推广不同活动类型数量分布图

（四）高校图书馆经典阅读推广活动的合作开展情况

在 318 条经典阅读推广活动中，有 142 条是高校图书馆与其他个人、部门、机构或组织合作开展的。与个人合作开展的活动有 1 项，是上海交通大学图书馆与孟和教授策划开展的“感受经典的魅力——《生命科学发展史》经典书籍导读活动”。与校内其他部门合作较多的有学生工作部门（学工处、学生工作部、学生处等）、团委、宣传部、专业院系、文化素质教育部门（国家大学生文化素质教育基地、文化素质教育办公室等）。与校外机构或组织合作的有其他高校图书馆、公共图书馆、省域高校图工委、研究所、非物质文化遗产保护中心、博物馆、纪念馆、书店、出版社、数据商等。合作较多的社会团体是校内外的各类社团尤其是学生社团，如读书会、文学社、哲学社、书法协会、剧艺社、汉服社、乐队等。

（五）高校图书馆设置经典阅览空间

经典阅览空间的设置不仅便于经典文献的集中存放展示，其意义还在于可以围绕经典文献开展相关阅读推广活动，如阅读指导、读书沙龙、小规模研读等。精心设置的经典阅览空间不仅是高校图书馆对经典阅读推广的重视，还是高校图书馆未来将经典阅读推广常规化的重要场所支撑。读者置身其中不仅能感受到经典文献本身带来的启迪，还能受到经典阅览空间布局和摆设的熏陶。调查统计发现专门设置经典阅览空间的高校图书馆很少，有同济大学的“闻学堂”、天津大学的“日新书斋”以及哈尔滨工业大学的“素质教育阅览室”。

（六）高校图书馆设置专门阅读推广部门

随着阅读推广逐渐发展成为当代图书馆的一种主流服务形式，设置专门的阅读推广部门可以使其更专业化和常规化。高校图书馆经典阅读推广主要面向大学生群体，培养大学生的深度阅读思考能力和文化素养，更需要推广主体的专业性和持久性，专门的阅读推广部门更有益于这一目标的实现。42 所一流大学建设高校的图书馆设置专门阅读推广部门的有 9 所。除了哈尔滨工业大学和大连理工大学直接使用“阅读推广部”外，其他几所学校的设置名称虽各不相同，但都是专司阅读推广工作。如南开大学的“文化建设与推广部”、武汉大学的“咨询与阅读推广部”、中山大学图书馆公共服务部下设的“阅读推广组”、兰州大学的“阅读推广一部二部”、同济大学的“宣传推广部”、郑州大学的“读者活动推广办公室”、华东师范大学的“文化推广部”（表 6-1）。

表 6-1　设置专门阅读推广部门的一流大学建设高校图书馆一览表

高校图书馆	部门名称
大连理工大学图书馆	阅读推广部
哈尔滨工业大学图书馆	阅读推广部
南开大学图书馆	文化建设与推广部
武汉大学图书馆	咨询与阅读推广部
中山大学图书馆	阅读推广组
兰州大学图书馆	阅读推广一部、二部
同济大学图书馆	宣传推广部
郑州大学图书馆	读者活动推广办公室
华东师范大学图书馆	文化推广部

（七）高校图书馆新媒体平台开通使用情况

随着数字化阅读的风行，微博、微信等新媒体平台成为人们尤其是大学生所青睐的阅读媒介。新媒体可以为高校图书馆的经典阅读推广提供更加新颖、丰富的手段和途径。新媒体常规化、有规律地更新信息有利于形成稳定的用户群，可以为经典阅读推广打下良好的用户基础。基于此，笔者于 2020 年 5 月 6 日、5 月 8 日分别调查了 42 所一流大学建设高校图书馆的官方微博和官方微信公众平台的开通使用情况。

30 所高校图书馆开通了官方微博并发布信息，最早的是重庆大学图书馆，于 2009 年 11 月 11 日开通并发布第一条信息。以年为单位，截止到 2020 年，有 15 所高校图书馆官方微博一直更新中，没有停止更新，只有复旦大学图书馆于 2019 年中断了更新。以 2020 年 4 月更新信息条数为抽查样本，更新频率最高的前五所高校依次是郑州大学、同济大学、兰州大学、重庆大学、北京大学。（表 6-2）

表 6-2　一流大学建设高校图书馆开通使用官方微博平台情况一览表

图书馆名称	第一条信息发布时间	2020 年 4 月更新条数
郑州大学图书馆	2013.12.25	90
同济大学图书馆	2011.9.8	85
兰州大学图书馆	2013.5.21	55

续表

图书馆名称	第一条信息发布时间	2020 年 4 月更新条数
重庆大学图书馆	2009.11.11	55
北京大学图书馆	2013.4.28	38
东南大学图书馆	2011.2.22	29
武汉大学图书馆	2011.11.13	25
厦门大学图书馆	2009.11.17	24
浙江大学图书馆	2012.3.7	23
四川大学图书馆	2011.9.30	16
南京大学图书馆	2011.4.19	13
复旦大学图书馆	2011.4.20	6
湖南大学图书馆	2012.6.19	4
南开大学图书馆	2011.5.12	1
清华大学图书馆	2010.12.13	0

42 所一流大学建设高校图书馆全部开通了官方微信公众平台，其中北京师范大学图书馆于 2012 年 11 月 6 日最早开通。以 2020 年 4 月为抽查样本，保持有规律、常规化更新的有 38 所学校，其中每日更新（更新天数 22—30 天）的有 18 所学校，约两天更新一次（更新天数 14—20 天）的有 5 所，约一周更新一次（更新天数 4—5 天）的有 15 所。（表 6-3）

综上可见，高校图书馆更倾向于使用微信公众平台，且几乎所有学校都定期更新。

表 6-3　2020 年 4 月一流大学建设高校图书馆微信公众号更新情况一览表

图书馆名称	2020 年 4 月更新天数	图书馆名称	2020 年 4 月更新天数	图书馆名称	2020 年 4 月更新天数
天津大学图书馆	30	西北工业大学图书馆	24	西北农林科技大学图书馆	4
吉林大学图书馆	30	清华大学图书馆	23	新疆大学图书馆	4
兰州大学图书馆	29	湖南大学图书馆	23	电子科技大学图书馆	4
武汉大学图书馆	29	北京师范大学图书馆	22	四川大学图书馆	4
中山大学图书馆	29	上海交通大学图书馆	22	中国人民大学图书馆	4
山东大学图书馆	29	华南理工大学图书馆	20	大连理工大学图书馆	4
南开大学图书馆	27	南京大学图书馆	18	中央民族大学图书馆	4
东南大学图书馆	27	郑州大学图书馆	15	同济大学图书馆	4
浙江大学图书馆	25	东北大学图书馆	15	中南大学图书馆	4
国防科技大学图书馆	25	云南大学图书馆	14	中国科学技术大学图书馆	4

续表

图书馆名称	2020 年 4 月更新天数	图书馆名称	2020 年 4 月更新天数	图书馆名称	2020 年 4 月更新天数
厦门大学图书馆	25	中国海洋大学图书馆	5	北京大学图书馆	4
华东师范大学图书馆	25	华中科技大学图书馆	4	重庆大学图书馆	4
复旦大学图书馆	24	西安交通大学图书馆	4		

三、42 所一流大学建设高校图书馆经典阅读推广状况调查结论与启示

（一）调查结论

第一，高校图书馆经典阅读推广活动嘉年华现象仍旧明显。活动开展时间方面，过多集中于 4 月份，学生寒暑假期间的活动极少。活动开展类型方面，采用单一活动类型的活动占了很大一部分，通常是作为读书节活动中的一项，与其他活动内容关联度低。在整个阅读推广活动中的地位不明显，总体还处于较边缘的状态，没有形成常态化。经典阅览空间和专门阅读推广部门的鲜少设置，也可以佐证这一点。

第二，高校图书馆经典阅读推广活动开展深度极不均衡。有的高校图书馆在活动的开展方面已经有了比较成熟的做法，形成了比较常规化制度。如同济大学除了设置专门的宣传推广部、经典阅览空间“闻学堂”，在活动开展上也形成了“立体阅读”“闻学讲堂”等活动品牌。南京大学图书馆网站设置专门的“悦读经典”栏目，“悦读经典计划”已成为全校上下共同推动的一项系统工程。相比之下，很多高校图书馆在经典阅读推广方面不仅缺乏制度空间上的保障，在活动的开展上无论从数量还是从质量上都相去甚远。

第三，高校图书馆经典阅读推广活动合作广度有余、深度不足。从合作广度上看，无论从地域延伸还是从合作者的属性来看，都体现出广泛性、多样性。但从合作深度上看，合作层次基本还处于短暂性的任务简单分拆式的浅层次合作，在阅读资源、人才资源、读者互联互通等方面的深层次合作共享方面还有很大空间可以开拓。

第四，高校图书馆微信公众平台使用广泛且稳定。新媒体的出现的确为图书馆阅读推广提供了更多可能性和便利性，但如果使用种类过多，不仅容易造成管理者的负担而降低推广质量，还容易分散用户群，不容易形成稳定读者群。高校图书馆微信公众平台因其推广的便捷性、内容的丰富性与读者的易接受性成为超越微博的重要宣传推广渠道，经典阅读推广可充分利用这一媒介。

（二）调查启示

第一，加强高校间深度合作，建设统一的经典阅读平台。高校间的发展水平差异巨大，即使是 42 所一流大学建设高校间的各方面资源也非常不平衡，每所学校都有自己的优势

和劣势，体现一定的地域特色、学校特色以及学科特色。但在经典阅读的内容方面有共通性和“最大公约数”，尤其是在中外元典和中华传统文化方面。高校间可以建立深度合作，或者由高等教育管理部门牵头，以高校图书馆为依托，建立统一的经典阅读平台，分为共享板块和特色板块。共享板块可以融合各校尤其是有经典阅读推广传统和经验的高校的推荐书目、名师讲座及导读资源、读书会和共同的线上经典阅读活动等。特色板块是不适合或无法共享使用的校内或小范围的各种经典阅读推广内容。这样可以在很大程度上弥补很多高校经典阅读推广的资源不足，尤其是名师资源不足问题。当然，在内容建设过程中尤其是共享板块要注意知识产权的法律保护问题。

第二，高校图书馆可合理利用寒暑假时间，开展行走阅读等新颖的经典阅读推广形式。高校寒暑假是一段学生学业相对轻松的时间。但从实证调查来看，经典阅读推广对这段时间利用率极低。值得推广借鉴的是上海交通大学在暑假期间开展的行走式阅读研学活动。“知行合一”才能对经典的感悟理解更加深刻，更有利于融入个人的精神意志中去。每个高校图书馆均可根据自身实际资源，可远可近，可自行组织、也可与相关部门合作，将经典阅读融合到学生的社会实践活动中去，去倡导、呼吁读者们带上经典走出去，换种方式去思考、感悟经典。

第三，借助常用新媒体，对经典阅读进行常规化推广。数字阅读趋势不可阻挡，新媒体层出不穷，高校图书馆不必追求面面俱到，把常用的新媒体如微信公众平台内容做好，为经典阅读推广设置专门栏目，线上线下结合进行常规化推广。长期坚持下去，深耕细作，这种看似碎片化的阅读与参与也会大大促进大学生经典阅读素养的形成。

总之，阅读素养和文化自信的养成从时间上不是一朝一夕，从方式上不是灌输和口号。高校图书馆应把真正的中外经典和优秀传统文化内容用大学生喜闻乐见的方式方法呈现出来，让他们在此过程中学会思辨甄别、懂得修身厚德、履行责任担当、追求人生艺术，最终实现文化的代代传承。高校图书馆经典阅读推广任重而道远。

第三节　高校图书馆经典阅读推广优秀案例与常规化推广启示

近年来，高校图书馆的阅读推广活动内容越来越偏重经典及经典承载的传统文化，学界对高校图书馆经典阅读推广的研究也曾出不穷，对高校图书馆常规化进行经典阅读推广进行了模式与路径的探索。在经典阅读书目研究方面，张微介绍了书目的遴选标准与发展特点[①]，赵晨洁等对书目的体系构建与推广策略进行了阐述[②]。在经典阅览空间研究方面，王余光、王媛从空间功能设计、馆员配置、经典阅读活动开展等方面给出可供参考的

① 张微．大学经典推荐书目的遴选标准与发展特点 [J]. 图书情报工作，2020，64（07）：64—72.

② 赵晨洁，叶志锋．大学生经典阅读书目体系构建及推广策略研究 [J]. 图书馆学研究，2019（08）：79—86.

设计方案[①]，赵雪岩阐述了设立经典阅览室的意义及做好经典阅览室服务工作的思路与建议[②]，赵子璇等提出“高校图书馆＋书院”的经典阅读推广模式[③]。以具体实践为例进行经典阅读推广模式研究方面，朱原谅、陈幼华通过试验效果对比，得出阅读共同体的经典阅读推广模式效果最好[④]，刘云等以西南交通大学为例提出嵌入式经典阅读推广模式[⑤]，朱原谅、周梅以常熟理工学院为例提出构建“五维一体”的大学经典阅读体系[⑥]。目前还没有对国内高校图书馆经典阅读推广常规化的多个优秀案例进行综合分析的相关研究，本节将对优秀案例进行研究得出对经典阅读常规化推广的启示。

一、研究方法与案例选取

教育部高等学校图书情报工作指导委员会（以下简称高校图工委）举办的全国高校图书馆阅读推广案例大赛和教育部思想政治工作司举办的全国高校校园文化大赛都是全国非常有分量的比赛，涌现出不少可供借鉴学习的案例，下面通过网络调查法和文献调查法分别对两项赛事获奖案例中涉及经典阅读的部分进行汇总，并结合相关院校图书馆的经典阅读推广做法进行筛选分析。

在已举办的两届全国高校图书馆阅读推广案例大赛获奖案例中，涉及经典阅读推广的2015年有5例，2017年有8例。本节选取其中两届都获奖的辽宁大学图书馆和武汉大学图书馆进行经典阅读推广分析，其中辽宁大学图书馆获奖案例为“中华传统经典立体阅读之旅”（二等奖）“守望经典·深耕心灵——乡邦经典深阅读之‘经典里的盛京’”（一等奖），武汉大学图书馆获奖案例为“《拯救小布之消失的经典》2015武汉大学读书节经典名著在线游戏”（一等奖）“‘携人间四月 赴诗词之约’——中国古典文学知识大赛”（二等奖）。教育部自2006年组织开展高校校园文化建设优秀成果评选活动，目前已举办八届，下文对获奖优秀成果中涉及经典阅读的案例进行筛选，结合相关学术文献，选取西南交通大学图书馆和同济大学图书馆进行经典阅读推广分析。其中西南交通大学获奖的优秀成果为“以经典阅读涵养文化自觉 为精神成人打造思想底色——西南交通大学大力推广“经典悦读”计划（第八届高校校园文化建设优秀成果评选优秀奖），同济大学获奖的优秀成果为“大学‘文化传承创新’新途径的持续探索——‘立体阅读’项目”（第七届高校校园文化建设优秀成果评选一等奖）。

---

① 王余光，王媛．高校图书馆设立经典阅览室与经典教育 [J]. 大学图书情报学刊，2014，32（6）：5—10.

② 赵雪岩．高校图书馆经典阅读推广之设立经典阅览室 [J]. 甘肃科技 2019，35（6）：66—67.

③ 赵子漩，杨溢．“高校图书馆＋书院”经典阅读推广模式研究 [J]. 河北科技图苑，2019，32（1）：68，69—73.

④ 朱原谅，陈幼华．大学经典阅读推广模式效果的实验对比研究 [J]. 图书情报工作，2019，63（18）：40—46.

⑤ 刘云，高凡，杨勇，等．嵌入式推广：高校图书馆经典阅读推广的有效路径——以西南交通大学为例 [J]. 图书情报工作，2018，62（24）：104—109.

⑥ 朱原谅，周梅．“五维一体”的大学经典阅读体系构建与实践——以常熟理工学院为例 [J]. 图书情报工作，2017，61（12）：101—105.

二、高校图书馆经典阅读推广优秀案例解析

（一）辽宁大学图书馆

辽宁大学图书馆（以下简称“辽大图书馆”）结合馆藏古籍资源特征，成立专门的经典阅读推广团队，利用立体化阅读推广方式，经过五年多的坚持与积累，逐步确定了品牌文化活动。

1. 组织机构与人员保障：专门的经典阅读推广创新团队

辽大图书馆组建了以馆长为中心、以古籍特藏部和业务部为主力的阅读推广创新团队。馆员学科背景广泛、分工明确。该团队定期举办“馆员读书会”，即“馆员学习研究交流会”，研习经典阅读理论著作，借鉴国内外优秀案例，共同设定活动主题和规则。确定活动宗旨为“传承优秀传统文化”，活动主题为“中华传统经典立体阅读之旅”，每届根据具体内容另设分主题。

2. 文献来源：本馆馆藏古籍资源

辽宁大学图书馆是“全国古籍重点保护单位”和“辽宁省古籍重点保护单位”，是教育部指定的《中华再造善本》百所高校授赠馆之一，现藏古籍 7000 余种，16 万册。自 2007 年起辽宁大学图书馆积极参与“中华古籍保护计划”，丰富的馆藏资源为开展经典阅读推广实践活动提供了坚实的文献保障。

3. 注重使用新媒体宣传途径：开通经典阅读推广的微信公众号

在宣传途径上除采用传统的海报外，还注重使用新媒体平台微信、微博。开通专门进行经典阅读推广的微信公众平台：“辽大图书馆古籍特藏中心”，负责经典书籍及传统文化的传播和活动的宣传推广。

（二）武汉大学图书馆

武汉大学图书馆（以下简称“武大图书馆”）一直注重阅读推广，设置了专门负责阅读推广的部门“咨询与阅读推广部”。武大图书馆获奖的两项经典阅读推广案例都属于网上闯关比赛的形式。

1. 活动形式：知识比赛

“拯救小布之消失的经典”活动采用了过游戏关卡的创意，使用动画卡通形象“小布”（与新生入馆教育系统中的卡通形象一致），内容实现趣味性与成就感。“中国古典文学知识大赛”也采用比赛的形式，经过网上答题、线下笔试后筛选出前 12 名进入总决赛。目前已经举办了两届，均获得良好反响。

2. 线上实施：设置专题网站和微信程序端口

“拯救小布之消失的经典”设置专题网站，“中国古典文学知识大赛”采用微信扫码参与方式。新媒体的使用更加贴近大学生的日常阅读习惯，加之趣味性的比赛方式，使两项活动颇受欢迎。

3. 奖励方式：与活动主题相关的强吸引力奖品

比赛奖品对参与对象的吸引力也十分重要，选择大学生实用的有创意的礼品可以作为出彩的吸引点，增强参与对象的粘度。“拯救小布之消失的经典”设计了多款游戏周边礼品作为礼物，如水杯、环保袋、笔记本。这些文创产品本身又是对活动的一种宣传推广。“中国古典文学知识大赛”的奖品是不同版本的Kindle电子书阅读器、精品书籍和参与《中华好诗词》节目的录制机会。

4. 合作机构与团体：校团委和学生社团

两届“中国古典文学知识大赛”都是由图书馆与校团委共同举办。合作的学生社团，第一届有阅微书社、春英诗社、珞珈技术俱乐部、书画协会、古琴学社，第二届有青年发展咨询与服务中心、真趣书社、珞珈技术俱乐部、春英诗社。这些优秀的学生社团在大赛中起到了举足轻重的作用，他们承担了出赛题、定赛制、开发答题平台以及参与策划等工作。“拯救小布之消失的经典”游戏开发和测试中也吸收了学生社团的力量。

（三）西南交通大学图书馆

西南交通大学图书馆的阅读推广进入经典阅读推广阶段以2014年首次面向全校师生公开发布《西南交通大学经典阅读推荐书目》为正式开端标志。经过多年的发展，经典阅读推广的长效发展机制已基本形成，在组织机构和推广方式的方面做法值得借鉴。

1. 组织机构：学校和图书馆分别成立工作组

在学校层面成立经典阅读推进工作组，副校长任组长，图书馆馆长任秘书长。工作组成员包括了教务处、研究生院、校团委、学生工作处、校工会、党委宣传部、文科建设处、对外合作与联络处、校出版社、图书馆等校内单位。工作组每月召开一次经典阅读推广工作会议，各部门总结汇报开展情况，并对下一步推广工作进行部署、安排。

在图书馆层面，抽调馆内精干力量，成立专门的阅读推广小组，对经典“悦”读推广活动进行统一协调和部署。该小组负责在馆领导的指导下确立阅读推广的战略目标，制订年度阅读推广计划，组织、协调、指导阅读推广工作，并对工作进行全面总结，执行表彰奖励措施。（图6-5）

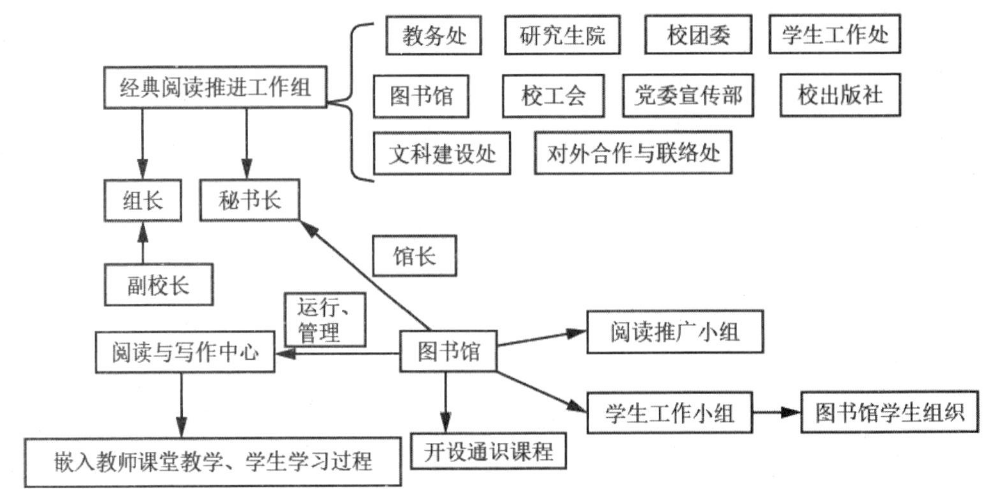

图 6-5　西南交通大学经典阅读推广组织机构图

2. 推广方式：主导式、嵌入式和认证式

主导式推广包括以图书馆为主导的经典阅读推广活动、图书馆开设的通识课程、由图书馆负责运行与管理的“阅读与写作中心”。图书馆自 2014 年起，利用重要的时间节点和较长时段节假日（“4.23 世界读书日”“9.28 孔子诞辰日”等），与校团委、教务处及各院系合作联办全校性的经典阅读推广系列活动，其中一年一度的“带本书去旅行”项目已成为品牌活动。活动结束后还重视将读书笔记、读后感等优秀成果固化，收藏为图书馆的文献资源，目前已集结出版八辑《西南交通大学经典悦读丛书》。另外，为了更好地对大学生进行经典阅读的方向引领和方法指导，图书馆开设了“阅读与欣赏”和“经典名著导读”通识课程。图书馆还具体负责校级部门“阅读与写作中心”，统一协调全校范围内与经典阅读推广相关的教学、活动、师资、资源。

嵌入式推广指将经典阅读推广嵌入教师课堂教学和学生的学习过程，实施过程中两种形式交互使用。嵌入教师课堂教学是指嵌入主讲馆员在通识课程任课教师的教学大纲和课程计划中设计并嵌入与之相关的经典阅读内容，并在课程教学中与任课教师共同完成 2 至 3 次的教学。嵌入学生的学习过程指负责的图书馆员在嵌入助教（招募的在读硕士及博士生）的协助下，在学生经典课程的学习过程中持续跟踪帮助他们解决经典书目阅读过程中遇到的困难、审核阅读任务完成情况，以确保学生阅读任务的完成。

认证式推广是西南交大图书馆基于本校发布的经典阅读推荐书目，采用“课程认证、第二课堂认证、‘青马工程’培养项目认证、读书工作坊认证”四种形式，设计了“测试法、谈话法、陈述法、观察法、举证法”的评估方法，构建了一条具有一定操作性和可行性的高校经典阅读推广路径，实现了对本校大学生经典阅读行为的激励与肯定，强化了学校内部各阅读推广主体的深层次联动，增强了图书馆及阅读推广工作在大学生人才培养和思想政治培养上的体现度和贡献度。

3. 发挥朋辈作用：建立专门协助经典阅读推广工作的学生组织

图书馆成立学生工作小组，指导学生团队开展工作。支持学生成立图书馆学生管理委员会（简称“图管会”），负责建立和完善图书馆与学生沟通的长效机制，协助馆方进行日常的经典阅读推广工作，营造良好的阅读氛围，提升学生的阅读能力。学生组织官方微信“惟悦工作室”与九个学生社团、志愿者基地和勤工助学园地线上线下密切合作，开展精彩纷呈的人文艺术和经典阅读等方面的展览、讲座和读书会等活动。

（四）同济大学图书馆

同济大学图书馆不仅有专注阅读推广的部门“宣传推广部”，还有经典阅读空间“闻学堂”。“立体阅读”项目是同济大学图书馆阅读推广的品牌活动，曾荣获 2010 年“美国图书馆协会主席创新奖”。“立体阅读”与经典阅读推广相结合，使围绕某一经典主题内容采用立体化方式展现出来，让经典生动起来，更容易留下深刻印象。

1.“立体阅读”设计与实践框架

“立体阅读”是指图书馆利用自身的设施条件和人才等综合性优势，融实物陈列、图片展览、讲座、演出、组织读者进行相关文献阅读、与读者互动等多种形式为一体，全方位、多层次地宣传推广主题的一系列活动的总称。简言之，“立体阅读”是围绕一个阅读主题开展视觉、听觉、触觉等多种阅读形式的一种阅读推广方式。同济大学图书馆的“立体阅读”设计与实践框架如图 6-6。

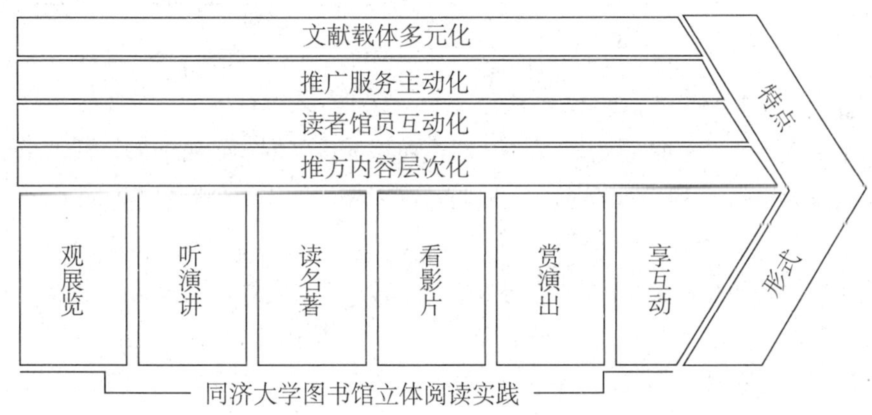

图 6-6　同济大学图书馆立体阅读设计与实践框架

2.“立体阅读”活动长期举办，形成品牌活动

在同济大学图书馆网站上“文化活动”栏目中有“立体阅读 & 读者服务月”专栏，介绍了已经举办过的所有“立体阅读”系列活动（表 6-4），时间跨度已有 10 余年。可见，“立体阅读”活动已经成为品牌。在 16 项活动中，传承中华经典与传统文化的有 7 项，推广国外经典与文化的有 8 项，还有 1 项“同济人著作展”用来推广学校文化。

表 6-4 “立体阅读 & 读者服务月”专栏介绍的“立体阅读”系列活动

年份	活动主题
2018	风雅大唐
2017	燃情西班牙
2016	感受英伦文化
2015	感受意大利文化
2014	德国周
2014	感受法国文化
2013	感受传统文化
2012	走进印度
2012	感受德国文化
2011	中华记忆
2010	纪念托尔斯泰逝世 100 周年
2010	“经典上海”系列
2009	“再现敦煌”系列活动
2009	缤纷华夏：中国民族舞蹈大型展演
2008	粉墨中国：传统京剧艺术动态展演文字图书展
2007	同济人著作展

以 2018 年“风雅大唐”立体阅读系列活动为例，“观展览”活动有：“唐文化之旅”——同济大学上海交通大学教工书画联展、盛世霓裳——唐代服饰文化展、黄宏将军瓷枕收藏艺术展、追梦大唐 重现敦煌——刘达强绘画精品展。“听演讲”活动主要有“风雅大唐、盛世诗歌”系列讲座 9 场：“青春作伴好读诗、万国衣冠拜冕旒——唐代诗歌 ABC”“此情可待成追忆——唐诗中的情与爱”“武则天 · 杨贵妃 · 聂隐娘——唐代三百年服装流行史”“春江花月夜——民乐经典内涵的演变与文学意境的渗透”“霓裳羽衣曲——盛世仙乐及其文学传播”“腹有诗书气自华——诗性与格律诗鉴赏”“云鬓花颜金步摇——汉唐女性妆容”“腹有诗书气自华——格律诗创作浅谈”。“享互动”活动主要有十指春风 布艺撷英——2018 年上海市第二届布艺（创意）作品大赛、唐诗大会、风雅大唐——原创作品征集活动。

3.“立体阅读”工作长期实施的“矩阵形”组织体制保障

为保证“立体阅读”推广做好长期工作，同济大学图书馆专门组建了一种“矩阵形”体制。即由一位图书馆负责人领导一个不超过 3 人的工作小组进行“立体阅读”工作的系统规划和选题。活动项目确定后，从准备工作开始抽调图书馆各部门的人员组成临时工作组具体筹备和实施，如海报与网站专栏设计、临时组建展览布置、影视片选放、相关图书推荐与征文大赛优秀作品评选等。项目结束后，抽调的工作人员仍回到原来的工作岗位中去。

三、对高校图书馆经典阅读推广常规化的启示

以上四所大学图书馆经典阅读推广的做法各有特点，他们的长期实践积累对高校图书馆经典阅读推广常规化有不少有益启示。

（一）建立有效的组织机构体制

长期有效的组织机构体制是经典阅读常规化推广的保障。西南交通大学从学校层面成立“经典阅读推进工作组”配合图书馆层面的阅读推广小组和学生组织，是最为理想的组织机构，极大促进了全校各部门的通力合作和综合评价，效果也是最好的。同济大学图书馆“矩阵形”组织体制和辽大图书馆的古籍特藏部都是由图书馆层面负责经典阅读推广的组织。没有将经典阅读推广上升为全校性统一推进的工程，这类做法也值得有关学校学习。

（二）创建专门的“经典阅读综合服务平台”

武汉大学图书馆的两项网上经典阅读竞赛融合了游戏闯关升级的设置，对大学生来讲非常有吸引力。可以将其作为经典阅读综合服务平台的一部分，形成“经典知识检测系统”，让学生通过此部分了解自身对经典的掌握，同时成为大数据个性化推送的依据之一。此外，“经典阅读综合服务平台”应包括相对固定的内容模块、实时更新的内容模块和效果评价模块。相对固定的内容模块主要包括经典书籍及注释本的推送、经典名家讲座视频、经典知识检测等。实时更新的内容模块主要包括高校的经典阅读推广活动。效果评价模块主要包括经典阅读学分的认定、经典活动的参与统计、经典知识检测结果统计等。

（三）结合本校实际举办主题性立体化推广活动

同济大学图书馆的“立体阅读”，在内容上体现为统一的主题，形式上体现为感官接收的立体。经典读物因其时间的久远，学生对文字阅读与理解有一定的困难，经典读物的当代价值也需要有名家启示与指导，所以经典阅读推广非常适用于“立体阅读”推广方式。另外，区域图书馆合作开展“立体阅读”活动还有利于优势资源的分享和优化配置。在内容选择上，各高校图书馆应结合本校馆藏特色和乡邦经典来丰富经典阅读推广内容、突出活动特色。正如辽大图书馆充分挖掘本馆的馆藏古籍特色来进行多元化推广，不仅有效提升了大学生对古籍的认识和热爱，还增强了学生爱馆爱校的情感。

第四节　经典阅读对大学生文化自信培育的意义

一、经典阅读是大学生文化自信最重要的精神滋养来源

经典指那些经过历史检验被人们认可而且流传广泛的典范性作品，通常极具创新性、思想性及艺术性，充满智慧，往往能穿透人的灵魂，促人深思，给人启迪。中华文明五千

年源远流长，从未中断。作为中华文化的艺术瑰宝，中国传统文化经典为中华民族生生不息、发展壮大提供了丰厚的精神滋养。从四书五经、诸子百家到唐诗、宋词、元曲、明清小说，及至近现代文学作品，中华传统文化经典灿若星河，构筑了一幅中华文明的壮阔画卷。中华文化经典传世的“民惟邦本”“天人合一”“和而不同”“先忧后乐”等思想智慧世代流传，影响深远。从处世修身齐家到治国安邦平天下，经典集中阐释了最具民族性、时代性的中华民族核心价值观，为中国特色社会主义建设提供了强大精神动力，也为世界和人类社会贡献了独特的中国智慧。

二、经典阅读是培育大学生文化自信的重要途径

阅读是一个人的精神体验活动，见证个人成长过程。阅读的影响具有密移性，其表现是经常性阅读能使人扩充知识面、增强自信心以及重塑个人面貌。经典阅读的过程，是与古今中外智者的对话过程，它能引发人们宁静地感悟和睿智地思考，在多元文明互鉴中增进对祖国历史文化的了解，坚定民族文化自信心。当前，高校培育大学生文化自信，不但要发挥思想政治教育课的主渠道作用，而且要充分发挥课外阅读作为第二课堂的重要作用。与高校思想政治课显性的阶段性教育相比，经典阅读是一种可持续的、隐性的思想政治教育方式，以浸润和潜移默化的方式，引发阅读者主动思辨，自我构建，从而实现自我教育。这种方式对受教育者来说更易于接受，更有利于当代大学生树立起正确的世界观、人生观和价值观，从而提高培育大学生文化自信的实效性。

三、经典的传承创新是大学生弘扬文化自信的实践要求

经典所饱含的优秀的思想和卓越的智慧是人类珍贵的文化遗产，具有永恒魅力，历久弥新，对现代文化创新和现代化建设具有重要的指导意义。在阅读中华优秀传统文化经典时，要坚持古为今用、推陈出新，深入挖掘和弘扬中华优秀传统文化讲仁爱、重民本、守诚信、崇正义、尚和合、求大同的时代价值，大力弘扬社会主义核心价值观。要围绕我国和世界发展面临的重大问题，着力提出能够体现中国立场、中国智慧、中国价值的理念、主张、方案。阅读西方文化经典时亦要取其精华，去其糟粕，正确把握西方文化在今天中国文化中的表现，正确认识西方文化与中华文化传统的冲突，为当代中国建设和发展提供思路和解决方案。

第五节　经典阅读推广助力大学生文化自信培育的路径

一、凝聚共识，合力推进阅读经典工作

高校图书馆往往是推动阅读最积极的主导力量，但其公共关系资源却非常有限。如图书馆举办的读书活动，如果缺少各院系及相关部门的协同支持，则实效性会大打折扣。因

此，学校管理者及教务部门要充分认识经典阅读对提升大学生文化自信的重要意义，校内各院系部门要凝聚共识，统一思想，对大学生经典阅读作长效化、制度性安排。学校层面，应成立由主管校领导牵头，各院系、部门广泛参与的学校阅读推广工作委员会，定期召开工作会议，从学风、课程、人力、资金、宣传等方面，消除阅读活动的掣肘，全面协调推进全校的阅读工作。

二、重视通识课程建设，实施经典阅读工程

高校教务部门应充分认识通识课程及阅读经典对大学生人文素质培养及成长成才的重要作用，支持各院系修订教学计划，完善课程设置，开设国学导读等通识类必修课。针对当代大学生的学习特点，采取灵活多样的形式给予学分，比如可以听专家讲座，参加读书沙龙，或由图书馆开出经典书目清单，学生完成一定借阅数量后开具阅读证明。鼓励院系实施阅读工程，督促学生多读书、读好书，培育浓厚的学习风气。近年来，韶关学院文学院在教学中实施“112 工程”（包括读 100 本好书，写 100 篇文章，背 200 首古诗等），政务学院在教学中实施“六个一”工程（包括读一批经典、做一次社会调研等），要求和鼓励学生阅读相当数量的人文通识经典，这两个学院在学校每年评选的“书香学院”榜单中蝉联冠亚军多年，在学风建设中成效显著。为取得校院系重视，图书馆定期统计到馆人次及借阅数据，公布院系阅读学风指数及排名，开展全校性“书香学院”及“读书达人”评选与奖励活动，主动引领学风建设及阅读工作。

三、设立经典阅览空间，打造传统文化教育阵地

图书馆应设立经典阅览室，作为经典阅读的主阵地，弘扬传统文化。这方面，深圳图书馆创设的“南书房”值得借鉴推广。“南书房”以推广人文阅读、经典阅读、系统阅读、深阅读为使命，努力打造家庭书房式阅读空间，为图书馆界提供了一个成功的案例。经典阅览空间应是一个环境舒适的集典籍收藏、推介展览、阅读学习、交流活动于一体的场所。在空间布置上，可融入具有中国的翰墨书香文化元素，让读者感受到传统文化的馨香与魅力。在经典书目的选择上，以综合各类大学生必读书目进行精选，广泛征求院系和教师的意见，不定期推出适合各类学生心理需求和学习需要的推荐书目。为营造浓厚的阅读氛围，经典阅读室可定期举办读书会、阅读沙龙等主题阅读活动，开展专家讲座、经典诵读、读书征文等通识经典教育学习活动。经典的传承和传统文化密不可分，推广经典阅读要与弘扬传统文化相结合，开展诗文、楹联、书法、茶艺、民俗风情等活动，让学生更加深入地了解和品味中国传统文化，增强民族文化自信。

四、创新“悦读”推广主题与形式，提高经典阅读实效

推广经典阅读重在实效，要避免搞形式主义、虚张声势。对全年的阅读推广要全面规

划，制订长期计划，持之以恒地实施，开展讲座、竞赛、征文、书展、荐书等活动。针对经典文献的阅读特点和大学生读者心理需求和行为特征，不断创新活动形式和内容，通过“悦读”来引导大学生回归阅读、回归经典：一是在创设活动主题时，要善于抢抓事件热点，趁热打铁举办主题书展吸引学生读书。比如，在每年诺贝尔文学奖、茅盾文学奖揭晓周进行系列作品推广；在央视《中国诗词大会》热播时设立古诗词阅读主题，等等。二是在推广内容上要有计划、有重点地分层次开展活动，提高经典阅读实效。对推广经典来说，说教式地简单推出一些经典必读书目效果不大，可以开展论坛或竞赛等活动，分批次地重点推进某一种或几种典籍的深阅读，引导学生阅读原典。三是创新推广阅读形式，让经典阅读无处不在。比如，在王阳明心学讲座中馆员推荐《传习录》《古文观止》等书并现场提供便捷借阅服务。针对经典深奥难读及年轻人阅读趋易避难的特点，积极融合多种媒体开展移动阅读、有声阅读、经典影片观赏、专家品读等立体化阅读，让书写在典籍里的文字有趣生动起来。

五、配备和培养专业人才，扶持读书文化社团

高校在推广阅读时应充分发挥学生社团在校园文化建设的主体作用，引领经典阅读和文化传承，弘扬民族文化自信。团委、学生处、二级学院、图书馆等共同搭建学生文化活动平台，帮助学生成立读书会、文学社、诗歌朗诵与创作协会、演讲与辩论协会等社团组织。图书馆要积极引导学生成立读书兴趣小组，经常举办读书会，同时配备指导教师、提供场地设施、邀请有学识及读书情怀的专家教师担任现场嘉宾。图书馆“阅读推广人”担负着策划阅读活动、开展阅读教育、提供读书指导、提升读者阅读兴趣和能力等重任，其素质和能力结构对阅读活动的成效有着直接的影响。图书馆应把配备和培育专业的“阅读推广人”队伍作为当下迫切的工作来抓。此外，图书馆要充分发挥学生图书馆管理委员会联络读者的纽带作用，加强读书活动的组织宣传，扩大活动的覆盖面和影响力，切实提高活动实效。

经典阅读是民族文化自信的根基，它为培育和践行社会主义核心价值观，凝聚共识实现中国梦提供了强大的精神动力。对当代大学生而言，经典阅读是人生航向的“压舱石”，大学生唯有常读经典，多读经典，才能涵养广博的知识，培育高尚的情操和健全的人格。大学生阅读的主流价值呼唤回归经典阅读。高校阅读推广工作需要凝聚各方共识，完善制度措施，加强阅读引导，创新推广思路，努力营造浓厚的读书氛围，让经典阅读真正成为大学生涵养文化自信、成长成才的加速引擎。

参考文献

[1] 许慎 . 说文解字（第 1 册）[M]. 马松源主编 . 北京：线装书局，2016.

[2] 斯塔夫里阿诺斯 . 全球通史——1500 年以后的世界 [M]. 吴象婴，梁赤民译 . 上海：上海社会科学出版社，1999.

[3] 冯梦龙评纂，孙大鹏点校 . 太平广记钞（第 2 册）[M]. 武汉：崇文书局，2019.

[4] 范晔 . 后汉书精华 [M]. 周学兵译注 . 沈阳：辽宁人民出版社，2018.

[5] 吴楚材，吴调侯 . 古文观止 [M]. 孙建军主编 . 长春：吉林文史出版社，2017.

[6] 曹爱斌 . 文化自信的内涵及其在“四个自信”中的地位 [J]. 人文之友，2021（4）：55.

[7] 陈戍国 . 礼记校注 [M]. 长沙：岳麓书社，2004.

[8] 陈万柏，张耀灿 . 思想政治教育学原理（第 2 版）[M]. 北京：高等教育出版社，2007.

[9] 陈先达 . 马克思主义和中国传统文化 [M]. 北京：人民出版社，2015.

[10] 春天 . 重塑自信，找回自我 [M]. 北京：北京工业大学出版社，2016.

[11] 杜安平，周期玉 . 文化自信视阈下高校经典阅读推广策略研究 [J]. 韶关学院学报，2019，40（11）：60—64.

[12] 冯友兰 . 中国哲学简史 [M]. 北京：北京大学出版社，2013.

[13] 高墅 . 文化自信背景下高校图书馆经典阅读推广策略 [J]. 传媒论坛，2020，3（16）：105—106.

[14] 郭雪花 . 显性教育与隐性教育相结合的德育新模式研究 [D]. 厦门：厦门大学，2006.

[15] 侯珊艳 . 中华优秀传统文化视域下大学生文化自信培养路径研究 [J]. 大学，2020（11）：76—77.

[16] 黄秋生，陈元，薛玉成 . 当代大学生文化自信现状及培养研究 [M]. 北京：团结出版社，2017.

[17] 黄义华，章伟文 . 中华优秀传统文化及其当代价值 [J]. 思想政治课教学，2020（10）：4—7.

[18] 黄月琴 . 用中医药文化培育大学生文化自信的路径探究 [J]. 文化创新比较研究，

2022，6（01）：182—185.
[19] 霍帅 . 新常态下中国优秀传统文化传承研究 [D]. 新乡：新乡医学院，2017.
[20] 贾克水，朱建平，张如山 . 隐性教育概念界定及本质特征 [J]. 教育研究，2000（08）：37—42.
[21] 李超 . 我国优秀传统文化传承机制研究 [D]. 石家庄：河北师范大学，2013.
[22] 李先明，成积春 . 中华优秀传统文化传承体系的构建：理论、实践与路径 [J]. 南京社会科学，2016（11）：138—145.
[23] 李竹君，郑庆昌 . 试析马克思的异化劳动理论及其现实启示 [J]. 重庆科技学院学报（社会科学版），2017（8）：19.
[24] 梁启超 . 梁启超论中国文化史 [M]. 北京：商务印书馆，2012.
[25] 刘波，肖茜尹，尹申，等 . 中华优秀传统文化与新时代高校青年学生文化自信 [M]. 成都：四川大学出版社，2019.
[26] 刘云，高凡，杨勇，等 . 嵌入式推广：高校图书馆经典阅读推广的有效路径——以西南交通大学为例 [J]. 图书情报工作，2018，62（24）：104—109.
[27] 卢佳 . 推动中华优秀传统文化发展建设社会主义文化强国——学习习近平总书记关于中华优秀传统文化的重要论述 [J]. 新湘评论，2020（3）：7.
[28] 马晖，谢玲 . 文化自信视域下中华优秀传统文化传承与发展研究 [J]. 河北能源职业技术学院学报，2022，22（03）：18—21+25.
[29] 马立诚 . 最近四十年中国社会思潮 [M]. 北京：东方出版社，2015.
[30] 马林诺夫斯基 . 文化论 [M]. 北京：中国民间文艺出版社，1987.
[31] 南国农 . 信息技术教育与创新人才培养（上）[J]. 电化教育研究，2001（08）：42—45.
[32] 欧芳 . 红色文化资源融入大学生文化自信培育研究 [J]. 文化创新比较研究，2022，6（25）：187—190.
[33] 潘万木 . 简明中国传统文化 [M]. 武汉：华中科技大学出版社，2014.
[34] 彭小兰，童建军 . 论思想政治教育中隐性教育的四个维度 [J]. 江汉论坛，2009（03）：140—143.
[35] 皮连生 . 学与教的心理学 [M]. 上海：华东师范大学出版社，1997.
[36] 齐豫生，夏于全 . 中国古典文学宝库 [M]. 延吉：延边人民出版社，1999.
[37] 钱穆 . 国史大纲 [M]. 北京：商务印书馆，1996.
[38] 钱穆 . 文化学大义 [M]. 北京：九州出版社，2012.
[39] 钱穆 . 中华文化十二讲 [M]. 北京：九州出版社，2011.
[40] 邵汉明 . 中国文化研究二十年（修订本）[M]. 北京：人民出版社，2006.

[41] 时啸鸽．坚定文化自信弘扬中国传统节日文化的现时代意义 [J]. 中共成都市委党校学报，2021（03）：84—88.
[42] 孙红英．新时代大学生文化自信培育研究 [J]. 公关世界，2022（05）：115—116.
[43] 泰勒．原始文化 [M]. 上海：上海文艺出版社，1992.
[44] 王光军，刘阳．四库全书精华 [M]. 乌鲁木齐：新疆青少年出版社，2002.
[45] 王丽桃．新时代大学生文化自信培育研究 [D]. 乌鲁木齐：新疆师范大学，2021.
[46] 王宁．史记 [M]. 北京：商务印书馆，2018.
[47] 王瑞孙．比较思想政治教育学 [M]. 北京：高等教育出版社，2001.
[48] 王书良等．中国文化精华全集：哲学卷 [M]. 北京：中国国际广播出版社，1992.
[49] 王亚雄．中华优秀传统文化视域下文化自信研究 [D]. 延安：延安大学，2020.
[50] 王砚飞，苑鹏鸣．刍议中华优秀传统文化的当代价值与时代意义 [J]. 今古文创，2021（03）：72—73.
[51] 王余光，霍瑞娟．图书馆经典阅读推广 [M]. 北京：朝华出版社，2015.
[52] 王余光，王媛．高校图书馆设立经典阅览室与经典教育 [J]. 大学图书情报学刊，2014，32（6）：5—10.
[53] 魏志鹏．新时代中华优秀传统文化传承与发展路径探析 [J]. 汉字文化，2022（10）：166—168.
[54] 徐寒．中华私家藏书精华 [M]. 北京：中国书店，2009.
[55] 许雅涵，主雪梅，张娟，等．文化自信指引下高校图书馆经典阅读推广策略 [J]. 轻纺工业与技术，2019，48（10）：97—99.
[56] 闫晓玲．我国优秀传统文化在高校育人中的传承机制研究 [J]. 兰州教育学院学报，2016，32（11）：74—75+80.
[57] 杨东莼．杨东莼文集 [M]. 武汉：华中师范大学出版社，2014.
[58] 杨海洋．中华优秀传统文化视域下的大学生文化自信培养 [J]. 边疆经济与文化，2020（03）：64—65.
[59] 杨起予．文化自信的历史由来和现实思考 [J]. 上海师范大学学报（哲学社会科学版），2019（6）：15—18.
[60] 杨雪松．以传统节日为载体增强大学生文化自信研究 [D]. 沈阳：辽宁师范大学，2020.
[61] 姚电，康丽云，胡毓智．中华文化原典选读 [M]. 北京：北京理工大学出版社，2007.
[62] 姚倩倩．优秀传统文化传承与创新研究 [M]. 北京：中国纺织出版社，2021.
[63] 俞建良．昆山书法论文集 [M]. 北京：荣宝斋出版社，2011.
[64] 张岱年，程宜山．中国文化精神 [M]. 北京：北京大学出版社，2015.
[65] 张敏．中华优秀传统文化视域下提升大学生文化自信路径探析 [J]. 汉字文化，2021

（23）：118—119.

[66] 张微 . 大学经典推荐书目的遴选标准与发展特点 [J]. 图书情报工作，2020，64（07）：64—72.

[67] 赵晨洁，叶志锋 . 大学生经典阅读书目体系构建及推广策略研究 [J]. 图书馆学研究，2019，（08）：79—86.

[68] 赵坤 . 中华优秀传统文化当代价值 [M]. 桂林：广西师范大学出版社，2019.

[69] 赵雪岩 . 高校图书馆经典阅读推广之设立经典阅览室 [J]. 甘肃科技，2019，35（6）：66—67.

[70] 赵子漩，杨溢 ."高校图书馆 + 书院"经典阅读推广模式研究 [J]. 河北科技图苑，2019，32（1）：68，69—73.

[71] 郑欢欢 . 中国传统服饰文化融入大学生文化自信培育研究 [J]. 西部皮革，2022，44（16）：58—60.

[72] 周春林，刘子潇 . 文化自信视域下中国传统节日文化的传承困境与策略研究 [J]. 江西理工大学学报，2020，41（06）：87—92.

[73] 周忠华，张诵威 . 论文化自信的生成机制 [J]. 武陵学刊，2020，45（05）：97—103.

[74] 朱凤丽 ."文化自信"视域下大学生经典阅读推广路径研究 [J]. 中国石油大学胜利学院学报，2020，34（03）：38—41.

[75] 朱原谅，陈幼华 . 大学经典阅读推广模式效果的实验对比研究 [J]. 图书情报工作，2019，63（18）：40—46.